本书受国家自然科学基金青年项目(52208089)、浙江省哲学社会科学规划课题(23NDJC090YB)、浙江工业大学人文社科后期资助项目（SKY-ZX-20210159）资助

当代乡村建设的治理结构与运作机制：基于浙江省的研究

Governance Structure and Mechanism of Rural Construction in Contemporary China：Case Studies of Zhejiang Province

孙　莹　张尚武　著

中国建筑工业出版社

图书在版编目（CIP）数据

当代乡村建设的治理结构与运作机制：基于浙江省的研究＝Governance Structure and Mechanism of Rural Construction in Contemporary China：Case Studies of Zhejiang Province / 孙莹，张尚武著. —北京：中国建筑工业出版社，2024.2
ISBN 978-7-112-29432-9

Ⅰ.①当… Ⅱ.①孙… ②张… Ⅲ.①农村-社会主义建设-研究-浙江 Ⅳ.①F327.55

中国国家版本馆 CIP 数据核字（2023）第 244605 号

乡村建设是国家实施乡村振兴战略的重要抓手。当代的乡村建设不仅仅是一个空间环境改善的问题，更涉及乡村社会关系的再生产和基层秩序的重构，是一个乡村再组织的治理问题。认识和理解当前乡村建设的治理结构与特征，并探索其可持续发展的治理机制，这是关系乡村振兴和国家治理能力现代化的重要课题。本书基于浙江省乡村建设实践的案例研究，构建“结构—制度”和“行动—绩效”的双层分析框架，从“结构”和“行动”两个层面解析当代乡村建设的治理结构与特征，并将“国家—村社—市场”多主体互动机制的分析嵌入其中，同时探讨影响建设效应的治理机制和关键性的治理要素。

责任编辑：吴宇江　徐　冉　刘颖超
文字编辑：郑诗茵　谢育珊
责任校对：赵　力

当代乡村建设的治理结构与运作机制：基于浙江省的研究
Governance Structure and Mechanism of Rural Construction in Contemporary China：Case Studies of Zhejiang Province
孙　莹　张尚武　著

*

中国建筑工业出版社出版、发行（北京海淀三里河路 9 号）
各地新华书店、建筑书店经销
北京科地亚盟排版公司制版
北京中科印刷有限公司印刷

*

开本：787 毫米×1092 毫米　1/16　印张：10¼　字数：227 千字
2024 年 3 月第一版　　2024 年 3 月第一次印刷
定价：**45.00** 元
ISBN 978-7-112-29432-9
（42153）

前言

城乡规划学科的理论研究，始终以服务国家经济社会发展和建设需要为出发点。自国家“十一五”规划提出建设社会主义新农村，到党的十九大将乡村振兴战略上升为国家战略，一系列加快推进乡村振兴和建设的战略要求，构成了我国乡村规划理论研究和实践探索的时代诉求。

“治理有效”是乡村振兴战略一个重要的基础维度。乡村治理是国家治理的基石，中国有着悠久而独具特色的乡村治理传统。在“推进国家治理体系和治理能力现代化”的总体改革目标下，乡村治理更加深刻地嵌入国家现代化建设的总体进程中。乡村规划作为应对乡村可持续发展问题的公共干预，它不仅包含了对物质空间的治理内容，更包含了国家治理和社会治理的过程。面对新的城乡发展格局，乡村规划与乡村治理产生了更深层次的紧密关系。因此，充分认识和理解新时期乡村治理的结构特征和机制，构成了乡村规划研究的重要前提。

科学认识乡村社会的运行秩序和治理特点，是提高乡村规划科学性和有效实施的基础。首先，与城市系统不同，乡村聚落的社会、经济和治理结构等都有其自身的特点和运行秩序。乡村规划是对乡村空间资源的再配置，既包括对生态环境、农田耕地、历史文化等公共资源的保护和利用，也包括对各类建设空间的控制引导和规划。作为来自外部的公共干预，乡村规划如果不能有效嵌入乡村内生的社会组织和运作系统，乡村社会固有的治理规则就会使规划的科学性大打折扣。其次，在当前乡村建设热潮中，城乡要素双向流动更加频繁，多主体的参与使乡村规划面临更加复杂多元的治理格局，这构成了乡村规划实施必须面对的客观条件。缺少多主体的治理协同，容易导致规划实施困难。因此，乡村规划不再是一个单纯的工程问题，更是一个社会关系再组织的治理问题。应对乡村规划实施困境，规划实践领域已经有不少创新的工作方式，如“村庄共同缔造”“参与式规划”等，它们大多基于共治共享共建的思想，这更加体现出规划建设与乡村治理协同的必要性。

乡村社会建设与乡村基层治理能力的提升，是乡村振兴背景下的重要规划议题。自近代以来，由于受到外部环境的不断冲击，我国乡村地区的社会结构和治理环境发生了根本性的变化。快速城镇化进程持续加剧了乡村人口流失、老龄化、空心化等问题，使社区的自治基础不断被削弱。主体意识薄弱、社区组织涣散、集体经济薄弱成为乡村社会建设的突出矛盾，乡村基层治理能力建设也成为国家治理现代化的重大挑战。从这个意义出发，乡村建设的使命不仅是物质环境更新、生态环境修复，更重要的是社会再生产功能和组织能力的重建。在当前国家推进乡村建设行动的契机下，围绕乡村人居环境整治等物质层面的更新，如何突出乡村规划作为乡村社会治理工具的作用，以及深度融入乡村社会重建的过程，并推动共建共治共享的乡村治理格局，这成为乡村规划理论和方法研究的重要议题。

面向城乡开放的互动系统，建立乡村社会可持续的治理结构，这是当代乡村建设持续推进的关键。城镇化发展进入新时期，城乡关系又剧烈重组，国家向乡村地区输入了大量资源，再加上市场和社会资本的大量投入，当代乡村建设形成了一个国家权力、基层社区和居民、市场力量等多方博弈的基层空间。新时期的城乡发展需要将乡村社会建设置于城乡开放的系统中，并将政府推动激励、乡村社会响应、社会资源介入这三者紧密结合，整合形成政府与市场、内部与外部、自上而下和自下而上相协调的治理结构，这是持续推进乡村建设并最终实现乡村振兴的重要保证。其中，对乡村基层治理能力的建设并使之转化为内生发展的力量是关键，包括组织能力建设、集体经济发展及公共产品有效供给等。

规划与治理之间深层次的紧密关系，这是本书研究的基本出发点。本书的核心内容是基于乡村建设中政府、村社组织和市场等多元参与主体的行动关系，对当代乡村建设的治理结构和机制进行解析，并探讨影响建设效应的治理机制和关键治理要素，进而重新认识乡村规划的理论内涵和作用。

全书内容安排上，第 1 章、第 2 章、第 3 章通过对中西方治理研究理论的系统梳理和阐释，构建了“结构—制度”和“行动—绩效”两个层面的理论分析框架，提出从“结构”和“行动”两个层面来认识当代乡村建设的治理特征。第 4 章和第 5 章从宏观结构层面认识中国乡村治理的制度性条件，这包括：从历史纵向维度考察国家总体性结构变迁对乡村治理制度的影响；以浙江实践为例，考察省级层面的制度安排和政策供给及其对基层治理的影响。第 6 章和第 7 章基于实证研究，从行动层面剖析乡村治理的内在机制和关键要素。通过 4 类代表性村庄的案例研究，呈现不同主体的行动策略和组织机制对治理结构的再塑造过程，并基于治理机制和建设效应的关联性比较，揭示影响乡村建设效应的关键性治理要素。第 8 章基于宏观和微观层面的研究发现，对新时代乡村治理体系的建构提出若干创见，并从治理视角重新审视乡村规划，提出乡村规划作为公共干预和治理过程的定位及作用，探讨可持续的乡村规划建设策略。整体上研究构建了理论框架，将治理机制与建设绩效关联，并提出“国家—村社—市场”三元主体的分析视角与观点，这具有学术创新价值，它拓展和丰富了乡村规划的理论内涵，对乡村规划实践具有一定借鉴意义。

2003 年 6 月，浙江在全省启动了“千村示范、万村整治”工程，这是习近平总书记在浙江工作时亲自谋划、亲自部署、亲自推动的重大决策。20 年来，浙江省乡村建设持续推进，而且成效显著、影响深远，成为中国当代乡村建设的典型样本。今年正值浙江省“千村示范、万村整治”工程实施 20 周年。本书的研究希望可以为探究中国当代乡村建设的治理机制贡献自己的一份绵薄力量。

目　录

第1章　绪　论

1.1　研究背景

1.1.1　乡村振兴与治理能力现代化的国家要求

党的十六大以后，我国进入城乡关系调整的新阶段。在“工业反哺农业，城市支持农村”和“城乡统筹发展”的方针指引下，中央推出了一系列促进农业农村发展的政策措施，并以“新农村建设”的具体形式推进实施。2017年，党的十九大提出乡村振兴战略以来，乡村建设行动成为各地实施乡村振兴战略的重要抓手。2021年，《中华人民共和国国民经济和社会发展第十四个五年规划和2035年远景目标纲要》更是将乡村建设上升到社会主义现代化建设的高度，强调乡村建设的规划引领和科学有序进行。全方位推进乡村建设，不单单涉及空间环境的改善，更涉及乡村社会再组织和全面治理。“治理有效”作为乡村振兴战略的总体要求之一，也是衡量乡村建设成效的重要标准。

乡村治理是国家治理的基石，没有乡村的有效治理，就没有乡村的全面振兴（韩俊，2018）。中国有着悠久而独具特色的乡村治理传统，乡村治理一直是学术界关注的重点。党的十八届三中全会提出了“推进国家治理体系和治理能力现代化”的总体改革目标，作为国家基层治理的重要组成部分，乡村治理更加深刻地嵌入国家现代化建设的总体进程。面对新的城乡发展格局，建立有效的乡村治理机制不仅是乡村振兴的前提，也是国家治理能力现代化的重要体现。

因此，在全面实施乡村振兴战略和国家治理能力现代化改革的总体背景下，加强乡村建设与乡村治理的关联性研究，是面向国家战略需求的重要课题。

1.1.2　当代乡村建设热潮下乡村治理面临的新挑战

在国家政策的鼓励带动下，各地政府主导、社会广泛参与，掀起了乡村振兴的建设热潮。乡村建设行动在重塑乡村空间的同时，也引发了乡村社会结构和基层秩序的重构，当代乡村治理面临新的课题和挑战。

首先，国家对乡村地区的资源输入带来了从中央、地方政府到乡村各级组织的制度逻辑、行动策略及相互作用关系的变化，重塑了国家乡村治理体系的新格局（折晓叶 等，2011；周飞舟，2012；李祖佩，2013）。取消农业税以后，中央及地方政府通过专项财政资金转移支付和项目投放，持续加大对农村地区基础设施和公共服务建设的资源性“反哺”（图 1-1）。据不完全统计，从 2013—2016 年，中央财政累计投入资金 98 亿元，用以支持美丽乡村建设工作（张晓山，2017）。

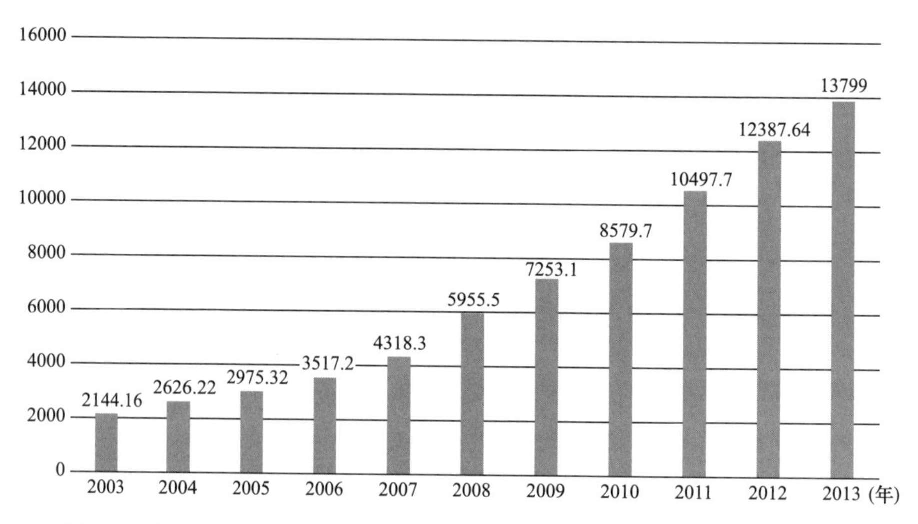

图 1-1　从 2003 年到 2013 年，中央财政支持“三农”投入情况（单位：亿元）

资料来源：丁国胜 等，2014

其次，在国家政策的鼓励带动下，企业、社会组织、非政府组织（No-Government Organizations，简称 NGO）、知识分子、返乡精英等多元主体广泛参与乡村建设，乡村治理结构更加复杂化。政府项目挟裹大量公共资金开展农村人居环境改造，企业、非营利组织（No-Profit Organizations，简称 NPO）、社会组织和个人等多元新型主体纷纷加入，构成新时代乡村建设的重要力量（表 1-1），乡村建设内容也呈现出产业、文化、教育、空间建设等多元化形态（唐军 等，2015；陈锐 等，2016）。多元新型主体积极参与乡村建设，打破了传统乡村相对封闭和单一的治理格局：乡村治理面对的不再是“村庄—农民”的单一关系，而需要应对更加复杂多元的利益格局。新的社会主体的介入，改变了传统村庄社会的结构，也可能促进村庄内部产生新的治理规则和社会秩序。

多元主体参与的乡村建设活动示例　　**表 1-1**

参与主体	项目名称	地点	内容
企业主导	华润希望小镇	全国各地	华润集团的企业乡村扶贫项目，通过统一规划、就地改造和新建村庄，改善居住环境
	黄龙岘茶文化特色村	南京江宁	企业资本成立黄龙岘建设开发公司，进行特色旅游村的规划和建设
NGO/NPO 主导	中国人民大学乡村建设中心	全国	在全国开展包括乡村综合建设、平民教育、乡村建设人才培训、新乡村建设试验基地等活动
	西部阳光农村发展基金会	全国	以民间基金会形式，开展西部农村教育及社区发展，通过多元形式支持教师、学生及农村弱势人群自我提升

续表

参与主体	项目名称	地点	内容
知识分子与本土精英主导	许村计划	山西许村	艺术家渠岩以“艺术介入乡村”和“艺术修复乡村”为主题的乡村建设
	碧山计划	安徽碧山	由艺术家欧宁、左靖发起，包括艺术活动、体验旅游、文化开发、建筑与村落保护、有机农业等多种内容的互助自治乡村建设模式
	郝堂新农村建设	河南郝堂	艺术家孙君、“三农”专家李昌平共同发起，以村社内置金融合作、乡村规划、民居改造为主要内容的新农村建设
	大学生返乡创业	海南海口	返乡大学生陈统奎创立的本土组织，包括本地农业发展、旅游开发、乡村复兴

资料来源：陈锐 等，2016

然而，一方面是国家、政府、企业、社会等外部力量的积极介入，另一方面却是乡村建设中村庄和村民主体性缺失的突出问题。随着农村人口外流和空心化，村庄内部的分层和分化，社会结构的原子化和分散化特征明显，村社集体组织力量和行动能力也大大弱化。乡村建设中村民主体性缺失，导致大量的“政府项目”“市场资本”等外部资源输入，没有有效的对接主体，并产生了新的治理困境。比如，村庄需求偏好无法有效表达，自上而下的资源输入反而引起负面效应；国家建设供给的乡村公共品无法解决与农民需求之间的“最后一公里”问题（贺雪峰，2017）；市场资本下乡对分散小农造成的利益损害风险等。

由此可见，乡村建设已不再是一个单纯的空间环境改善的工程问题，更涉及乡村秩序重构，是一个乡村社会再组织的治理问题。认识和理解乡村建设行动中的治理结构特征，探索有助于乡村可持续发展的治理机制，是十分必要的。

1.1.3 乡村规划建设需要科学认识乡村社会的治理特点

自 2000 年年初国家提出“新农村建设”以来，乡村建设的实践活动便方兴未艾，但乡村规划的理论和方法体系却落后于实践需求。乡村的社会结构、土地产权、生产生活、组织方式等与城市系统差异较大，传统的城市规划建设方法难以契合乡村社会的运行规律。已有的实践研究表明，照搬或模仿城市规划的编制方法在乡村地区表现出诸多的“不适性”：规划技术手段单一、建设内容模式化、不符合农村实际、不反映村民意愿、不能有效实施等（章凌志 等，2007；丁奇 等，2009）。其原因就在于乡村规划建设没有深入理解和契合乡村社会系统的组织特点和治理机制。

乡村规划是国家推进乡村治理现代化的重要工具。作为一种自上而下的外部干预手段，乡村规划如何有效嵌入乡土社会，与乡村社会组织结构和治理机制有机结合，进而促进乡村社会关系的再生产，这是乡村建设的难点。对乡村社会组织结构和治理机制的认识是保证乡村规划有效实施的前提。因此，对乡村建设和乡村治理协同的研究，以及掌握影响乡村建设绩效的关键性治理要素，有助于对乡村规划工作方式和方法的优化改进，同时指导乡村建设更加科学有效地开展。

1.2 概念界定

1.2.1 乡村建设

“乡村建设”一词的学术化使用可以追溯到20世纪二三十年代由知识分子发起的“民国乡村建设运动”及其实践的思想理论成果。从其代表性人物晏阳初、梁漱溟、卢作孚等人的乡村建设理论和主张里可以看到，“乡村建设”并非单纯的水利、农田或村学、乡约等乡村事业的建造，而是试图通过乡村改造来解决中国的政治、经济、社会、文化、组织制度等诸问题。民国“乡村建设”被赋予了改造社会、创造新文化、实现民族复兴的内涵，是当时特定历史情势下民族—国家建设思想的重要组成（王先明，1995）。正如梁漱溟在《乡村建设理论》（2018）一书中所概括：从浅层来说，乡村建设起于乡村破坏而激起的救济乡村和乡村自救运动；在更深的层面则是“中国社会积极建设之要求”“实为吾民族社会重新一新组织构造之运动”。

回到当下，“乡村建设”学术关注的热度在近年来持续上升（图1-2），这与国家的政策导向密不可分。2005年，在《中共中央关于制定国民经济和社会发展第十一个五年规划的建议》中首次提出“建设社会主义新农村”的任务，目的是针对日益突出的“三农”问题，扭转农村发展滞后的困局。中央提出的新农村建设要求是“生产发展、生活宽裕、乡风文明、村容整洁、管理民主”，这是一个涵盖了经济、政治、文化和社会建设的综合性目标。落实到省级行动政策，乡村建设也不是一个单纯的农村工程建设任务，如《浙江省美丽乡村建设行动计划（2011—2015年）》（浙委办〔2010〕141号），包括了生态人居环境建设、生态环境提升、生态经济推进和生态文化培育等四大行动任务，这是一个涵盖乡村地区生产生活、生态、经济、文化发展等的综合行动方案。

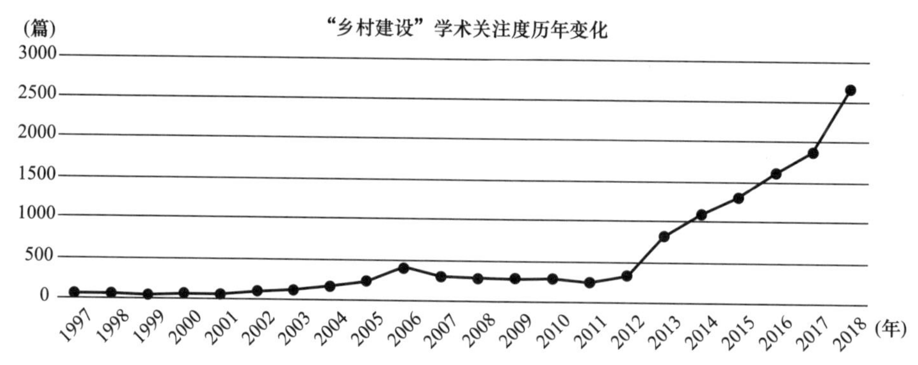

图1-2 中国知网“学术趋势”中对“乡村建设”关键词的学术关注度变化

资料来源：笔者根据 http://trend.cnki.net/TrendSearch/index.htm 分析结果整理（最后检索时间2019年3月20日）

从当前具体实践来看，乡村建设也呈现出丰富的形态。这既有地方政府推动的各类新农村建设、美丽乡村建设，其实施内容以改造、建设农业生产和农民生活基础设施为基础，以农业综合发展、扶贫开发等建设项目为载体。同时，也有各类实验形态的“新乡村建设”，一些知识分子、高校组织、社会机构或者NGO，它们效仿晏阳初、梁漱溟当年的做法，开辟新乡村建设试验基地，开展农村人才培训、技术推广、文化文艺活动、合作组织建设等，如河北定州的晏阳初乡村建设学院、河南兰考的乡村建设试验等（王景新，2006）。

笔者认为，无论从学术渊源、政策目标还是实践形态来看，都应该将“乡村建设”理解为一个具有综合发展内涵的概念：它以乡村地域空间的综合性改造为表现特征，包括了生产空间整备、生活空间改造、生态空间修复，以及由此引发的农村产业经济组织、村庄社会秩序和组织机制的重构，并带来乡村社会、经济关系乃至农民、集体、国家关系的重新架构和重大调整。这也成为本书所讨论的“乡村建设”的范畴。

具体到研究对象上，本书考察的“乡村建设”主要指近年来在新农村建设、美丽乡村建设、乡村振兴等一系列政策话语下实施开展的建设行动。它涵盖环境改造、房屋建设、村庄经济、组织机制等一系列相关内容，这既有政府组织推动的建设项目，也包括企业、社会机构主导或者村庄自主开展的发展项目。

1.2.2 乡村治理

英文中的“治理”（governance）一词源于拉丁文和古希腊语，其原意是管理、控制、统治某个事物或某个实体（包括国家）的行为和方式（王绍光，2018）。20世纪80年代末，西方社会经济转型带来国家和社会管理方式的转变，“治理”（governance）一词被用来表述国家公共事务统治的一种新进程、社会管理的新方法（Rosenau，1995）。相比于government更重视通过国家正式的组织和结构进行的管理，“治理（governance）”更关注公共事务管理中政府与市场、非政府组织等各类机构的合作，以及政治权力在国家内部和外部的分配方式（Goodwin，1998）。此外，西方20世纪80年代市民社会（civil society）的广泛讨论和倡议，使得市民参与也成为“治理”概念中很重要的一部分。

作为学术概念，“治理”的定义有多种，得到较为广泛认同的是全球治理委员会在《我们的全球伙伴关系》中的定义：“治理是各种公共的或私人的个人和机构管理其共同事务的诸多方式的总和。它有4个特征：治理不是一整套规则，也不是一种活动，而是一个过程；治理过程的基础不是控制，而是协调；治理既涉及公共部门，也包括私人部门；治理不是一种正式制度，而是持续的互动。”从这个定义出发，“治理结构”讨论的是“各类机构或个人在参与共同管理公共事务过程中的行为方式和互动机制，以及它们彼此之间缔结的权力关系。”

当“治理”概念被引入中国的乡村研究时，它具有非常强烈的中国国情和语境下的特征。1987年《中华人民共和国村民委员会组织法》试行后，国内村民自治研究逐渐将村治、村政、村级治理等治理理论融合，形成了“乡村治理”概念（吕德文，2019）。因此，乡村治理的内涵既包含国家政权管理农村社会的含义，也包括乡村自治组织管理公共事务的内容。郭正林（2004）认为，乡村治理就是性质不同的各种组织，包括乡镇的党委政府和“七站八所”、扶贫队、工青妇等政府附属机构，村里的党支部、村委会、团支部、妇女会、各种协会等村级组织，以及民间的红白理事会、慈善救济会、宗亲会等群体性组织，并通过一定的制度机制共同把乡村的公共事务管理好。徐晓全（2014）认为，乡村治理结构与乡村治理概念具有互换性，它包括治理主体的产生方式、组织机构、治理资源的整合以及存在于乡村社会的纵向和横向的权力关系等。

本书重点讨论的是乡村建设过程中表现出来的治理结构问题。现有的乡村治理研究对“治理结构”并没有统一的定义，综合已有的研究，笔者认为，讨论“治理结构”需要把握三个面向：第一，治理主体。“治理”意味着与政府管理或者单一权威不同，它是一个目标向善的多主体行动过程。治理的主体既包括正式公共部门，也包括企业、私人和社会机构等不同类型的组织；第二，制度结构。它构成了乡村治理的规则和资源条件，既存在于政府的正式制度和组织体系中，也存在于乡村社会的非正式规则和文化权力网络之中；第三，行动机制。各主体的行动策略和互动机制，这包括对不同治理资源的运作和分配，它影响治理的目标和结果。

1.3 研究问题与研究意义

1.3.1 核心问题

本书研究的核心问题是解析当代乡村建设的治理结构特征，并探讨影响建设效应的关键性治理机制。围绕这一核心问题，从以下 3 个角度切入：

1. 制度研究

当代乡村建设行动由政府自上而下主导推动实施，它是国家为调整城乡发展的结构性矛盾、基于特定的乡村治理目标而采取的战略举措。国家的制度性安排决定了乡村治理的基础和前提。因此，首先需要对当前乡村治理的制度性结构进行研究，即自上而下的制度安排和政策供给是如何影响治理主体的组织和行动逻辑，进而形塑乡村治理的基本结构形态。这是本书研究的第 1 个问题。

2. 行动研究

当代乡村建设也是一个多元主体参与的行动过程。在同样的政策条件下，由于参与主体组织机制和互动关系的不同，会产生不尽相同的治理结构和建设效应。因此，从具体的建设行动层面展开研究，分析政府、村社组织、企业、外来精英等主体的行动策略、权力关系和组织机制，以及它对建设效应的影响等，从而发现对建设效应起关键作用的治理机制。这是本书研究的第 2 个问题。

3. 主体关系研究

当前的乡村建设不只是一个村社内部自治的过程，它既需要考虑与各级政策的链接效果，也需要考虑与市场和社会资源的协调机制，更要重视村庄的主体性和能动性的发挥。无论在制度层面，还是在行动层面，政府、村社组织、市场和社会力量之间良性的合作关系才是达成“善治”的基本条件，并关系到乡村建设的持续发展。因此，基于可持续乡村建设的目标，政府、村社、市场等主体应该分别发挥怎样的作用、形成怎样的相互关系，这是本书重点探讨的第 3 个问题。

1.3.2 研究意义

1. 理论意义

本书尝试将社会学研究的治理研究引入对乡村建设的考察，理解乡村空间形态改造背后的治理机制，探讨可持续乡村建设的治理因素，这是一次跨学科理论研究的尝试，也是对乡村规划建设理论内涵的丰富和完善。

乡村建设不单单是空间环境的改造，更是一个包含了产业经济发展、社会秩序构建、社区组织重塑的整体过程。从这个意义上说，对乡村社区进行规划建设，这本身就是一个具有“治理”意义的社会过程，而不单是蓝图描绘。因此，理解和探讨乡村建设背后的治理结构特征和机制，有助于对乡村规划理论方法的创新探索。

2. 实践意义

如研究背景所指出，当下的乡村建设是一个多元主体参与的实践过程。政府的公共投入、市场和社会力量的链接，已成为乡村建设发展的重要输入资源，它同时也让乡村社会面临更为复杂多元的利益治理格局。如果缺乏有效的治理机制，乡村建设未必导向乡村“善治”。因此，对乡村建设治理结构特征的研究和治理机制的分析，有助于为乡村建设行动的资源配置、组织建设、治理体系等方面提供有益的政策参考，并具有重要的现实意义。

1.4 研究对象与研究内容

1.4.1 研究对象

本书选取浙江省宁波市奉化区的乡村建设案例作为主要研究对象。研究区域和案例的选择主要基于以下原因。

1. 浙江：全国乡村建设的标杆地区

首先，浙江省作为我国东部沿海先发地区，其城镇化和工业化发达，并率先进入城乡转型发展的新阶段。浙江省的乡村建设行动开展得比较早且成效显著，成为全国美丽乡村建设的标杆，它是新时期政府推动乡村建设的典型代表地区。浙江省从 2003 年启动“千村示范、万村整治”工程开始，持续 20 余年不断深入推动乡村建设（表 1-2）。各级政府自上而下高度重视，出台了一系列支持政策，投入大量财政资源用以推动乡村建设的实施，并取得显著的建设成效。浙江省乡村基础设施和人居环境普遍得到明显改善，乡村公共服务能力增强，也激发了乡村地区产业经济发展的内在动力。同时，结合乡村建设，浙江省积极推进城乡综合配套改革，在农村土地综合整治、农村土地制度改革、农村产权制度改革、农村公共服务制度改革等方面，也有不少探索性的政策创新。

其次，浙江的市场化发育程度高，民间社会资本活跃，受政策和市场的鼓励，企业、个人和社会组织等广泛地参与到乡村民宿经济、乡村旅游产业等的开发建设中。城镇化发育程度高、城乡联系紧密、城乡要素流动频繁，这也使浙江的乡村建设呈现出多元而丰富的形态，并为研究当下乡村建设中多元化、复杂性的治理结构特征提供了有利的样本环境。

浙江省推进实施乡村建设的重要省级政策文件（2003—2019 年）　　表 1-2

年份	政策
2003 年	《中共浙江省委办公厅　浙江省人民政府办公厅关于实施“千村示范、万村整治”工程的通知》（浙委办〔2003〕26 号）
2008 年	《中共浙江省委办公厅　浙江省人民政府办公厅关于深入实施“千村示范、万村整治”工程的意见》（浙委办〔2008〕18 号）
2010 年	《中共浙江省委办公厅　浙江省人民政府办公厅关于印发〈浙江省美丽乡村建设行动计划（2011—2015 年）〉的通知》（浙委办〔2010〕141 号）
2016 年	《中共浙江省委办公厅　浙江省人民政府办公厅关于印发〈浙江省深化美丽乡村建设行动计划（2016—2020 年）〉的通知》（浙委办发〔2016〕21 号）
2018 年	《中共浙江省委　浙江省人民政府 全面实施乡村振兴战略高水平推进农业农村现代化行动计划（2018—2022 年）》
2019 年	《浙江省乡村振兴战略规划（2018—2022 年）》

2. 奉化：浙江县级单元的普遍代表

县级单元是管理和发展乡村地区的最主要的行政层级。本书所选择的案例区域——宁波市奉化区是浙江东部的一个县级行政单元，整体经济发展和城镇化水平处于浙江中位区间，具有普遍的代表性。2017 年以前，奉化是宁波市下辖的县级市，2017 年撤县设区。2020 年全区常住人口 57.75 万人，农村常住人口 23.09 万人①，现辖 284 个行政村。境内山水田地海俱全，村庄类型和特色十分丰富：既有与城区紧密相连、逐步城市化的城郊村、城边村；也有较为偏远、保留了相对完整乡村属性的山村、渔村。同时，由于地处相对发达的浙东地区，经济发展水平较高，城乡联系紧密，城区与村庄之间的人员、产业、信息交流频繁，为研究城乡要素流动下的乡村发展问题提供了较好的样本。

选择奉化作为主要案例地区，还有一个重要原因就在于研究资料的可获取性。笔者于 2016—2017 年曾以乡村规划志愿者的身份参与了宁波市奉化区政府组织的村庄规划实践，与地方乡镇管理部门和众村干部熟识，能够较为全面深入地了解乡村建设情况，这为研究资料搜集，特别是基于案例研究的访谈调研工作提供了天然有利的基础。

3. 乡镇及村庄案例的选择

对具体乡镇或村庄案例的选择，遵循典型抽样原则。首先，根据研究设计，决定选择

① 数据来源：奉化区第七次全国人口普查主要数据公报。

具有代表性的不同类型的村庄建设作为调查样本，其选取的原则是从建设主体的角度出发，尽可能地包含政府、村庄、企业等不同主体参与的多元类型。其次，通过当地乡村干部的引介，以滚雪球的方式于 2018—2019 年对十余个村庄陆续开展调研和访谈（图 1-3），形成调查样本的基础数据库。在调查样本选择时，尽可能选取建设活动突出、建设内容不尽相同、参与主体存在差别的村庄，并且从区位上考虑了从近郊到远郊的不同乡镇。此外，调研的可进入性，特别是开展深度访谈的可能性，这也是选择样本村庄时一个重要的考虑因子。最后，在调研形成的田野调查报告的基础上，根据总体研究的需要，总结了 4 种典型建设类型，即基层政府推动型、村庄主动型、企业投资型和外来精英介入型的村庄建设，在调查样本中选取了最有代表性的乡镇或村庄作为本书分析和讨论的对象①。

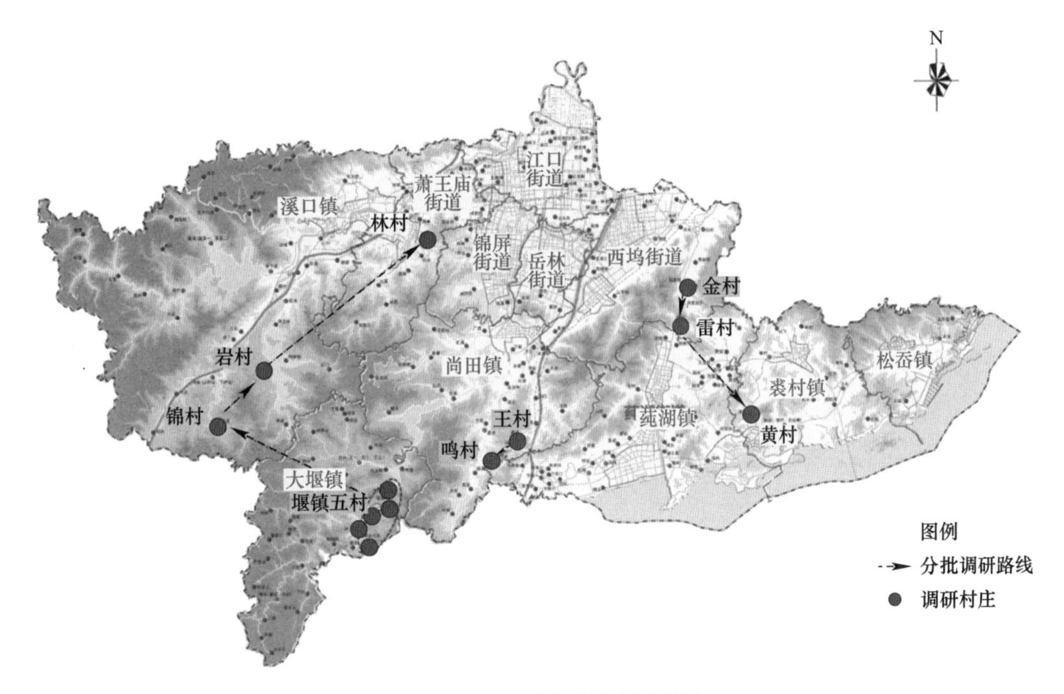

图 1-3 重点调研乡镇和村庄示意

1.4.2 数据资料

本研究的数据资料主要通过笔者实地调研和访谈的方法获取。笔者分别于 2018 年 5 月、6 月、8 月、10 月在宁波市奉化区进行了 4 次集中的村庄调研，每次为期 7～14 天。2019 年 9 月又进行了一次回访和补充调研。在调查中，资料的获取主要采取如下方法：

（1）查阅和收集文献资料。包括近年来省、市、区有关乡村建设的各类政策文件，访问县（区）、镇政府部门获得的相关文件资料，县志、村史、农村社会经济统计报表，以及工作总结、宣传报道材料、各种村庄会议记录、村庄项目申报材料、村文书的账本记

① 按照社会科学调查研究的惯例，本书对案例乡镇和村庄取了学名。

录、成文和不成文的村庄制度章程等。

（2）深入访谈。访谈对象主要有几种类型人员（表 1-3）：区、镇政府及乡村建设相关部门的领导和干部；村组干部，包括村党支部书记、村委会主任、村“两委”成员、老年协会等各种村庄组织的负责人、上级下派驻村干部和联络员；参与村庄建设和发展的相关人员，包括项目投资人、企业负责人、返乡精英、创客等；普通村民。访谈对象主要根据调查需要随机采访，或请乡镇干部、村干部介绍安排。访谈方式以个别单独访问为主，以消除外在干扰因素。所有访谈均做了详细记录。

（3）实地踏勘。进村入户观察村容村貌、项目建设成果，了解村民的日常生活状态，特别是对建设项目的参与和使用状况。

（4）旁听会议。参与旁听了一些乡镇或村“两委”组织的正式、非正式的会议，这有助于了解建设决策的实际过程。

访谈者组成 **表 1-3**

访谈者	数量	人员构成
政府部门负责人	14 人	区政府、区委农办、区农业局、区规划局等相关负责人，西坞街道、溪口镇、大堰镇、尚田镇等乡镇干部
村组干部和村民代表	40 人	村党组织干部、村委会主任、村“两委”成员、老年协会负责人、驻村干部、村民代表等
参与乡村建设的其他相关人员	15 人	企业家、项目投资人、民宿经理、旅游公司经理、返乡创客、规划设计人员等

1.4.3 内容安排

本书以实证研究为主，遵循“理论分析—实证研究—规范性讨论”的技术路线。全书内容分为三大部分，总体框架如图 1-4 所示。

第 1 部分（第 1 章至第 3 章）：理论研究部分。通过对中西方治理研究主要理论文献的回顾和梳理，结合中国乡村建设和治理实践提出了本书的理论分析框架。

首先，对西方治理理论、中国乡村治理的相关研究成果进行整理和归纳，也总结了近年来乡村建设领域对“治理”问题的最新研究成果。其次，借鉴结构化理论推演乡村治理结构与行动关系、基于治理理论对国家、村社和市场三者的关系进行阐释，将“自上而下”和“自下而上”两种视角整合起来，提出研究假设和理论框架。

第 2 部分（第 4 章至第 7 章）：实证研究部分。以当代浙江乡村建设的案例进行实证研究，检验理论框架和研究路径的有效性。分为制度结构研究和行动机制研究两个层次。

（1）制度结构研究（第 4 章、第 5 章），探讨自上而下的政策供给对治理行动和机制的结构性条件。首先是历史维度的考察，分析国家总体性结构和制度安排对乡村治理制度的影响；其次是对当代浙江省乡村建设的政策研究，探讨政府的治理目标和政策供给对基层主体行动的影响。

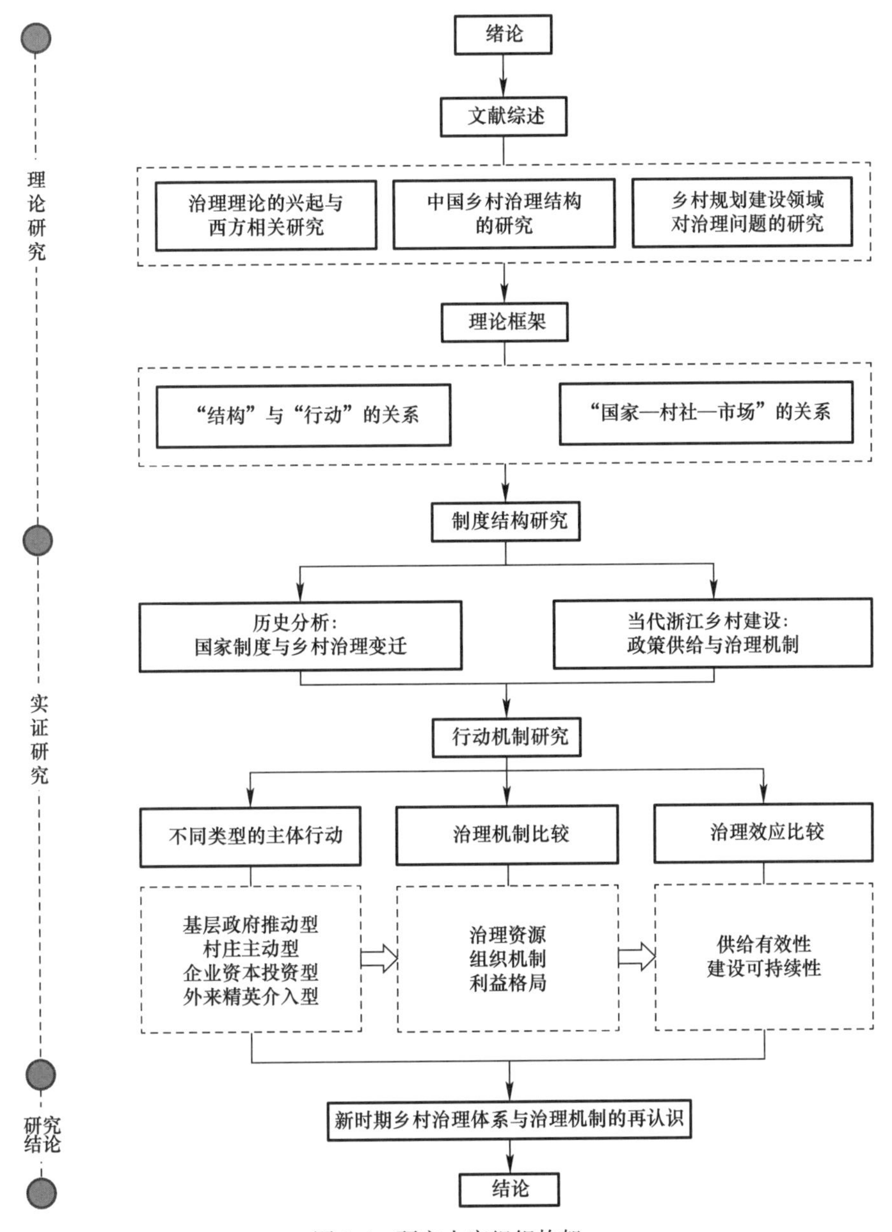

图 1-4 研究内容组织构架

(2) 行动机制研究（第 6 章、第 7 章），探讨各类主体的实践行动对治理结构的再塑造过程。通过 4 个代表性的乡村建设案例，深入剖析实践行动中不同主体的行动逻辑和互动关系，以及所呈现的复杂多元的治理结构特征，并进一步比较不同的治理结构和治理效应，揭示影响乡村建设绩效的关键性治理机制和结构要素。

第 3 部分（第 8 章、第 9 章）：规范性讨论。

在理论研究和实证研究的基础上，结合城乡关系转型的宏观条件，探讨适应新时期乡村建设需求的治理体系建构，以及政府、市场和村社组织的关系和角色定位，并从治理的视角重新审视乡村规划的定位和积极作用。

第 2 章　比较视野的乡村治理研究回顾

作为国家治理的基础组成，乡村治理一直是学术界关注的重点，但在中西方的语境下，治理研究既有共性话题，也有显著区别。本章首先回顾西方学术界关于治理概念和理论的兴起以及乡村治理研究的主要文献；其次从国家治理、基层主体、资本下乡三个方面梳理了中国语境下乡村治理研究的脉络；最后对当前乡村建设领域所关注的治理问题以及规划实践探索等作了总结。

2.1　西方的乡村治理研究

2.1.1　治理概念与理论主张

1. 治理研究的兴起

20 世纪 80 年代末期，西方社会经济环境的整体转型带来国家和社会管理方式的一系列转变，促进了治理研究在西方学术界的兴起。其背景如下：

首先，从 20 世纪 70 年代开始，西方福利主义国家危机爆发，新自由主义取代凯恩斯主义，强调“最小政府”，将部分公共职能交由市场，国家角色必须做出调整。学术界从传统的关于政府干预和自由市场孰优孰劣的讨论，开始转向讨论政府和市场的结合，如何能够提供最有效的合作，超越典型的政府—市场二分法，即被称为“新的治理结构”。

其次，自 20 世纪 80 年代以后，全球化发展迅猛，商品、资金、技术、信息甚至人口跨越国界流动的规模越来越大，很多问题需要跨区域、跨国界的合作，单一国家的政府难以解决。一些跨国公司和国际组织的发展改变了传统主权国家的政治权力结构和运作方式（王绍光，2018）。全球化加剧了福利国家的危机，也削弱了民族国家的地位，国家角色、政府职能必须有所变化，以应对全球化的环境。

最后，世界银行在寻求发展中国家解决方案时强调了“治理”对发展的作用。世界银行在 1989 年的一份报告中首次使用了“治理危机”一词来描述当时非洲的经济和社会情况，认为 20 世纪 80 年代以后一些发展中国家经济衰退的原因主要来自“国家管理经济的方式不当、能力不足”（World Bank，1989）。于是，以世界银行为代表的国际金融组织使用“治理”一词指代“国家改革”或“社会政治变革”的含义，这是希望“以一个相对而言没有攻击性的论题和技术性措辞来集中讨论敏感的问题，而不至于让人认为这些机构越权干涉主权国家的内政”（德·阿尔坎塔拉，1999）。

总体来看，“治理”概念的兴起是为了寻找一种不同于传统的政府管制和统治的做法（孙施文，2002）。“西方政治学家和管理学家之所以提出治理概念，主张用治理替代统治，是他们在社会资源的配置中既看到了市场的失效，又看到了国家的失效。”（俞可平，1999）西方福利国家“超级保姆”式的政府机构显得臃肿，财政税收危机又在加大，同时，市场机制也出现分配不公、市场垄断等现象，因此，社会需要新的调节机制来解决政府和市场失灵的问题。20 世纪 80 年代，西方对市民社会（civil society）的大讨论和倡议推进了市民参与公共决策的地位。在这样的社会经济背景下，20 世纪最后的 20 年西方各国尤其是发达国家都进行了一定程度的政府改革，多中心、分权化、市民参与成为主要的变革方向。在政府改革的大背景下，治理理论也应运而生。

自 20 世纪 90 年代以后，“治理”一词的使用和讨论在西方社会经济科学各领域呈爆发式增长（图 2-1、图 2-2）。在 20 世纪后期的社会科学学术发展中，国家—社会、政府—市场等二分法陷入困境，于是追求社会科学理论的新范式，以及寻找国家、市场和社会的重新定位，成为实践与学术的双重迫切需求（王诗宗，2009）。治理研究开始成为一种主流显学，它涉及政治、法律、国际关系、公共行政、社会学、地理学、城市研究、历史等不同学科领域。

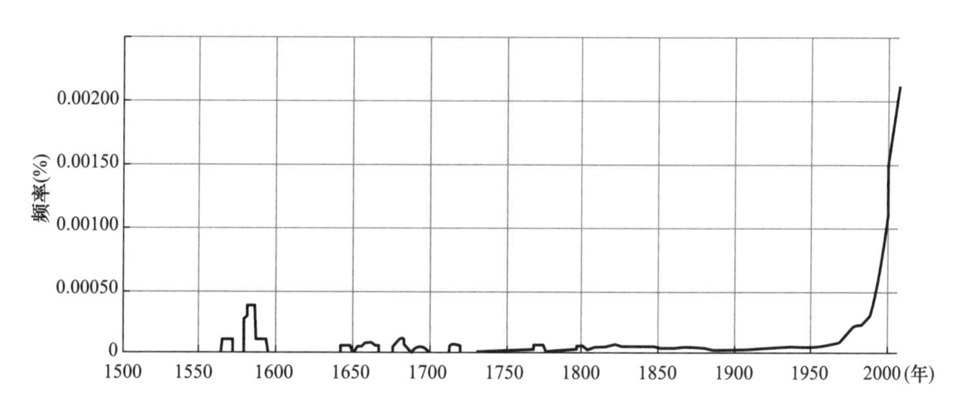

图 2-1 Google Book Ngram Viewer 英文数据库显示的“governance”一词自 1500 年以来的出现频率

资料来源：王绍光，2018

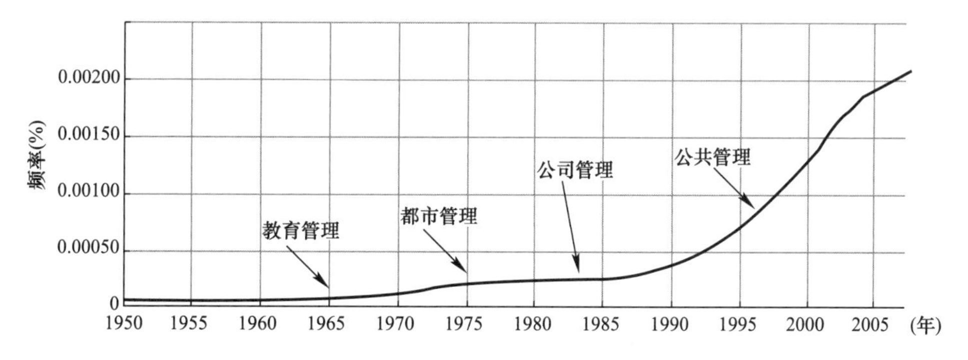

图 2-2 Google Book Ngram Viewer 英文数据库显示的“governance”一词自 1950 年以来的出现频率

资料来源：王绍光，2018

2. 治理的概念

由于“治理”研究兴起的复杂起因以及“治理”需要应对的复杂情景，其含义和用法是十分宽泛的。

治理理论的代表人物罗兹（Rhodes，1996）归纳了治理6种不同的含义和用法：①作为“最小政府”（as the minimal state），它指的是国家削减公共开支，以最小的成本取得最大的效益；②作为公司管理（as corporate governance），它指的是指导、控制和监督企业运行的组织体制；③作为新公共管理（as the new public management），它指的是将市场的激励机制和私人部门的管理手段引入政府的公共服务；④作为“善治”（as“good governance”），它指的是强调效率、法治、责任的公共服务体系；⑤作为社会—控制论体系（as a socio-cybernetic system），它强调政策结果，这不是中央政府决定的，而是要与地方政府、志愿部门以及公共部门与私人部门发生合作与互动关系。由于社会是多中心的，所以，治理是一种互动式的社会—政治管理方式；⑥作为自组织网络（as self-organizing networks），它指的是建立在信任与互利基础上的广泛存在的社会协调网络。网络不是市场和等级制度的混合，它是市场和等级制的某种替代。

类似的，赫斯特（Hirst，2000）也提出过治理的5种形态：①善治，主张开创有利于私人经济行为的有效政治框架来建设发展中国家的国家能力；②国际制度领域的治理，它强调全球化背景下重要的难题往往不能由民族国家单独控制和解决，应更多考虑将国际组织、政府间协定作为治理手段；③公司治理；④与新公共管理战略有关的治理，用“消费者—服务供给者关系”的新概念来取代“公民—福利国家关系”；⑤通过协调网络、合作关系、论坛来替代等级合作主义，这涉及工会、商会、企业、NGO、地方当局、社会企业和社会团体等广泛的行动者。

可以看出，不同的治理概念在内涵、使用范围上都有差异，但其中仍存在某些相似的关注点，比如各层次的利益协调问题、政府能力问题、政府角色和公共行政方式变革等。用库曼（Kooiman，1999）的话来概括，即“治理意味着国家与社会，以及市场以新方式互动，以应付日益增长的社会及政策议题或问题的复杂性、多样性和动态性”。在20世纪末期的西方社会经济转型的背景下，相对于统治而言，治理成为一种趋势。这一趋势意味着国家（政府）—社会关系的调整，以及政府之外的力量被更多地强调，国家中心的地位可能在一定程度上被国家、社会和市场的新的组合所替代。同时，它也是对国家—市场二分法的否定。治理与纯粹的市场以及等级式的科层制具有明显的差距，它强调国家、社会、企业之间的新组合，而政府可以使用多种新的政策工具。

3. 治理的理论主张

西方关于治理研究的内容非常丰富，理论观点也众多。斯托克（Stoker，1998）归纳了作为理论的“治理”，有以下5个方面的议题：①治理涉及来自政府，但又不限于政府的一系列社会机构和行为者的组合。一方面，国家的权力中心可能不止一个，地方、区域、国家、跨国家层次上的政府机构之间有多样性的联系；另一方面，政府之外的组织也越来越多地参与公共决策并提供公共服务；②治理定义了在寻求解决社会和经济方案的过程中，其各方的界限和责任是模糊的。公私界限模糊体现为一系列志愿性机构的出现；③治理明确指出涉及集体行动的各类组织和机构之间存在权力依赖的关系，参加集体行动的组织需要依赖其他的组织；组织之间必须交换资源，并就共同目标进行谈判；交换的结果不仅取决于各方参与者的资源，也取决于游戏规则和环境；④治理是关于自治、自主的行动者网络（理论）；⑤治理认识到办好事情的能力并不完全在于政府的权力或者政府权威的使用，政府可以运用新的技术和工具来掌舵和引导，以增强自己的能力。

综上所述，西方的治理理论涵盖了一系列的主张。①去中心化，即国家中央政府向地方分权、向社会分权，甚至让渡于一些跨国家的组织和机构成为西方公共行政体系改革的一种趋势；②多中心，即政府以外的治理主体参与到公共事务的管理中，政府与其他组织共治、社会自治成为一种趋势；③多层次的治理与多种工具的使用，即治理可以在跨国家、国家、地方等多种层次上进行，并借助市场、等级和网络结构等不同的工具。此外，治理理论强调，国家（政府）和公民的角色都需要发生改变：国家能力主要体现为整合、动员、把握进程和管制等方面；而公民也应该成为积极的决策参与者、公共事务的管理者和社会政策的执行者；在公共参与中，第三部门成为主要的组织载体。

伴随公共行政体系改革和治理实践的展开，西方学者进行了各种治理模式的研究，提出了一些比较有影响力的理论主张，如网络治理、多层级治理、多中心治理等。

网络治理（network governance）是网络组织理论与治理理论的结合。1990年，鲍威尔（Woody Powell）在其《既非市场又非层级制：网络式组织》（*Neither Markets Nor Hierarchy: Networks Forms of Organization*）一文中，在威廉姆森（Oliver E. Williamson）的市场和层级制（markets and hierarchies）之外确认了另一种组织形式——网络式组织，认为网络并不是市场和层级制的混合模式或中间结构，将其视为第三种治理机制。随后，一些西方的学者将治理与政策网络联系起来，发展了网络治理理论。他们认为，“治理是许多主体和组织混合而成的网络的运作”。网络代表的是“多对多”的结构关系，这与等级制下的“一对多”关系不同。因此，在网络治理中，政府只是权威或权力行使的一个主体，它与其他社会组织或机构形成多边关系。网络治理的基础是合作，但这种合作与市场治理机制下基于交换关系的合作是不同的，它建立在相互需要和相互认知的基础上，是对一种规范性价值的承认和彼此的信任关系。由于网络组织中问题的复杂性，单个政府部门难以解决，政府必须与其他组织合作才能有效回应，这种合作是一个动态过程，政府可以不断变更网络线路和挑选合作伙伴。网络并不是完全自治、独立的，政府是网络的管理者，需要对网络进行指导和推动。但它并不同于等级制下的权力集中化，政府只是网络结构的一个节点，其任务是将所有行动者集合起来，确定目标和政策，并成为回应社会的战略制定者。

多层治理（multi-level governance）的概念最初是用来描述欧盟结构政策的执行和欧盟的治理方式。1993年，美国学者加里·马克斯（Gary Marks）在《欧盟的结构政策和多层治理》(*Structure Policy and Multilevel Governance in the EC*)一文中提出“多层治理”的概念，它是“欧盟结构政策的特征，用来描述跨国家组织、欧盟、国家、地区和地方政府之间的持续谈判体系”。1996 年，马克斯又在《20 世纪 80 年代以来欧洲一体化：国家中心论对多层治理》(*European Integration from the* 1980*s*：*State-centric Versus Multi-level Governance*)一文中，用“多层治理”概念描述“隶属于不同层级（跨国家、欧盟和国家）的政府单位之间的合作，而不是形成科层关系”（朱德米，2004）。随后，多层治理的概念被扩展到对公共治理的研究，它关注的中心问题是治理的层级（辖区），它们以政府为分析中心，强调跨国组织、国家、地区政府、地方政府之间的合作与共治。

多中心治理理论由奥斯特罗姆（Ostrom，1990）夫妇创立。多中心理论以自主治理为基础，其核心在于“一群相互依赖的个体有可能将自己组织起来”，通过社群组织的自发秩序形成多中心自主治理结构，可以最大限度地遏制集体行动中的搭便车等机会主义行为，实现公共利益的持续发展。因此，多中心意味着公共物品生产、公共服务提供和公共事务处理方面存在着多个供给主体。通过多种参与者提供相似的公共物品，从而在传统单一部门垄断的公共事务上建立一种竞争或准竞争机制，迫使各生产者自我约束、降低成本、提高质量和增强回应。多中心治理意味着政府、市场的共同参与和多种治理手段的应用，构建政府、市场、社会共同参与的“多元共治”模式。

总体上，西方治理研究的兴起和主要理论观点是对 20 世纪后期西方政治经济社会历史环境变化的回应，主张政府为中心的公共行政体系的转型和改革，多中心、网络、关注过程、推动合作是其核心要义。

2.1.2 西方乡村治理研究的主要方向

20 世纪 90 年代后期，伴随新自由主义兴起、政府结构和管理模式从福特主义向后福特主义转变、中央—地方机构调整和重组，乡村地区同样受到新的“治理”形式的影响（Goodwin，1998）。西方开始出现大量对乡村地区治理的研究，研究内容主要涉及以下几个方面：

1. 政府结构重组和国家角色变化

在国家结构重组和政府管理模式改革的直接影响下，乡村地区出现新的“治理”体系。新自由主义主张“最小政府”，以英国为代表的西方国家启动了一系列政府结构和制度的改革：一方面，缩小和限制经选举产生的地方政府的职权；另一方面，建立了大量未经选举的公共或半公共机构，并扩大私人部门、志愿部门共同参与公共管理的范围，引入市场化或半市场化的供给机制。其结果是乡村地区形成了一个由各种公共、私人和志愿部门共同参与的新的“治理”系统（Goodwin，1998）。乡村地区的经济和社会发展不再仅仅由地方政府和正式机构决定，而是受由多元行动者共同组成的复杂网络的影响，这个网络包括了中央政府、中央和地方层面的公共机构、志愿组织、私人公司、个人，甚至还包括了更高层面的区域机构，比如欧盟（Woods，1998）。新的地方治理结构的出现改变了传统的乡村政治和权力关系。

新的治理结构运作的核心是国家（政府）角色的变化。国家（政府）从过去作为福利提供者的角色，转而成为各方参与治理过程的协调员和监管人（Little，2001）。政府对乡村地区的管理体系，从空间邻近的、自上而下的、层级式的体系，转变为强调促进和引导自组织和互相组织的关系。地方政府提供公共服务的职能弱化，而且角色重新定位。伍兹（Woods，1998）认为，地方当局正在成为类似于“压力集团”（pressure groups）的角色，成为新的治理结构中的游说组织，它通过游说中央政府、私人企业、欧盟、地方非选举机构和当地有影响力的参与者，继续其政治权力和地方政策的影响力。

2. 乡村内部经济和社会关系的重组和分化

乡村地区内部经济和社会关系的重组，特别是与农业产业和土地所有权相关的变化，也是促进“治理”形成的一个重要变量（Marsden，1998）。在当代“后生产主义”的乡村，农业逐步退出支配性地位，乡村地域功能和空间出现分化，相应地，与乡村土地开发和发展相关的利益群体和社会政治结构也变得更加复杂，产生了复杂形态的竞争、参与和权力关系，乡村地区的治理不再只是与农业相关，而是多维度的（Marsden et al.，1998）。默多克等人（Murdoch et al.，1996）的研究描述了英国的 4 类乡村地区（保存地区、竞争地区、受庇护地区和家长式地区），分析了影响乡村土地开发的 4 个关键性领域（大众消费市场、优质食品市场、与农业相关的变化、非农业的发展）。结果表明，这些领域与不同类型的乡村空间的组合会产生不同的“权力结构”，引发不同的治理问题。因此，乡村地区出现的社会经济结构的变化提醒我们，不能仅仅从地理意义上的一个“地方”层面来思考乡村空间，需要注意“乡村内部的差异和分化，是与地方、区域、国家甚至国际的供应链、网络和规则体系共同交织在一起的”（Marsden，1998）。

3. 乡村政策中伙伴关系的建立

公共、私人和志愿部门之间的伙伴关系（partnership）被认为是新的乡村治理的关键组成部分（Goodwin，1998；Murdoch et al.，1998）。所谓从“管理”向“治理”的转型就是要推动伙伴关系和联盟的建立。

乡村治理中“伙伴关系”的发展是由一系列政策推动着。研究者注意到，涉及乡村发展的各类政策，越来越多地强调要建立政府正式结构之外的“伙伴关系”和网络，试图包含更广泛的机构和个人参与乡村发展的决策和分配过程。对乡村地区发展有重要影响的欧盟结构基金（European Structural Fund），在其项目资助政策中强调建立欧盟—国家政府—各类地方主体共同合作的伙伴关系，作为鼓励地方内生发展驱动力的管理机制（Ward et al.，1998）。1996 年的欧洲农村发展会议（the European Conference on Rural Development）提出，欧盟内形成乡村发展的共享机制，进一步强调了伙伴关系的作用，将其与社区参与、自下而上发展等联系在一起。1995—1996 年，英格兰、苏格兰和威尔士相继发布的“乡村白皮书”（DoE，1995；Scottish Office，1995；Welsh Office，1996）中都强调推动乡村治理中伙伴关系的发展（Edwards et al.，2001）。越来越多的资助政策和机构也要求在获得奖励之前申请资金背后形成的稳固伙伴关系。从欧洲社会资助计划到各类政府计划，伙伴关系是申请成功的关键因素。

关于伙伴关系的作用，一些研究认为：伙伴关系的建立，有助于利益相关团体和政府部门形成目标一致的发展策略，促进公共、私人以及志愿部门的人力、物力、财力等资源的协调整合，达到“1+1>2”的效果。同时，它能够为当地社区提供发声的平台，有助于在地方层面形成行动共识和成果共享（Lowndes et al.，1997；Mackintosh，1992）。因此，治理伙伴关系的建立，被认为是一种促进社区参与的机制和一种有利于内生型发展的工具。也有研究者质疑，伙伴关系作为一种新的乡村治理工具，在乡村地区特定的政治、经济、社会需求和环境下是否真的适用？尽管国家层面的乡村政策非常强调伙伴关系的重要性，但在地方操作层面，伙伴关系的建立往往是不成功的。琼斯等人（Jones et al.，2000）对农村发展委员会的“农村挑战”（Rural Challenge）计划的研究表明，由于私人部门的缺席，或当地社区的经验和技能不足等种种原因，在决策过程中试图引入社区其他部门并减少政府作用，常常是很难实现的。因此，伙伴关系在乡村治理中的有效性，必须充分考虑乡村特定的社会经济条件，包括乡村社会的内部关系以及外部的冲突和压力。

伙伴关系的建立，重构了乡村治理的尺度（scale），引起了乡村地区政治和权力的重新分配。爱德华兹等人（Edwards et al.，2001）的研究表明，欧盟 LEADER（法语 Liaison Entre Actions de Développement de I'Economie Rurale 的缩写，即“乡村经济发展行动联合”）计划的运作、伙伴关系中对社区参与的强调，使传统的郡、县级地方政府的角色缩小，而发展的责权或上升到区域一级主体，或下沉到社区一级。伙伴关系，建立了在不同层级运作的机构和利益集体之间的正式联系，打破了原有的国家尺度层级。通过这个过程，伙伴关系构建了一种行动能力，既有纵向的，也有横向的。

4. 社区参与

社区参与是乡村治理伙伴关系建立中很重要的一个方面。尽管学术界对社区参与或者公众参与的讨论并不限于乡村研究领域，但是，对于乡村发展决策和治理来说，当地社区的行动和参与被认为尤其重要。这是因为，乡村地区具有的多样性和地方性的特质，被认为只有在社区层面才能得到最有效的治理（Murdoch et al.，1998）。研究者认为，不存在任何普适性的政府方案可以适合多样化的乡村环境。与统一的计划相比，地方性的决策更适合当地情况。并且，乡村社区是小型的、具有紧密社会关系的群体，长期建立的自我协助（self-help）和彼此照应的传统和优势，使得他们最适合决定自己的需求和解决方案，“提高乡村生活质量始于当地人民和当地行动”（Murdoch et al.，1998）。

1995—1996 年间的英格兰、苏格兰和威尔士的“乡村白皮书”（DoE，1995；Scottish Office，1995；Welsh Office，1996）都将当地社区参与作为未来农村发展战略的重要组成部分。乡村地区的发展被视为“从个人、家庭和当地社区开始”的共同责任，旨在“鼓励地方行动和志愿行动。……鼓励乡村地区的人们更多地参与影响他们日常生活的决定”。通过伙伴关系和自愿行动促进这种参与，以促进“地方和国家政府在满足当地需求方面的作用”。很多发展计划和决策的执行都强调了基于社区的方法，比如开展社区评估、识别当地的需求以及重视当地文化等。

社区参与反映了一种自下而上的发展转变，而基于社区的行动则被认为是促进内生式经济发展模式的重要方式（Bryden et al.，1997；Ward et al.，1998）。此外，它对于乡村性的文化建设也起着重要作用，可以在社区团体中产生一种承诺感和赋权感，并促进了社区的自我管理和志愿行动（Murdoch，1997；Ward et al.，1998）。

20世纪90年代以后，一些研究文献提出了更具有批判性的观点，认识到了社区参与可能存在的局限性（Edwards，1998）。比如，社区参与的程度往往与乡村投资和项目实施进度存在矛盾关系；社区评估和行动在地方决策中并不一定被有效地采纳；伙伴关系可能只是动员了社区中的“积极分子和精英”，而不是“为整个社区敞开大门”，这使得社区参与成为同一阶级结构的产物，社区的志愿行动或许不能给弱势群体带来帮助等。这些研究帮助我们认识到社区行动的争议性，因为社区参与并不能解决所有的治理问题，它本身也不能摆脱主导权力结构的影响。

5. 地方行动与政府战略之间的“张力”

新的乡村治理特征表现为政府角色的缩小和地方参与、合作网络的扩大，而在现实中，政府在政治决策中的战略支配性和地方行动之间始终存在着紧张的张力。一些研究者认为，尽管治理结构发生了转型变化，但原先的制度形式仍然存在并继续发挥作用。

首先，政府在提供战略性政策和协调方面仍然发挥着关键的主导作用。默多克和艾布拉姆斯（Murdoch et al.，1998）对乡村地区住房开发战略规划的分析表明，尽管政府管理形式有所转变，但一定的治理结构仍然是不变的。国家住房供给政策有着“战略性的主导路线”，所以地方需求和参与是受到这条主导路线限制的。国家为确保战略路线的主导性地位，将各领域和各层级的参与者联系在一起，这其中中央政府发挥着协调作用（Jessop，1997）。公民和社区不能简单地在伙伴关系的结构中“以自己的方式”行事，它们必须与某种协调和调解形式联系起来，否则这些伙伴关系就会崩溃。从本质上讲，这显示了社区治理的局限性：虽然他们可以参加政府计划，但他们的组织通常是有严格限制的。

其次，对社区赋权的质疑。默多克和艾布拉姆斯（Murdoch et al.，1998）提出了一个关键问题，在乡村地区的治理中，“合作伙伴”究竟多大程度上能够给乡村地区的人们和社区多大的赋权。有人怀疑，社区参与“自下而上”的过程仍然固定在原有的制度和组织框架内，仅作为“自上而下”干预的一种补充机制（Day，1998）。图德-琼斯（Tewdwr-Jones，1998）对威尔士的新的治理结构的研究也发现，新的当局缺乏对社区参与的真正支持，并不愿意将真正的自治和责权下放到社区层面，本地机构担任了顾问和咨询的角色，但似乎在政策制定和执行方面缺乏真正的权威。爱德华兹（Edwards，1998）指出，社区参与决策过程的方式有多种多样，而对社区赋权的主流话语来自国家政策，因而它们是由各种不同的社区利益所代表和解释的。

综上所述，西方学界的研究成果反映了乡村治理的复杂性。“治理”作为一种新的统治过程和管理模式，其主要特征是在政府组织之外建立广泛的合作关系，它强调所有利益相关者和行动者的共同参与、社区的自我管理，但这是一个动态的、充满张力的过程。此外，乡村治理的新形式不单纯是政府组织和管理模式的变化，更深刻地与乡村内、外部的经济、社会转型交织在一起，乡村地区自身社会经济结构的变化一定程度上也使得治理形态更加复杂化。需要注意的是，在 20 世纪后期“治理”概念进入乡村研究领域时，西方发达国家大多早已完成城市化和工业化过程，乡村社区与城市社区并不存在特别大的差距。因此，西方的乡村治理问题并不特别独异于城市地区，其所处的经济社会发展阶段与当前中国乡村治理的宏观环境及其所面临的结构性问题是迥然不同的。

2.2 中国的乡村治理研究

中国本土研究中的“乡村治理”，具有中国特定的语境和国情特征。20 世纪 80 年代末，国内政治学者最先开始对村民自治制度在农村实践的过程与机制进行研究，并使用“村治”（20 世纪 20 年代乡村建设派使用的词汇）来概括 20 世纪 90 年代以村民自治为中心的农民政治社会研究。20 世纪 90 年代末西方的治理理论开始被译介到国内学术界，华中师范大学中国农村研究中心的一批学者开始把治理概念引入农村问题中来，特别是对村民自治的研究。“治理”的含义较“村民自治”更为广泛，它代表了一个目标向善的多主体行动过程，通过公共权力的配置与运作，对村域社会进行组织、管理和调控，从而达到一定目的的政治活动（徐勇，1997a）。此后，乡村治理成为中国乡村研究的主流概念，汇集了不同学科、不同区域、不同学派对中国乡村社会的研究成果，其研究的视野也由开始时的政治学跨入社会学、人类学、法学、历史学乃至经济学等多学科中，海外的汉学研究、农村政策研究、乡村建设试验等都可以纳入乡村治理研究的学术资源。

中国知网（CNKI）以“乡村治理”为关键词进行检索，截至 2019 年共有 6317 条检索结果（图 2-3）。早期文献中使用的“治理”一词，主要是指“整治、整顿”的意思。1991 年开始出现“乡村治理”这一关键词的文章，1998 年、1999 年出现了“村治”研究的文章。2000 年以后，从村治研究到乡村治理研究，其研究的数量、主题、内容快速上升并扩展。2013 年党的十八届三中全会提出“推进国家治理体系和治理能力现代化”，进一步推动了治理研究的百花齐放。

本书从治理结构的视角，对既有的乡村治理研究文献进行梳理。中国的乡村治理，既受现代国家建构等外部环境的影响，同时又因为几千年的乡土传统而具有自身的运作逻辑。从已有研究来看，考察乡村治理结构变迁主要有两条线索：一是国家权力不断在乡村社会得到强化；二是乡村权威的变化。治理主体不仅是指国家正式的权力结构，还包括村庄社会内部的权威性结构。此外，新时期城乡要素流动日益活跃，市场主体的行动也开始介入到乡村治理过程。乡村治理资源的多元性，导致了多元治理主体的存在。因此，以下

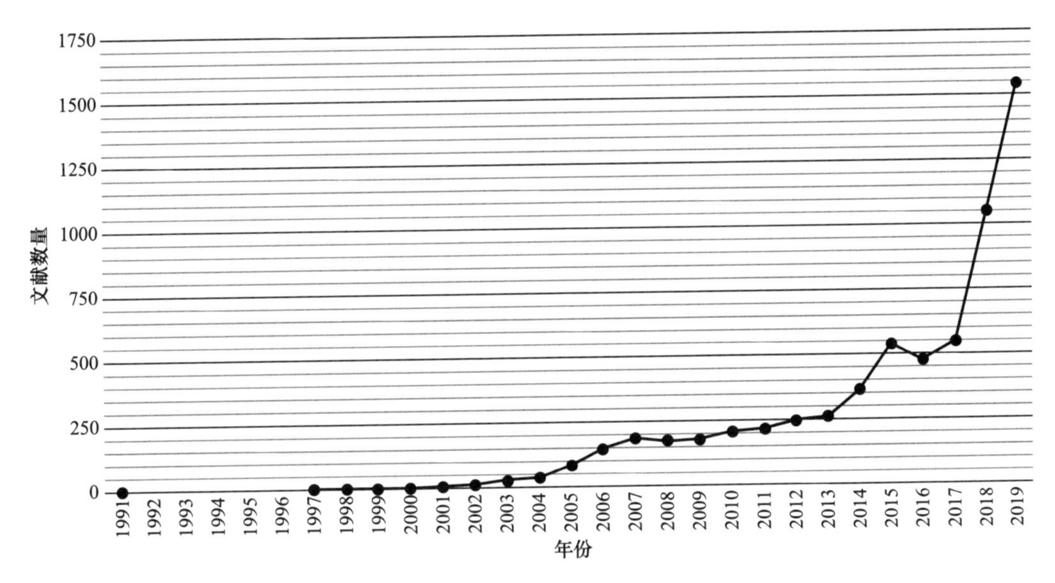

图 2-3 中国知网检索含有“乡村治理”关键词的文献数（1991—2019 年）

资料来源：笔者根据检索结果整理（检索时间：2020 年 2 月 26 日）

对乡村治理研究的文献梳理从 3 个部分展开，首先是国家视角的乡村治理研究，其次是从基层主体视角展开的乡村治理研究，最后是资本下乡对乡村治理的影响研究。

2.2.1 国家治理视角的研究

国家治理构成了乡村治理的宏观结构性条件，决定了乡村治理的空间和资源限度。贺雪峰（2007）认为，国家现代化的宏观进程对乡村社会提出了什么要求、为乡村社会提供了什么样的资源和环境以及乡村社会如何回应，对这些问题的研究构成了乡村治理研究的基础。

梳理国家治理对乡村治理影响关系的文献，总结为以下 3 个方面：①“政权下乡”的研究，即国家政权建设带来乡村基层秩序变化的研究；②国家权力与乡村社会的互动关系；③“项目下乡”的研究，反映了新时期国家对乡村的进一步整合关系。

1. 国家政权下乡

近代以来，乡村治理的变迁主要源于国家权力不断加强对乡村社会控制的广度和力度（徐晓全，2014）。很多学者将其看作现代国家政权建设的需要，也是国家持续整合乡村社会资源、推动乡村社会现代化的过程。

“国家政权建设”（state-making）是一个源自西方政治社会学研究的概念，由查尔斯·蒂利（2007）在对早期欧洲民族国家形成过程的研究中最早提出。它本身是对一个客观发生的近代化现象的概括：分散的、多中心的、割据性的权威体系，逐步转变为以现代国家组织为中心的权威结构的过程（张静，2006）。查尔斯·蒂利将“国家政权建设”过程概括为 3 个方面：①国家权力向乡村社会渗透的加强，国家正式组织机构不断下沉，并实现从间接统治向直接统治的转变；②官僚机构的理性化、制度化加强；③应付战争和国家政权建设需要以及国家资源汲取能力的提升（李祖佩，2017）。对于后发的现代化国家来说，尤其“需要国家动用国家权力的力量把稀缺的现代化资源动员并集中起来，以推动国家的现代化进程”。

近代以来的海外汉学家将国家政权建设理论引入中国乡村研究，他们普遍采用这一理论来解释中国乡村基层治理结构的变迁。其中最有代表性的是美国学者杜赞奇（2003）的研究。他利用满铁“惯行调查”的资料分析了1900—1942年间国家政权扩张对华北乡村社会结构的影响，提出了“乡村文化权力网络”和“政权内卷化”的问题。他认为，20世纪国家权力的扩大及深入破坏了传统乡村社会的文化权力网络，侵蚀了地方权威的基础，乡村领袖阶层的“保护型经纪人”被“营利型经纪人”替代。国家抽取的资源更多地被“营利型经纪人”占有而并没有为国家财政做出贡献，导致了国家政权的“内卷化”，农村社会在国家权力的进一步延伸下被压榨乃至破产。其他学者也从不同的侧面和视角研究了国家权力强化下乡村社会的转型和变化，包括中国绅士阶层官僚化的趋势（张仲礼，1991）、农村经济的“内卷化”（黄宗智，2000），以及村庄政治、文化、社会的变迁等（黄树民，2002）。

1949年之后的国家基层政权建设的研究，更加展现了国家权力以前所未有的深度和广度渗透于乡村基层社会生活的事实（麦克法夸尔 等，1990）。萧凤霞（Sui，1989）的研究审视了中华人民共和国成立以后至改革开放前的乡村社区变迁，她用乡村社区“细胞化”这一概念，来刻画社会主义国家对乡村社区权力结构的改造。1949年以后，中央权威不断加强并通过土改、合作化运动直至建立人民公社，实现了乡村社区基层组织的重构和政治整合，国家行政机构在乡村进行了强有力的渗透与扩张，乡村社区“被纳入到国家政治体制的整体，成为其有机体的细胞组成部分”（Sui，1989）。徐勇（2007a，2007b）考察了1949年以来中国共产党通过农村基层政权建设对乡村社会进行政治整合的过程。他指出，国家通过土地改革、合作化和集体化，摧毁了传统乡村非正式权力网络的根基，将散落的乡村社会统治权、经济权力都集中到国家手中，最终通过“政社合一”的人民公社体制，建立起一个高度一元化和总体性的科层治理体系，使农民社会前所未有地“国家化”。

进入20世纪80年代以后，随着农村经济政治体制改革和乡村社会宏观环境的改变，国家政权建设的研究视角更加多元化。国内学者在这一理论框架下开展了有关乡村政权组织（张静，1998；沈延生，2003；吴理财，2002）、乡村政治（徐勇，2003；彭勃，2002）、村民自治（徐勇，1997a；吴理财，2002；黄辉祥，2007）等多领域的研究。比较有代表性的是徐勇及其研究团队从国家建构的视角对乡村治理的研究。他们从政权下乡、政党下乡、政策下乡、行政下乡、法律下乡及民主下乡等多个方面分析了国家如何全面向乡土社会渗透及其合法性基础，认为现代国家建构的过程就是实现对乡村社会的整合。黄辉祥（2007）提出，村民自治从社会自发上升为国家制度并普遍推行，一定意义上可以理解为国家通过推行民主取向的乡村治理机制，实现对乡村社会的整合。吴理财（2002）也将村民自治看作国家政权在乡村社会重建的一种方式。

虽然从国家政权建设的角度研究乡村治理结构取得了诸多成效，但也一直受到争议。争议集中在对国家政权建设理论两个方面的局限性讨论上：①只注重国家权力的扩张，缺失了现代公共规则的建立。张静（2001）从现代性的角度重新探讨了“国家政权建设”的规范内涵，认为国家政权建设不仅仅意味着国家控制权力的扩张，更关键的是现代意义上的公共机构和治理规则的建立。她在对华北西村的案例研究中反思了村庄权威性自治的局限性，认为村民需要建立的是一个规则管理公共资源并提供公共产品的公共机构（张静，2003）。因此，国家政权建设的任务更重要的是：界定并保护公民权利；动员公民力量；建立管理公共资产的法律和税制系统；产生提供公共产品的机构、规则和程序。她在《基层政权：乡村制度诸问题》一书中提出，乡镇政权并没有成为现代公共规则的行使者，其自身的角色发生了冲突。她认为，国家政权建设理论不能令人信服地解释基层社会的现象；②从国家政权建设理解乡村治理结构的变化，只注重了国家的单向影响，而缺失了从乡村的视角看问题。从治理实践和绩效来看，20世纪上半叶、20世纪90年代中后期，以及当前资源下乡三个时段内的乡村治理均存在不同程度治理“内卷化”的困境，其核心均在于国家、基层组织与农民的关系（李祖佩，2017）。因此，国家与乡村权力关系的互动将成为考察乡村治理结构的另一个重要视角。

2. 国家—乡村的关系互动

20世纪90年代，“国家与社会”的分析框架被引入中国学界，学者逐渐将研究关注点从国家权力的下沉，转向了国家与乡村两种力量的互动，以及它们共同形塑乡村治理秩序的相互关系上。

与西方国家相比，中国乡村秩序的变迁受国家权力的主导作用是比较强的。吴毅（2002a）等学者通过对个案村庄村治变迁史的深度研究充分地展现了这一点，他认为20世纪中国村治的变迁是国家对村庄社会的“规划性变迁”。但同时，国家的制度安排在实施时有时会受到限制，受到乡村利益主体关系、权威结构、乡村文化传统等各种因素的制约。乡村社会的各种影响力，特别是地方权威往往作为一种社区利益代表者与国家展开谈判。如果没有正常的利益表达机制，不能建立地方权威和国家权威相联系的渠道，这种地方性权威就会成为社会对抗性力量。

更多学者的研究表明：中国乡村的制度改革和秩序变迁，它不是国家或乡村某一方力量主导的，而是国家、基层组织、农民等各种力量的多方互动和相互作用。崔大伟（Zweig，1997）对中国农村改革作了研究并提出“中国农村非集体化改革的动力，它既不是单纯决定于国家，也不是单纯决定于农民，而是国家、地方、基层干部和农民多方互动和作用的结果。尤其不能忽视各地方及基层干部的态度对改革进程的决定性影响”。周其仁（1995）在对农村产权改革的研究中注意到村庄与国家之间的交易和博弈，认为改革开放后中国农村新的产权形式保护机制的形成，并不是国家单方面主动提供的产权保护和执行系统，也不是农村社区和农户依靠村庄习俗的自我安排，而是依托“家庭—村庄社区—

地方政府”的联盟与国家之间一系列正式和非正式的交易分步达成的。徐勇（2006a，2006b）、黄辉祥（2007）等对村民自治制度的研究也展现了国家与乡村社会的互相影响，村民自治发端于乡村社会内部，是一种群众性的自我整合，但经由国家行政吸纳、整合，将其嵌入正式的治理结构中，并折射出国家与乡村之间的互动关系。项继权（2005）梳理了20世纪晚期人民公社体制的改革以及新的乡村基层治理体系的建构，认为这是上层领导人对改革的激励和支持并与基层群众共同创造和推动制度变迁的过程，也称为“支助型制度变迁”（Sponsored Change），它体现了中国乡村改革及制度变迁的独特性。

在理解中国乡村治理结构中的国家与社会互动关系方面，黄宗智（1999）创造性地提出“第三领域”的概念。他认为，从西方经验抽象出来的“国家—社会”理想构造并不适合对中国社会的分析，在国家与社会之间存在“第三领域”，这是国家与社会的结合点，而且国家力量和社会组织都起到了重要作用，并“具有超出国家与社会之影响的自身特性和自身逻辑的存在”。在“第三领域”中，国家与社会联合产生出协商性而非命令性的新型权力关系，国家采用半正式的行政方式，依靠与村庄或社区领袖的合作进行低成本、高效率的“简约治理”（黄宗智，2007）。这个概念的提出，进一步开拓了学者对国家与乡村社会力量交接与汇合的研究。比如，欧阳静（2010）的研究展示了乡镇政权在国家官僚制、压力型体系和乡土社会三元结构下，面对理性化、程式化的官僚制与非程式化、非规则性的乡土社会之间的张力和冲突所表现出来的策略主义运作逻辑。

在“第三领域”概念的基础上，一些学者进一步探讨国家权力和社会力量汇合而成的地方秩序。地方秩序的机制与逻辑在于（刘金志 等，2009）：①地方秩序依靠非官僚化、非正式和不规则性的治理机制；②地方秩序对接国家治理目标和任务，这是因为地方精英与上层精英分享了相同的意识形态和治理目标。在传统社会时期，地方秩序的维系依靠了士绅阶层和儒家意识形态及治理目标，人民公社的基层治理中也充满了非正式的权力技术，共产主义意识形态发挥了突出作用；改革开放以后，国家权力部分退出乡村社会，基层治理中的非正式性和非规则性特征体现得更加充分。研究者指出了乡村中的传统价值观念和非正式的权力运作方式对于维持乡村秩序的重要性，国家权力必须和乡村社会力量相互汇合、交融，这样才能最终触及村民的日常生活。

此外，还有学者从行动者策略互动以及权力具体运作的方式来阐释国家与乡村之间的动态关系。孙立平（2000）以华北地区一个镇的订购粮征收为例，分析了乡镇、村庄和农民之间复杂的互动关系。研究发现，权力行使者将日常生活中的大量非正式因素，诸如人情、面子、常理等引入正式行政权力行使的过程，这一正式权力的非正式运作展示了国家与乡村社会边界的模糊性与相互交织。应星等人（2000）通过一个水电站移民集体上访的事件，展示了权力在自上而下和自下而上的双向实践中的运作：国家与社会都不再是铁板一块，而是充满了内在张力和各种裂隙。这些研究的共同之处有以下2点：①引入“策略行动”分析，克服了国家与社会正式与非正式的二元对立；无论是乡镇政府、地方官员、村干部、农民，他们都是自由选择行动策略的行动者，很难说是代表国家还是社会；我们既可以看到国家如何将本土性的非正式因素纳入正式权力的行使过程，也可以看到农民通过种种策略，巧妙地运用本属于国家的正式因素；②将国家与社会的关系看作一种过程，它们不再是一些要么冲突、要么多元并存、要么相互作用或补充的关系，而是将种种可能的关系连接为一个连续的事件链，形成一组“关系/事件”，通过历时性的分析路径，重新解读动态的关系（孙立平，2000）。

3. 项目下乡

2003年以后，以农业税费取消为标志，国家与农民和农村的关系发生了重大转变。国家通过项目和专项资金的形式，对农村公共品供给实行财政转移支付。在项目下乡的过程中，国家力图通过专业化、规范化的治理技术对乡村治理主体进行约束，这体现了国家对乡村直接治理的强化（韩鹏云，2018）。作为一种新的国家治理体制（渠敬东，2012），项目制及项目下乡的研究受到了学界的广泛关注。

首先，项目制作为国家治理体制的理论性研究。渠敬东（2012）对项目制作了一个总领性的研究，系统阐述了它的理论价值，将其视为一种将国家从中央到地方的各层级关系以及社会各领域统合起来的治理模式。他认为，项目制是一种行政体制与市场体制结合的做法，在中国改革的双轨制逻辑下，体现了一种新的增量逻辑，旨在突破单位制的束缚和控制市场造成的分化，以国家财政的专项转移支付等项目手段加大对公共服务的有效投入。这种新的国家治理体制的特点是：①它形成了中央与地方政府之间的分级治理机制，为地方政府提供了巨大的激励，后者依靠项目这一枢纽和中介来提升自身对经济、政治和社会的综合运营能力；②它体现了一种“专家治国”“技术治理”的思路，意图通过理性的程序控制，加强国家部门权力对地方的控制，实现公共性目标。黄宗智等人（2014）不同意项目制体现了治理体系的现代化和合理化以及政府管制型到服务型的转型这一观点，他们认为项目制所导致的结果是官商逐利和政权经营并损害了社会公平。渠敬东（2012）也注意到项目制对基层社会的诸多意外后果，如基层集体债务、部门利益化以及体制的系统风险都可能对可持续社会发展产生重要影响。

其次，对项目制的基层运作实践研究。各种经验研究表明，项目制正在深入各个领域，如农村公共品供给、农村扶贫、公共领域中的专项整治、文化惠民工程等。项目制的基层实践对地方和基层政府的行为产生影响，并引起基层治理的变革。折晓叶等人（2011）通过一个项目进村的案例揭示了项目的分级运作机制，包括了国家部门的“发包”制度、地方政府的“打包”制度和村庄的“抓包”制度，反映出自上而下与自下而上的多重治理逻辑之间的互动和博弈。她在研究中还指出了项目制产生的一些意外结果：地方政府的项目打包运作转化为拉动地方经济的手段，但偏离了国家转移支付公益性的初衷；竞争性的发包逻辑下村庄的贫富差距在扩大；作为公共品的项目进村却没有体现村庄对公共品的实际需求。周飞舟（2006a，2012）从基层政府行为的角度考察了政府间的财政资金关系，特别是专项资金的使用。他指出，税费改革后财政转移支付的分配更加体现了上级政府的权力，财政资金的专项化加强了县级政权的力量而弱化了乡镇政府，实际上没有达到服务“三农”的效果。乡镇政权的空壳化，造成整个国家政权“悬浮”于农民之上，非但没有转变为政府服务于农民的主体，反而正在和农民脱离联系。并且，“项目体系越完备、审计体系越严格，专项资金的管理和管制越规范，这些资金就越难深入到乡村基层”。总的来说，诸多对项目制运作实践的经验研究表明，项目制造成基层政府行为迷失，偏离了制度设计的初衷，并没有有效地构建起国家对农民的服务型关系（马良灿，2016；陈家建，2013；桂华，2014；李祖佩，2017）。

最后，项目下乡对乡村治理秩序的影响研究。研究者主要从乡村治理内部的视角，讨论项目制输入下的村级权力结构、村民自主性、村治主体、农村公共品供给和村级债务等议题。有学者提出“分利秩序”的概念来概括项目资源输入背景下的乡村治理秩序（李祖佩，2013；王海娟 等，2015；陈锋，2015）。他们认为，项目输入使得乡村治理围绕利益分配展开。项目输入也引起村治主体的变化。李祖佩（2016）的研究指出，一批交际能力强、关系网络广且关系重心和利益空间在村庄之外的部分村民登上村庄政治舞台，他们契合了项目进村的实践，能满足村庄项目诉求的冲动，成为村庄的“新代理人”。新代理人的治理逻辑，是援引外部资源进行分配，固化了“利益治理”的逻辑，造成村庄治理对外部资源的依赖性。研究者还注意到“技术治理”的规范性与乡土社会不规则性之间的“不适”。田先红（2012）认为，项目进村的治理是一种精准化、规范化、程式化的治理技术，并取代灵活的、非正式的、乡土化的治理技术，这是国家直接对接到农户的直接治理取代了以代理人监控为核心的间接治理。桂华（2014）考察了农地整治项目的实施，认为项目制的技术理性解决了项目监督问题，但存在对代理人激励不足的缺陷，造成国家供给农村公共品的“最后一公里”难题。项目下乡的资源输入旨在提高乡村公共品供给水平，但如果缺乏内生性的组织建设、缺乏对村庄公共性的动员和激励，其资源输入并不能形塑出有效的公共治理机制，反而容易陷入“内卷化”的困境。

2.2.2 基层治理主体视角的研究

作为乡村基层最重要的治理主体，村庄权威在中国乡村社会结构和治理研究中占据着重要的位置。随着乡村治理的变迁，村庄权威也经历了从传统的乡绅与地方精英到村干部，再到村庄能人、新乡贤的演变。

1. 传统社会的士绅与地方精英研究

关于中国士绅的研究兴起于20世纪40年代，这是在探讨传统中国社会结构与乡村基层社会治理的主题下展开的。学术界对士绅的研究主要是试图回答“皇权无法深入农村基层时究竟谁在治理基层”的问题。并且，对传统中国乡村基层治理主体的研究经历了从士绅模式到地方精英模式的转换（李猛，1995）。

早期学者认为，士绅是国家与乡村社会的中介，他们既是国家政权的后备军，又是乡村社会的公共管理者；既扮演了政治与行政的“官”角色，又在社区中扮演“公”的角色。士绅作为国家科层制的代表或是其自然延伸，同时还维系着国家与社会的整合。吴晗和费孝通（1988）的著作《皇权与绅权》提出了中国传统社会存在的两种权力，一种是自上而下的专制皇权，另一种是自下而上的绅权。在皇权政治不能及的地方，士绅阶层成为地方自治单位的领袖和实际权力的运作者。一批海外的华裔学者对中国传统士绅的构成、社会角色及与国家的关系展开了研究。张仲礼的《中国绅士》研究了中国士绅的构成与特质，论述了其在教育、防卫、征税及文化领导等方面的作用；瞿同祖（2011）在《清代地方政府》中强调了士绅作为科层制与民众之间的中介角色的作用；萧公权（2014）的《中国乡村：论19世纪的帝国控制》对中国19世纪的乡绅、家族等地方控制手段进行了详细论述。

随着对传统中国基层治理研究的深入，研究者认识到士绅研究模式对整个中国社会复杂的权力结构和背后的制度框架的解释力有限，再加上士绅群体内部存在的张力，于是开始更多地采用“地方精英”的概念。所谓地方精英，周锡瑞和兰金的定义是：“在地方上行使支配权力的个人或家族”（李猛，1995）。这些精英往往比士绅的范围广泛得多，既包括持有功名的士绅，也包括地方长老。此外，还有各种所谓职能性精英，如晚清的士绅-商人、商人、士绅-经纪，以及民国时代的教育家、军事精英、资本家、土匪首领等（李猛，1995）。与士绅相比，地方精英更具有异质性。士绅是通过科举考试、拥有国家授权的一批人，功名和政治性是他们的主要标志；而地方精英的特征是在地方发挥实际的支配作用，而不论其具体的身份（狄金华 等，2014）。从士绅到地方精英，不仅是研究视角和理论的转换，也反映出农村基层治理主体特质的更迭。杜赞奇（2003）在对1900—1942年华北农村的研究中指出：晚清以来，随着国家政权的下沉，士绅阶层对乡村的统治和权力逐步弱化。有鉴于此，他提出了“国家经纪体制”的治理概念，并注意到乡村社会的保护型经纪人逐渐被掠夺型经纪人所代替，从而破坏了国家原来利用保护型经纪人实现国家与民众的文化联系，这成为乡村治理陷入困境的原因之一。

无论是士绅还是地方精英，作为农村基层治理的主体，其与国家和民众的互动关系是研究者关注的重点。

其与民众的互动关系研究中，传统乡绅被认为是乡村社区的保护人或庇护者。日本有学者研究了明朝士绅地主制向士绅统治的过渡，特别是在士绅统治下整个地区的自耕农整体地依附士绅与地方行政长官，或在危急时获得士绅的帮助（李猛，1995）。杜赞奇（2003）对“保护型经纪人”村庄精英的分析，也强调了其对村庄的庇护关系。此外，一些研究也显示了乡绅在家族组织、水利建设、社会救济等地方公共事业中的作用。王先明（1995）指出，传统社会的公田与公款一向归乡绅经管，地方、士绅、富商等通过捐献给乡民施以功德，并获得权威的认可，乡村权力关系就是以这种“保护—认可”为基础形成的。

其与国家的互动关系研究中，一般认为乡绅在基层代表了正统的国家政权，在正常情况下与国家权力保持一致；但在利益冲突时，村庄精英也会采用宗族、军事组织、地方化的联姻等“地方主义策略”来与国家争夺对地方社会的控制权。晚清以后，伴随着清帝国的衰落，地方精英在地方事务中更加显示了支配性的作用。研究者更多地探讨地方精英如何利用经济、政治、军事、社会等各种资本（或资源）和各种复杂的策略在中国近代社会不断变化的复杂情况中维持或改善其地位状况，以及他们在近代国家政权建设和公共领域发展中的积极行动（李猛，1995）。

2. 对村干部的研究

中华人民共和国成立之后，经过了土地改革、合作化和人民公社等一系列运动，乡绅、宗族等传统乡村的权威已不复存在。随着国家政治权力的深入、农村基层行政组织体系的构建，新的乡村精英大都被吸纳进农村基层党政组织体系内。村干部（包括集体化时期的生产大队干部）作为农村基层政治精英受到研究者的广泛关注。研究主题主要围绕村干部的角色和行动策略展开。

在人民公社时期，国家权力对农村基层强控制，村一级的政治精英是“国家代理人”（宿胜军，2002；杨善华，2000）。萧凤霞（Sui，1989）对比了乡村干部与中华人民共和国成立前的乡村士绅：乡绅的权力主要来源于家族，而乡村干部的权力由上级政府赋予；乡绅在社区享有自治权，而乡村干部是集体资源的管理者，无自治权力，以服从上级的命令为法则。

在农村经济改革之后，“乡政村治”建立了，村干部的角色和行动具有更加多元的冲突性，研究者也相继提出了“边际位置”“双重角色”“双重边缘”等不同概念。

王思斌（1991）用边际理论分析农村村干部的地位与行为，认为村干部处于乡干部和村民之间，即国家行政管理系统（官系统）和村民自治系统（民系统）的边际位置，既是这两个系统利益一致的结合点，又是这两个系统利益冲突的触发点。就行为特征而言，处于边际地位上的村干部通过对经济的、社会的、物质的、心理的、眼前的、长远的利益和成本的具体比较再决定并采取其职能行为，决定他在具体的行为中偏向于边界的哪一方。他们在某种程度上隶属于“官系统”，并愿意认真完成上级分派下来的任务，而出于长远利益，其基本身份仍属于“民系统”，因而从切身利益出发，仍会向村民一方倾斜。

徐勇（1997b）认为，村干部在村庄治理过程中扮演着“政府代理人”和“村民当家人”的双重角色。一方面，村干部要保证国家法律政策在农村的贯彻执行，在本村代办乡镇政府交给的任务；另一方面，村干部要领导村民自主管理本村事务，是负责管理村庄大家庭的“当家人”。在对村庄选举的研究中，徐勇注意到政府和村民对村干部有不同的期盼，造成了村干部双重角色的矛盾和内在冲突。这一理论承接了费孝通的“双轨政治”思想，又对应了“乡政村治”的实践（陈肖生，2008）。

吴毅（2001，2002b）认为，“双重角色”理论是一种结构上的静态定位，很难反映作为行为主体的村干部对村治环境的适应与选择，他进一步提出了“双重边缘化”的解释。作为理性的行动者，村干部选择成为村政的维持者和村庄秩序的消极守望者。一方面，村干部不会有意地怠慢行政任务，但也不会全力以赴；另一方面，村干部在主观上愿意为村民办事，但实际中也多是奉行无为而治。吴毅形象地将其比喻为“撞钟人”和“守夜人”。

其他学者还注意到，在改革开放之后村干部作为“经营者”的角色，他们利用国家、地方和农民之间的三角关系，主动拓展谋利行为合法性的空间，以追求群体利益的最大化。宿胜军（2002）提出村庄“承包人”的概念从土改前、土改后再到改革开放之后，农村精英从“保护人”到“代理人”再到“承包人”的角色特征变化，这是由国家权力、市场化进程和村庄社会整合程度三个变量决定的。

总体来看，学者们对村干部角色定位和行为的研究，反映了国家压力传导的行政体制和村民自治的民主合作体制之间的一种结构和运行逻辑的错位。徐勇（1997b）指出，政府和村民对村干部有不同的期盼，这实质上反映了国家与社会、行政权与自治权的关系，村干部角色冲突的加剧是在政府任务不断加重的特定宏观背景下出现的。吴毅（2002b）进一步引申至对村庄治理的思考，压力型行政运行模式和村民自治的民主化村级治理之间呈现非均衡的状态，自治和民主化规则下产生的村干部在实际中往往变异为政府行政化的腿脚，这可能带来村庄治理的失效。

3. “能人治理”和“富人治村”的研究

伴随农村体制改革和经济社会转型，一批懂经营、善管理的经济能人崛起，并在乡村社区政治运作中居于支配地位，形成村庄“能人治理”的现象，也称“富人治村”（徐勇，1996；华农心，1997，1998a；袁松，2012）。学术界对经济能人治村现象的讨论，主要围绕其产生的宏观制度背景、治理特征和治理绩效等方面展开。

华农心（1997）总结了“能人治理”出现的宏观经济背景和制度空间，认为其具有基本的社会合理性。首先，农村体制改革和市场发育刺激了农村经济活力，为经济能人的崛起提供了社会舞台。在以经济建设为中心的导向下，政府急切地希望农村干部能够带领村民发展经济、摆脱贫困，并主动吸纳经济能人进入农村基层管理领导层。其次，在“乡政村治”体制下实行村民自治，乡村社区就有了一定的自治权，还为经济能人进入农村社区公共领域提供了制度可能性。村民普遍希望经济能人作为村庄带头人，带领大家共同致富。郭正林（2003）通过对一次村委会选举的考察，展示了村民如何通过选举制度将他们心目中的经济能人推上村政舞台，并期待这些精英为他们谋求实际利益。

“能人治理”的特点可以总结为“权力集中、权威强大、威权治理”（徐勇，1999）。实行家庭联产承包制以后，农村生产经营的经济权力逐渐分散化。在“能人治理”的模式下，社区权力资源实现了再集中；经济能人在农村社区中具有强大的动员能力和影响力，即权威能量很大；社区公共事务治理大多依靠能人的个人决断，一般村民对公共事务的参与程度较低。卢福营（2006）通过对浙江永康私营企业主等新兴经济精英参与和主政村庄治理的过程研究认为，村庄经济能人是通过民主选举产生的，同时又借助自身的权威推动公共权力运作，是一种民主基础上的权威政治。另外，经济能人治村可以理解为“发展型”村庄治理模式：个体工商户、私营企业主（简称“个私业主”）将经营村庄作为增强村庄集体能力的现实路径，把创业和发展作为村庄治理的重要目标，促进村庄治理的公共职能迅速扩充。

对“能人治理”的绩效研究表明“能人治理”在促进农村经济发展、社会整合、公共事务提升等方面起着积极作用。在经济发展上，经济能人所具有的特殊才干和优势财富对于带动乡村致富极其有利（华农心，1997）；在社会整合上，一方面由于家庭承包制以及国家权力的退出和农村社会分化的加剧，使得农村社区的整合难度加大；另一方面由于能人的权威与强大、权力集中和权威治理，这才有效地实现乡村社会的整合、保证乡村秩序（华农心，1997；卢福营，2006）。王国勤（2009）、郭剑鸣（2010）的研究也显示了“富人治村”在乡村经济、公共品供给和提升方面都取得了比较明显的绩效。此外，有学者认为，“能人治理”对增进农村基层民主也有帮助。卢福营（2006）认为，经济能人治村是精英主导与群众参与有机结合的“精英—群众”自治，是村民根据村庄治理环境对村民自治理想制度所做的一种调整和创造，拓展了村民自治的形式。另外，研究者也注意到“能人治理”的局限性。比如，对能人的制约力、约束力不足；民众的依附性较强，民主发育不足；能人政治的内生化可能导致地缘狭隘性，影响国家政治权威的正常输入等（华农心，1997）。韩鹏云（2017）认为，“富人治村”取得的经济、社会和政治的治理绩效，实质上是一种短期成效，是治理的“低度均衡”状态，对村庄的经济发展、资源分配的公正性、基层民主和法治具有长远的消极影响。还有学者，从村庄政治分层的角度分析了“富人治村”对村庄经济分化和政治分层的固化，并带来对多数村民的政治排斥，并不利于基层民主的良性发展（桂华 等，2009）。

4. 新乡贤的研究

“新乡贤”是在近几年如火如荼的乡村建设中新出现并被广泛讨论的词语。从 2011 年第一次出现在《经济观察报》的一篇新闻报道中，到 2014 年开始有相关学术论文出现，近些年关于新乡贤的文献数量呈快速发展（胡鹏辉 等，2017；李芬芬 等，2018）。“乡贤”一词也多次出现在中央关于农村治理现代化建设的有关文件中。

总体来看，当前对新乡贤的实质性研究并不多，只是新闻报道居多。这里综合已有材料的主要观点，对乡村建设中新乡贤的特征和作用做些简单评述。

首先，对新乡贤的界定。哪些人可以被称为新乡贤，现有的文献是比较模糊的。一些倡导者回顾对传统乡贤或者乡绅的讨论，从“在乡性”、资财、知识和道德等方面做出类似界定（胡鹏辉 等，2017）。从各类文献来看，只要有一定财富、声望口碑、知识文化、专业技能等并愿意奉献乡里的，都称为新乡贤，而他们与传统乡贤或者乡村精英的关系也是含糊不清的。总体来看，对新乡贤的倡导，一是积极鼓励出村精英（包括富商、党政干部、专家学者、企业家等）的回归；二是关注对乡村公益行为的支持以及对优良道德楷模的提倡。

其次，对新乡贤参与治理的意义和功能的讨论。一般认为，新乡贤的出现主要是应对当前乡村治理的一些困境，比如农村精英流失、乡村空心化、基层财政空壳化以至政府无力应对大量乡村公共需求、农民传统价值观的改变和乡村社会道德秩序的崩坍等。新乡贤参与治理，这对农村经济、社会和文化建设等都有着积极的意义。在经济方面，鼓励乡村人才回流，而新乡贤的社会关系网络则有助于连接城乡资源、信息和资金，并带动乡村经济发展。一些外出精英出资、出力反哺乡里，对乡村建设和公共基础设施的提升帮助也很大。在社会方面，鼓励新乡贤参与农村治理，与村“两委”协作，提高基层治理能力，这被认为是对农村多元协同治理机制的有益探索。郎友兴等人（2017）研究了浙江省德清县某村庄新乡贤参与农村治理的过程，认为新乡贤参与治理有效地改变了原先以村“两委”为代表的嵌入型单一行政权威治村的状况，有利于促进乡村善治。同时，他也指出，治理有效性的关键不在于是否有乡贤，而在于有无集中的权威。在文化建设方面，乡贤发挥道德楷模作用，通过道德引导建立村民认可并参与的新式乡村行为规范，实现社区整合、恢复社会关系并重建乡村社会等。

部分学者也从制度建设的角度对新乡贤治村进行了理性的思考。胡鹏辉等人（2017）认为，肯定新乡贤群体作用的同时，应该注意到新乡贤治村在本质上仍然是一个缺少制度规范和监督的“人治”体系，而倡导新乡贤参与乡村治理的根本目的则在于推动村民自治。李建兴（2015）也提出，在乡村治理现代化的语境下，不能寄希望于乡贤成为乡村治理的决定性因素，而是应该构建由村“两委”、乡贤以及各类村民组织等多元主体共同参与、适应乡村实际的现代化治理体系。

2.2.3 资本下乡对治理的影响研究

“资本下乡”这一概念较早在农业经济学界使用。随着各地城乡统筹、乡村振兴等农村发展项目的推进，无论是政府推动还是资本逐利驱动，企业资本下乡已是当前的普遍现象。主要有以下几种方式：一是工商资本直接进入农产品的生产、加工和流通领域，推动农业产业化和市场化（仝志辉 等，2009）；二是资本与土地要素结合，企业等市场主体帮助基层政府推动土地流转和规模化经营，或是参与以“农民上楼”为主的土地整治项目（周飞舟 等，2015；焦长权 等，2016）；三是通过美丽乡村建设项目的包装，城市资本直接对乡村产业和空间进行再生产，营造“消费性建成环境”（张京祥 等，2016）。企业和资本对乡村发展的介入，不只是连接了乡村与更广泛的外部市场，也逐渐成为影响乡村基层治理秩序的重要主体。

对于资本作为一种治理主体的研究，其关注点集中在对资本下乡的治理逻辑和治理结果上，这包括对政府、企业、村庄三者的关系、乡村治理主体的改变以及对村庄权力结构和治理机制的影响等。

1. 资本下乡的治理逻辑

主流的经济学观点认为，资本要素在城乡之间的自由流动是遵循经济要素自由流动的规律，并带来经济效益的最大化。下乡的资本作为一种生产要素，以及具有现代化生产方式企业，它们可以为农村发展带来诸多的经济效益：一是资本作为生产要素的注入，可以有效地缓解农业和农村发展的资金短缺问题；二是企业带来先进农业技术、设备和现代农业经营理念，有利于促进农业生产的专业化、规模化和组织化，提高农业生产效率，实现农业现代化（胡鞍钢 等，2001；涂圣伟，2014）；三是通过企业资本建立起与外部大市场的连接机制，不仅能够提高农民和农业的市场竞争力，还有利于提高农民组织化程度（陆文荣 等，2013）；四是资本下乡还有利于促进农村剩余劳动力转移及增加就业。

但是，对从事规模化农业经营的下乡企业资本的研究表明，大部分资本下乡从事农业经营活动并没有产生较高的经济效率，尽管通过土地流转形成了农业规模化生产，但普遍面临雇工成本、土地成本、监管成本较高的困境，在农业生产环节很难产生经济效益（孙新华，2013；陈靖，2013；贺雪峰，2014）。但是为什么资本下乡的热度依然不减呢？研究者主要从政治逻辑和治理逻辑的视角对基层政府推动资本下乡的动机和原因进行了解释。

首先，资本下乡的规模效应在形式上帮助地方政府实现了政治目标和任务。在农业和农村现代化成为各级政府部门一项重要政治任务的背景下，基层政府非常需要利用资本的雄厚实力快速地完成增加土地流转面积和流转比例的责任目标，完成上级政府的绩效考核（王海娟，2015）。引进“资本”发展现代化农业企业，也成为地方政府完成招商引资指标和彰显政绩的有效方式（张良，2016）。

其次，引入企业作为新的农业经营主体，政府解决了与高度分散的小农交易成本过高的问题，化解了农业治理的困境。王海娟（2015）认为，项目制形成国家直接与农民对接的治理模式，但缺少一个与高度分散的小农打交道的有效治理体系，地方政府的农业治理普遍遭遇交易成本过高的困境。引入企业资本后，以发展规模化农业为名将土地转入规模大、数量少的企业名下。在以后的涉农项目实施中，政府只需要与规模大、数量少的企业打交道，以减少项目运作的成本（张良，2016）。

再次，地方政府与企业资本合作，实现权力与资本的共谋。取消农业税费以后，国家通过项目的实施向农村输入资源，基层政府的财政收入来源主要是向上级政府争取项目资金（周飞舟，2006b）。大多数项目的实施都需要一定的前期配套资金基础，基层政府于是寻求与资金雄厚的工商企业合作，以确保项目前期投资。另外，对于工商企业来说，获取涉农项目资金、套取惠农补贴也成为下乡企业盈利的重要方式。周飞舟等人（2015）对“资本下乡和农民上楼”的相关研究还发现，基层政府借助企业资本开展以城乡建设用地增减挂钩试点项目为主的农地整治，进而与工商资本共同分享节余建设用地指标出让的巨大收益。

最后，在乡村建设领域，张京祥等人（2016）从资本的空间生产视角对工商资本主动参与营造“消费性建成环境”的现象进行了阐释。他认为，这一轮资本主动参与的乡建热潮，蕴含了城市工商资本以乡村空间生产来实现其持续增值和再循环的逻辑。资本通过对乡村空间的投入与改造，构建出具有地域垄断性的消费空间，并获取垄断地租和空间剩余价值。在资本增值的驱动下，许多乡建活动导致了主题乐园化、过度商业化、乡村绅士化、价值逐利化等趋势。

2. 资本下乡的治理结果

已有研究表明，企业资本下乡后引起了农民阶层分化、治理主体和权力结构的改变，进而重塑了乡村治理机制（张良，2016）。

首先，大规模土地流转对农民阶层分化的影响。相关研究者从地权逻辑的视角考察了土地流转对村庄阶层重塑的影响。土地经营权脱离农民和社区，部分农民被迫失去土地，这加剧了村社成员的分化。一些地区大资本“圈地”甚于“事农”，造成乡村治理的困境（贺雪峰，2010；王德福 等，2011；刘锐，2013）。陈柏峰（2009）从更细致的分层视角考察了不同阶层的农户对土地流转的意愿，认为土地流转忽视了村庄贫弱阶层的利益。

其次，乡村基层治理主体发生变化。资本下乡后，基层政府和村庄之外增加了一个外来的、经济实力雄厚的、基层政府倚重的主体，原先的村级组织的治权可能被弱化。冯小（2014）对湖北 S 镇的调查研究发现，在下乡资本推动土地规模流转过程中，他们策略性地运用村级组织并使其成为资本的代理人，这消解了村级组织权威的合法性和公共性。刘智睿等人（2018）对南京一个村庄建设的研究表明，由政府和企业组成的开发公司绕过村级组织成为政府临时代理人，并成为村庄治理的实际主体；而村社“两委”作为原有的基层代理人和村庄当家人，正逐步丧失乡村治理的话语权，导致村民意愿无法反馈、村民自我管理意识与功能弱化。

最后，治理机制表现为“村庄公司主义”。焦长权（2013，2016）对资本参与土地流转、“农民上楼”等的研究发现，资本进村后乡村治理的社会基础由“村庄—农民”变为“公司—资本”，形成村庄“公司化”运作。全村土地由公司统一经营，村“两委”、农民合作社成为公司的二级下属机构。公司替代村庄（和村级组织）成为横亘在国家与农民之间的政治经济实体，各种惠农政策和资金注入公司，村庄治理资源被公司裹挟。基层政府与工商资本结成“权力—资本”利益共同体，共同应对分散孤立的农户，其治理的目标一定程度上偏离了农民公共利益（张良，2016）。

多数乡村治理研究者对政府推动资本下乡持谨慎的批评态度，注意到资本对农民和村庄利益可能的侵蚀和挤压，认为政策应该对资本下乡进行制度性的规范和约束。但是，也有学者注意到资本和部门下乡的“意外结果”。陆文荣等人（2013）对一个村庄在应对资本下乡中表现出的村社自主性进行了考察并发现：面对部门和资本下乡，村庄农户建构了村庄发展的自主性，实现了“村庄再合作”，使村庄土地重新集中、村组结构再次激活、村庄公共产品和社区福利供给也趋于完善。他们认为，企业资本并不一定必然就是村庄发展利益的侵蚀者，核心问题在于农民的组织化和合作化，以保持村庄发展的主体性。

2.3 当代乡村规划建设的“治理”问题研究

自 2005 年社会主义新农村建设政策出台以来，十余年的乡建热潮引发了规划学科对乡村的研究。面对乡村规划建设理论和实践的需要，研究者开始关注乡村建设中的治理问题。如果将城乡规划理解为公共政策，它本身就代表了政府行为，规划在乡村实施落地的过程中受到了建设参与者的相互作用和影响。因此，将治理引入乡村规划的领域将有助于更好地思考规划在乡村中的实际作用和运作机制。梳理规划建设领域对“治理”问题的讨论，主要包括以下3个方面。

2.3.1 乡村建设带来的治理新特征

我国十余年乡建热潮的推动力首先来自中央和地方各级政府，特别是以改善乡村人居环境和公共品供给水平为目标的政府建设项目被大规模地投放到乡村地区，并引发民间社会各类主体广泛、热情地参与乡村建设的实践。在这种背景下，研究者注意到乡村建设带来了乡村治理结构的新变化，这主要集中在以下两个方面：

1. 对政府项目带来的乡村治理影响以及政府在乡村治理中的角色和行为特征的研究

申明锐等人（2015，2017，2019）对政府主导型的乡村建设进行了深入系统的研究。他们对南京市江宁区乡村建设进行实证研究后提出，政府项目和规划的驱动引发了一种新的乡村治理方式，它由政府先行推动和主导，同时带动市场以及农民参与，并引发了一系列改善乡村治理状况的“链式反应”，这是中国特色治理模式在乡村地域中的重要体现（申明锐，2015）。同时，不同的个案研究也发现，政府项目的“父爱主义”对农村地区的自主性造成一定程度的挤压，某种程度上限制了乡村社区自治能力的发展。当政府资金撤离后，村集体在维持村庄公共品供给的运营上将面临困境。强势且短期的政府投入没有触及乡村公共产品供给和使用机制的制度设计，使可持续的乡村治理成为难题（申明锐 等，2019）。在乡村建设治理过程中，不同地区有不同的发展条件，其政府的角色及其内部的行动逻辑也表现出一些新的特点。申明锐等人（Shen et al.，2018）运用政府尺度重构理论（state rescaling）的分析框架对政府在乡村治理中的角色变化进行了研究并指出，上级政府通过各种项目来治理农村，这强化了政府的角色，也使得上下级政府在项目的实践中进行了互动，而不是过去简单的自上而下的管制。郭旭（2019）对上海郊区存量用地减量化治理的研究中发现，区域内部不同乡镇出现了不同的治理模式，其差异主要在于不同层级政府间的权威关系及控制权的变化，他总结了三种存量用地减量化的空间治理模式，包括运动型国家法团主义、妥协型地方法团主义以及发展型地方法团主义。

2. 关注乡村建设主体的多元化和乡村治理结构的复杂性

政府、企业、NGO、返乡精英、村集体、村民等构成乡村建设的多元参与主体，其不同角色和力量的组合反映出治理结构的复杂性。郐艳丽（2017）根据主导角色区分了乡村建设治理模式的五大类型，即行政主导、集体主导、社会主导、市场主导、合作治理型，又根据每种类型具体参与者的不同，进一步细分出11种基本模式。陈锐等人（2016）从治理结构的理论视角考察了当下一批乡村建设试验，总结了三类建设主体，即企业资本；NPO与NGO；知识分子与本土精英，并根据各主体在建设中的作用构建了三类治理结构：辅助的自上而下型、协调权益的中间桥梁型和血缘牵连的自下而上型。新型主体的介入带来乡村治理的转型。陈芳芳等人（2016）通过对淘宝村的研究并考察了电商驱动下乡村治理重构的特征，发现乡村治理主体由一元主宰向多元化共治的结构转变。过去以乡镇政府为顶端、村级政治组织为中间层、广大村民为末端的金字塔层级结构正在解体，乡村内外治理结构发生了双向重构：内部表现为乡村集体经济的复苏，底层群众对乡村公共事务的积极参与和村委会治理职能的丰富与角色转型；外部表现为县、乡镇政府行为逻辑的转变，包括对乡村电商发展及其治理的关注和主动提供公共服务等。电商的发展还催生了协调沟通内外的中间治理层级的崛起，包括体制内的协调机构和机制外的经济组织，它们推动了政府、社会以及村民的合作互动过程。此外，研究者也对一些新型主体参与建设的过程进行了专门研究。例如，徐瑾等人（2017），还有万涛（2016）研究了回流的村外精英、新乡贤在传统村落保护建设中的积极作用，发现他们拓展了新的社区关系资本，并对创新乡村治理模式、复兴传统村落等具有积极的意义。同时，也指出了新乡贤回村面临的现实困境。唐燕等人（2015）注意到新型乡村组织介入农村公共事务和公共物品供给的趋势，认为应该积极发挥乡村组织等第三部门在乡村公共物品和公共服务供给中的作用。

总体而言，与政府主导乡村建设的模式相比，多元的治理结构能弥补单一建设模式的缺位和风险。

2.3.2 基于乡村治理实践对乡村规划理论和方法的探索

大量乡村规划建设实践促进了学界对乡村规划理论和方法的研究与探索。早期不少乡村规划生搬硬套城市规划的模式和做法，以致规划实践与乡村的实际状况和现实需求严重脱节。对规划实施评价的研究表明：乡村规划缺乏实施性的一个主要原因，在于它没有深入理解和契合乡村治理和乡村社会的运行机制（丁奇 等，2009；周锐波 等，2011；章凌志 等，2007）。乡村与城市最大的区别在于社会组织形态和治理模式的差异（张尚武，2014）。基于对规划实践的反思，规划学界认为：有必要从乡村社会结构和治理特点的角度重新构建和认识乡村规划的理论与方法体系。

村庄是具有综合性、自组织特点的社会聚落，因此，乡村规划的社会治理属性比单纯的物质空间安排更为重要。一些研究者认为，乡村规划应具有乡村治理的特征和作用，应关注政府、市场和村民等不同主体之间的互动，重点解决乡村经济生产、公共设施供给等公共领域中的组织问题。葛丹东等人（2010）提出了“乡规民约”说，认为“村庄规划本质上是用以指导和规范村庄综合发展、建设及治理的一项‘乡规民约’，是一份有章可循的‘公共政策’”。许世光等人（2012）在珠三角农村转型过程中对村庄规划作了考察，认为村庄规划是政府与村民在土地利用管制上博弈的主要载体，也是协调和控制农村土地开发不同群体利益的发展平台。申明锐（2015）认为，乡村规划是乡村治理的空间平台，也是实施项目在农村落地的空间技术协调。

乡村土地和资产的经济属性与治理特点决定了村民是乡村规划的基本利益主体，同时也是村庄建设活动的决策主体，尊重村庄意愿是乡村规划的基本要求。乔路等人（2015）基于对村庄土地和资产的经济所有权关系以及现行的村庄自治制度的分析，提出乡村规划应该是乡村自治的重要内容，乡村自治体应该成为规划的主体。“以村民为主体”并不简单地等同于“村民参与”，他们建议乡村规划编制框架内要完善村民作为利益主体的法律地位，包括村民全面参与规划的编制过程以及村民在规划审批阶段拥有必要的决策权。

实践者和研究者都注意到，当前政府主导下的乡村规划编制与建设实施普遍呈现出村民主体缺失的状态（段德罡 等，2016），如何能够让村民以主体身份全面参与规划决策，这涉及乡村规划的方式和方法问题。多数研究者提出，基于乡村社会结构和治理特点，传统的自上而下的规划方式难以解决乡村建设中的村民主体性问题，乡村规划应该倡导自下而上的村民自治式规划、普遍参与的社区式规划以及问题或需求导向的行动规划等规划模式（李郇，2008；戴帅 等，2010）。葛丹东等人（2010）认为，乡村规划过程应该充分尊重乡村的选择，在充分理解具体乡村的文化传统、社区权力结构、环境与资源等方面的基础上，再通过对话、谈判、协商的方式，以协助者而非主导者的身份参与乡村建设。对于未受过规划专业技能培训的村民来说，他们更易接受和更需要的是能真正指导他们实施和执行规划的通俗易懂的行动方案。王旭等人（2017）结合西方沟通规划的相关理论和中国村庄的特质，提出中国村庄规划应该是一种基于内生秩序的沟通规划模式，规划应充分考虑规划主体的关系，尊重村庄的地方性和内在的秩序。

面对新的规划模式和规划过程，规划师的角色需要发生相应的转变。在乡村规划中，规划师所起的是“辅导”而不是“主导”作用（李郇，2008），应更多地由技术性角色转变为公共事务协调者角色，并起到汇集意见、协调利益团体、沟通村民与政府的桥梁作用（戴帅 等，2010）。王旭等人（2017）提出，基于村庄内生秩序的沟通规划模式中规划师不再是规划的中心，而是一个“协调员”或“联络员”，因此，规划师应融入村庄，并厘清村庄内在的社会关系网络，这是进行沟通、解决问题的基础；规划要学习地方知识，用村民能理解的话语，促进村民之间、村民与政府之间的沟通和协调，并最终构建共识。杨槿等人（2017）通过江苏省句容市茅山陈庄的社区营造实践，提出规划师要改变以往技术精英的角色定位，构建起通过信息赋权和教育赋权建立有效的社区参与工作机制。针对乡村规划和治理的特殊性，一些实践者探索“陪伴式”乡建模式，倡导规划师驻场并伴随村庄成长和同步发展，且与村民建立有效的沟通机制，规划方案要注重落地性、灵活性和可行性。规划师对村庄提供长期服务，这不仅包括规划设计，还包含村庄发展的策划、运营等后期服务。个别地方尝试建立“乡村规划师”工作机制，但乡村规划师代表谁，又怎样发挥“沟通协调”的作用，其具体的工作内容等仍处于探索阶段。

2.3.3 参与式乡村规划实践探究

规划是一门应用型学科，它是基于乡村治理特点而对乡村规划理论、方法和内容的认知，更多地体现为对规划实践的探索。结合对乡村治理特点和运行机制的认识，规划界开展了丰富多样的参与式乡村规划的探索研究，包括社区营造、“共同缔造”（黄耀福 等，

2015；李郇 等，2018）、“陪伴式”乡建（李青儒 等，2019；石坚 等，2016）等不同的实践类型。

参与式规划起源于西方。20世纪60年代，在民权运动思潮的影响下，公众参与进入了规划理论和实践领域，特别是阿恩斯坦（Arnstein，1969）提出了市民参与阶梯理论。20世纪90年代，西方规划理论界基于哈贝马斯“交往理性”的哲学思想提出了交往型规划理论（Communicative Planning），认为规划不是最终的蓝图，而是一个多方沟通和协商的交互过程、一个广泛参与的社会交往行为。其中，该理论的主要代表人物希利（Healey，1992）发展了“协作规划”的概念，并将其与“制度能力”“治理”等概念联系起来，认为规划是一种“治理的途径”。

近年来，随着乡村规划实践的开展，国内学界进行了越来越多的村民参与研究。这不仅反映出乡村规划实践的需要，更是由我国乡村社会实行村民自治的基本治理制度所决定的。农村的基层自治制度、亲缘小社会的组织特性、农民普遍的文化程度等因素，也决定了乡村规划的村民参与和城市规划的公众参与存在差异性（龙元，2004），需要在实践中探索有效促进村民参与的规划方法。已有的村民参与研究主要集中在规划参与对象、参与方式、参与内容和表达以及参与机制保障等方面（许世光 等，2012；李开猛 等，2014；边防 等，2015）。

实践领域开展的乡村参与式规划的类型丰富多样。我国台湾地区在20世纪90年代社区营造的风潮下，推行了许多以民众参与或社区参与为核心的聚落保存和乡镇环境改善计划（吴金镛，2013），并取得了很好的成效。中国台湾社区营造的理念被引介至中国大陆，越来越多的乡村规划和社区规划也开展了参与式规划方法的实践。段德罡等人（2016）在贵州省黔东南苗族侗族自治州岜扒村的规划实践中，借鉴国内外参与式规划的理论和方法，建构了村庄参与式规划的路径，同时也指出了在当前农村公众参与意识不足的情况下开展参与式规划的难点和局限性。孙莹（2018）对浙江省L村一次具有试验性质的参与式规划进行了跟踪研究，认为参与式规划的开展能够带来村庄治理的积极改变，并成为促进善治的社会性途径。但是，要保障参与的有效性，需要一定的制度性前提和条件，特别是政府的制度赋权和政策支持。中山大学李郇教授团队提出的“美好环境共同缔造”规划工作坊已经形成了具有系统性和普适性的参与式规划的工作流程和方法，他们在广东云浮、福建厦门等多个乡村社区开展的实践也被其他地区很多规划者效仿学习。“共同缔造”是一个社区共同体构建的工作模式，它以群众参与为核心，由政府、规划师和社区成员为主要参与主体，通过共同推进的规划和建设活动使代表不同利益的群体在同一平台上达成发展共识，即“以过程之共识促成结果之共识”。采用“共同缔造”工作模式在乡村社区开展规划实践探索，其主要目的在于促进自上而下的规划与自下而上的村民自治的结合，激发基层的社会活力和组织力量，形成以村民为主体的“共同缔造”新型村庄治理和建设模式，并推进当前国家倡导的城乡治理体系与治理能力现代化在乡村社区层面的实施进程。

2.4 本章小结：研究述评

作为学术概念，“治理”的内涵和外延是相对宽泛的，已有的治理研究所涉猎的内容和范围也比较广泛。目前国内外关于乡村治理、乡村规划建设的研究成果与研究文献综述如下：

1. 中西方语境中的治理研究存在一定差异性

治理研究自20世纪90年代西方学术界兴起，它与西方政治社会学的语境是密切关联的。关于治理理论在中国的适用性，这也是学术界争论的焦点。批评者认为，治理理论是在西方发达国家进入以全球化、信息化为特征的后工业社会特定环境中发展起来的，其实践是以成熟的市场机制、完善的科层制度、发达的市民社会为基础的，而这些条件在中国尚不完全具备。但是换一个角度来看，其治理理论的基本价值理念是多元主体共治，并强调政府、市场与社会的合作和互动关系的发展。这对于我国构建现代化国家治理体系和治理能力建设仍具有一定的借鉴意义。

治理概念引入中国乡村研究后，它本身就具有强烈的中国语境的特点。中国是一个统一的集权国家。自近代以来，国家一直在乡村社会中发挥着权威性的、主导性的作用。乡村社会虽然有着悠久的自治传统和现实的制度设置，但并不等同于西方“市民社会”“公共领域”等概念，而是有其自身的一套运行规则，特别是与国家之间的联结关系是通过村庄权威作为纽带的。随着当代市场经济的发展，市场规则和市场要素开始逐步介入乡村治理领域，这更增加了治理问题的复杂性。此外，西方治理研究和实践也是基于全球化、后工业化发展中出现的矛盾和问题的，这与中国仍然处于城乡转型发展的历史阶段截然不同。中国当代乡村面临的治理问题，还与近30年高速发展的城镇化以及中国特有的城乡二元体制纠缠在一起。因此，中国语境下治理问题的特殊性和复杂性再次提示我们，研究必须要考虑中国乡村治理所处的特定国情，结合当前的现实发展和治理问题，构建适合的分析框架，从而剖析中国乡村治理的结构特征与运行机制，而不是简单地搬运和套用西方治理理论。

2. “国家—社会”是主流分析范式，市场性要素尚未纳入整体性研究框架

乡村治理，既受国家建构的约束和影响，又有乡村社会自身的运作逻辑。在已有的乡村治理研究中，采用“国家—社会”的分析框架是较为主流的分析范式。多数研究围绕着国家权力的强化、乡村权威的变化这两条线索去展开讨论国家与乡村的权力关系与互动。由于中国市场化机制发展较晚，而且还不完全成熟，所以，长期以来它对乡村资源要素配置的作用并不明显，乡村治理研究中对于市场机制的讨论也并不多见，较少有将市场要素与国家、村社纳入统一的分析框架并开展研究。

近年来，伴随乡村建设项目的开展，对资本下乡的研究逐渐增多。随着城乡统一要素市场的完善和发育，市场作为区别于政府、村社的另一种组织和行为机制，或许能对乡村治理产生更加深刻的影响。事实上，国家、市场、村社是三个不同的领域，对于当前的乡村治理具有不同的意义和作用，应尝试构建“国家—村社—市场”的分析框架，并进行再研究。

3. 治理问题正在成为乡村规划建设领域的热点，但系统性研究尚不足

乡村建设行动所依附的政府公共资源以及市场行为，本身就带来了乡村治理结构的一些新变化，包括政府角色的变化、治理主体的多元化和复杂性等。具有公共政策属性的城乡规划，其执行代表了一定的政府意志和公共干预，它的实施过程又涉及企业、村集体、村民等各类主体的利益关系。因此，城乡规划建设领域对治理研究的关注度日益增加，并基于乡村治理特点而对乡村规划进行再认识。从现有研究来看，实践领域的探索和总结很多，包括各类新的规划方法和实践的尝试，但是系统性的研究却较少。将治理研究引入建设领域，系统性地分析建设行动背后的治理结构和机制，这将有助于更好地理解乡村建设的真正意义，更好地思考乡村规划的实际作用和运作机制。

第 3 章　理论认识与研究框架

上一章对中西方治理研究文献的回顾与梳理，为本研究建立理论分析框架提供了丰富的思路。本章借鉴吉登斯的结构化理论，提出从“结构”和“行动”两个层面来认识乡村建设的治理结构特征；在“国家与社会”关系理论的基础上，提出“国家—村社—市场”三元主体的分析路径。在对理论认识的基础上，建立研究分析框架。

3.1　乡村治理:“结构”与“行动”的关系

从治理的概念出发，“治理”涉及政府、村庄、企业、社会机构等一系列组织或行动者的组合结构关系，是一个多主体的复合行动过程。

从上一章研究文献梳理来看，对中国乡村治理结构的考察，主要有两种研究取向：一是国家取向；二是社会取向。前者把乡村治理置于国家政权建设和权力体系纵向配置的视角下进行考察，突出国家正式制度在治理中的决定性作用；后者则强调乡村社会的自治属性，考察乡村社会内部的治理机制和运行规则，突出基层治理的地方性知识、本土性模式等。事实上，中国的乡村治理既强烈地受到国家宏观结构条件和制度的影响，在实践行动中又具有其自身的运作逻辑。制度结构和行动实践构成了剖析中国乡村治理特征的一体两面。如何理解和分析治理的双重属性，本研究借鉴吉登斯的结构化理论，尝试从结构和行动两个层面建立研究分析框架。

1. 结构化理论

吉登斯的结构化理论，旨在解决社会学理论中关于结构与行动之间的关系问题。关于结构与行动之间的关系，西方社会学历来存在两种理论分野：结构功能主义强调社会结构对个人行动的影响，而解释社会学则强调有意义的行动建构及其对社会结构的改变。吉登斯提出的结构化理论，重建了结构与行动之间的关系，以此来化解结构主义和功能主义中关于主体与客体、宏观与微观关系的二元论。

在吉登斯的结构化理论里，“结构”被重新定义为“潜在于社会系统不断再造过程中的规则（rules）和资源（resource）”（Giddens，1984）。规则是一种社会约定，是行动者所知的方法和技术。规则可以组成一系列有关行动的信条，是再造社会生活的一般化程序。规则的重要性在于重建社会关系，它常用于社会交往、互动仪式、个人日常事务等。资源是行动者用于具体行动的工具或材料，也可以指对日常互动起传输作用的媒介或权力。资源的表现形式有两种，分配性资源和权威性资源，前者指强加于物或其他物质现象的能力，后者指强加于人的指挥能力。规则与资源的不同组合，形成了不同的结构。规则相对稳定，有制约作用；而资源作为一种权力和实施媒介，则是积极变动的。因此，结构既有制约性，也有能动性。规则强调了对主体活动的制约性和规范性，人的行动必须在固有的社会情境中进行，主体不能跨越自身存在的条件，必须通过既有的事物或条件的媒介开展实践。资源则强调了主体活动的能动性，结构可以在人的再创造过程中得以改变，它可以被行动重构，所以结构是社会实践（或行动）的结果。这里，媒介和结果，即制约性和能动性的统一，就是吉登斯所说的结构两重性。

显然，主体的实践活动在这里是十分重要的。结构在实践中才具有动力，并具有灵活性（张静，1993）。首先，尽管规则对行动产生指导意义，但行动者置身于实践活动中，会以自己特有的领悟方式对规则进行新的组合；其次，资源有很多形式，行动者可以在实践中创造新的资源，即行动者有可能改变人与人的关系（权威）及人与物的关系（分配）；再者，规则和资源可以有不同的组合形式，主体可能在这些变化组合中发挥作用。正是通过使用规则和资源，行动者在空间和时间中维持和再生产了结构。

总体来说，根据吉登斯的理论，行动者和结构并不是对立的存在，而是互为条件、互为建构的关系。一方面，结构是行动得以实现与展开的条件；另一方面，主体的行动建构了社会结构，社会系统的结构化过程正是在结构与行动的互动中被反复生产出来的。

2. 乡村治理的结构与行动关系

吉登斯的结构化理论，为我们理解和分析乡村治理结构提供了有力的理论工具。本研究从结构和行动两个层面认识当前乡村治理的结构特征：一是乡村治理的宏观结构性条件，二是乡村治理主体的行动和实践过程。

首先，国家和社会宏观结构性条件是乡村治理实践得以展开的基础。从结构的角度，乡村治理作为一个多元行动者或集合体构成的关系结构，包含着一系列的规则和资源。国家的政策导向和制度安排、城乡资源配置、市场化环境以及乡村社会组织方式等，对乡村治理的开展构成了约束性和规范性的结构条件。当然，这些制度化的社会结构关系并不是一成不变的，各种规则和资源组合，也透过治理实践的展开而不断地被重塑，形成了乡村治理体制的演进和变迁。因此，要理解当前的乡村治理特征，必须首先理解这些结构性的条件，特别是把握这些规则和资源是如何影响治理实践的行动。

其次，治理主体的行动，形成对治理结构的再生产。乡村治理实践活动包含了政府、村集体和村民、企业或社会组织等多主体参与的行动过程。各类行动主体参与治理的能动意识，透过资源配置的媒介和制度规则的使用，既创造新的治理资源和规则，也使治理规则和资源呈现不同的组合方式，是一个治理结构再生产的过程。治理主体之间不同的权力关系、行动组织方式、资源配置关系等，形成复杂而多样化的治理结构形态，产生不同的治理实践结果。因此，透过对参与治理的行动者在微观层面的能动性的解析，特别是其与结构的交互作用的认识，有助于反过来从结构层面对乡村治理的制度、资源配置规则等进行更加有效的调整和干预。

3.2 治理主体："国家—村社—市场"的关系

当前的乡村建设本质上是一个多主体参与的治理行为，从治理主体的角度，它至少包括3个方面：①乡村建设是国家运用公共权力对社会资源重新配置的治理过程。从城乡统筹发展到乡村振兴战略，乡村建设发展已经成为国家现代化目标的重要构成，乡村治理也是国家治理现代化的基本组成。政府通过向乡村地区投放公共项目和资金主导着乡村建设的实现路径；②乡村建设也是村社内部资源配置的治理过程。下沉到乡村社区内部，国家并不能成为唯一的资源供给和组织者。村庄建设的实际需求与乡村社区的生产、生活密切相关，深受村社内部的权力结构、产权关系、文化等因素的影响，并且涉及村社成员之间资源和利益关系的调整与再分配；③在开放的城乡市场环境中，乡村建设表现为城乡要素的市场交易和再配置的过程。随着城乡互动加深、城乡市场发育，越来越多的市场主体活跃地参与到乡村建设的过程中，市场性要素作为一种新的力量，正在成为影响乡村治理的重要因素。因此，本书提出"国家—村社—市场"的分析框架，认识国家、村社组织以及市场三类主体在乡村治理中的作用，以及彼此的互动关系。

1. 国家权力与乡村治理

"国家"概念的内涵是多层次的，在治理研究中，国家往往指政府组织和公共权力体系，包括政府机构和组织形式、运用公共权力制定的正式制度和规则，以及运用公共权力进行资源分配的行动集合。在农民看来，国家往往是与"公"的观念联系在一起，例如，党政机构、政府部门、公检法系统、科教文卫组织、国有企事业单位都是国家的组成部分（郑卫东，2005）。

从历史角度来看，中国从传统国家向现代国家转型的过程中，国家权力也在不断渗透和深入乡村，导致了乡村基层的治理变革。传统中国存在着两种政治秩序和力量，上层的官制秩序或国家力量、下层的乡土秩序或民间力量，费孝通先生总结为传统中国的"双轨政治"。近代以来，现代国家建构的需要促使国家权力不断渗透至乡村社会，进而引起乡村基层治理的变革。费孝通、杜赞奇、黄宗智、张仲礼、T. Skocpol、萧凤霞等学者对中国近代社会史的研究都曾以不同的方式指出，由于近代国家强化自身权力、向基层汲取资源的过程，改变了传统中国的乡村社会结构和基层治理秩序（郑卫东，2005）。

国家对基层社会的有效治理，主要在于国家对基层社会的控制能力。它不是简单的国家权力下沉，而是国家权力如何对乡村社会进行有效的整合和吸纳，是一个现代国家能力建设的问题。它类似于米歇尔·曼（Michael Mann）所指的"国家基础性权力"，"它不只意味着国家机构对社会的渗透，也不仅仅是成功地汲取资源。它还包括为特定目标恰当地分配资源、规制人们的日常行为的能力"（米格代尔，2009）。从这个角度出发，它意味着国家需要完成一种面向公共组织的性质转变，使自己成为提供公共产品，管理公共财务，为公共社会服务的组织，同时涉及相关的各种制度——法律、税收、授权和治理方式的变化（张静，2001）。

落实到乡村社会的场域，国家基础性权力的发展体现为国家为乡村社会提供的基础性公共供给以及由此带来的治理效应。国家为乡村社会提供的公共供给包括两个方面：一是国家对乡村公共资源的配置能力；二是国家对相关制度和治理规则的确立。而治理效应则取决于国家能否找到合理的组织化形式来实现对乡村社会的有效对接和整合。国家向乡村提供公共资源时，存在国家面对分散农户进行直接治理的制度成本。国家需要一个组织化的对接主体，而不是分散的个体农户。因此，乡村社会的组织化建设，包括乡村权威和地方精英在其中的组织和领导作用就显得尤其重要。此外，国家制度体系中科层制的标准化、技术化的治理手段与乡村社会内生秩序之间存在一定的不适应性，它并不能有效地构建起国家对农民的服务型关系。例如，当前国家在对乡村进行资源输入时，正式制度的程序理性和技术理性虽然有助于解决公共资源的监督问题，但存在对乡村代理人激励不足的缺陷，难以解决公共品供给的“最后一公里”难题。因此，国家对治理制度和规则的供给，其最终治理目的应该是激发乡村内生的组织力量，形塑出适应乡村社会基础的有效治理机制，这样才能增进公益并达成乡村善治的目标。

2. 村社组织与乡村治理

在乡村治理研究中，与“国家”相对应的另一个概念是“乡村社会”场域，它既指政府机构以外的各种乡村社会力量，包括基层组织、乡村精英、民间组织、普通农民等，同时也包含了另一层含义，即乡村社会中各类非正式制度和非正式权力的运作，包括了家族或宗族制度、网络关系、社会信任、地方性知识等一系列根植于乡村社会关系中的非正式规则的集合。落实到具体的研究场域里，乡村社会可以具体化为一种“村社共同体”的实体组织形态，具有不同于国家机构的组织方式和行动逻辑。

“村社共同体”作为乡村基层社会组织，在维持乡村社会秩序，特别是村庄内部公共品供给中发挥着非常重要的作用。我国传统社会时期和人民公社时期，乡村社区公共品的自主供给一直有效开展并占据主导地位。尽管这两个时期村社自主供给的行为逻辑并不相同，前者基于士绅宗族共同体，后者基于国家统合和生产队体制，但“村社共同体”的属性都在乡村公共品供给中起到关键作用（韩鹏云，2012）。改革开放以后，乡村公共品供给陷入困境甚至影响到乡村基层治理秩序的主要原因，除了公共品供给制度设计缺位，乡村公共品供给一直游离于国家公共财政体系之外，村庄空心化和原子化造成的村社组织体系弱化、“村社共同体”功能严重衰退，也是一个重要原因。

当前，“村社共同体”主要表现为以乡村社区为单位的基层组织建制。对于中国绝大部分乡村来说，乡村社区组织是村民生产、生活、娱乐、交往和互助的基本单位。在多元主体介入乡村治理的背景下，“村社共同体”组织作为乡村基层治理主体的作用反而更加突出和重要，直接决定了乡村治理的基础绩效，这是由乡村社区在长期历史演化中形成的社会、经济和组织关系等基础属性所决定的。

首先，社会关系上，中国的乡村社区是一个“熟人社会”或“半熟人社会”，形成了基于共同体治理的社会文化基础。村庄的基本单元，是传统意义上基于血缘和地缘关系形成的自然村落。传统农业生产中耕作、收获等活动的需要，在村社内部成员之间结成了各种协同、互助的生产合作关系，进一步形成了关于耕作、用水等共同体的规则，更确立了治安防御、婚丧嫁娶、祭祀娱乐等方面的共同生活规范，村民之间形成了具有共同体意义的社区认同感（李国庆，2005）。尽管自现代化发展以来，国家政权和市场力量不断地冲击和消解着传统意义上的村落共同体，但是村社内部在长期生产生活中形成的紧密的社会关系及社区认同感，构成了基于共同体治理的社会基础，是乡村基层治理的重要资源，也是乡村公共建设中至关重要的社会资本。只有在村社一级，才能表达出真实的乡村公共品需求偏好。村民不仅清楚公共品的改善给自己带来的好处，也知道对其他村民的影响。建立在熟人关系基础上，村社内部具有重复博弈、信息充分、有效监督等组织机制，可以有效地解决公共品供给中的“搭便车”问题。村社共同的生活规范和行为准则，为化解内部冲突、维持基础秩序提供了低成本且有效的治理手段。

其次，经济关系上，乡村社区基于土地和资产的共有产权关系，构成了共同治理的经济基础。中国村社中的土地和公共品，具有一定共有性质的经济属性。传统中国的民田并非完全的、自由的土地所有权，在私人所有权上附着共同体所有权，地权的转移常常首先在宗族或姻亲中进行，即所谓“产不出户”“先尽房亲伯叔，次尽邻人”（应星，2014）。传统的村落基于生产关系的需要，一般都会有一些公共使用的道路、水利设施，有些地方还有基于救济互助需要的族产（田）。人民公社时期“队为基础，三级所有”，更加强调生产队（自然村）对生产资料的共同所有权，并由此形成生产经营的共同体。实行家庭承包制以后，各家分田到户、单独经营，但村社内的土地及公共资产仍属村社集体共有。这种共有产权的关系与城市中土地和公共物品的公有属性不同，决定了乡村社区的公共品供给机制必须建立在村社成员共有的经济关系上。因此，涉及村社内部空间资源和空间利益再分配的乡村公共建设行为，必须建立在村社共同行动的基础上，才能取得善治的治理结果。

最后，组织关系建立在村民自治的制度基础之上，特别是乡村社区组织作为国家对乡村社会进行整合的基本单位。国家政权建设的任务是要将分散的乡村社会整合到现代国家体系中。由于中国乡村数量巨大且高度离散，国家直接针对分散农户治理的制度成本是巨大而不切实际的，必须借由一种组织力量进入乡村社会内部，这样才能保证国家政策的有效施行。村庄内部事务的治理需要建立与农村社会经济基础相适应的组织体制。按照国家现行法律和相关制度规定，村级实行基层群众自治制度，村委会是农村居民根据法律自主管理本村事务的群众自治组织。村级自治单元，既与农村土地集体所有的经济制度相适应，也契合基于“村社共同体”治理的社会和历史基础。依靠村社组织力量，实现对农民的组织和动员，才能更有效地达成国家治理的目标。

在市场经济和城镇化的冲击下，村庄空心化和老龄化严重，当前乡村社会治理中最突出的问题就是基层组织的衰退。“村社共同体”的组织功能弱化，既不利于国家权力对乡村社会的有效整合，也严重影响乡村社区秩序维护和公共品供给。如何通过外部资源的输入来激发村社内生的力量，通过合理的组织机制重塑“村社共同体”，这是当前乡村治理面临的最主要的挑战。

3. 市场要素与乡村治理

随着市场经济和城镇化的发展，城乡关系进入互动发展的新阶段，乡村也越来越与开放的外部市场体系相连接。生产要素在城乡之间的双向流动正在逐步增强：人口在城乡之间对流，土地在城乡之间的配置和资本化加快，资本在城市寻求获利的同时也下乡寻找新的增值空间。越来越多乡村外部的市场和社会主体下乡，包括企业、社会机构、返乡精英等，积极地参与到乡村经济、社会发展等建设活动中。市场作为区别于国家、乡村社会的另一个领域，在新时期的乡村治理中具有重要的功能，也给乡村治理关系带来新的问题和挑战。

市场性要素的介入，带来乡村内部的经济组织形态和社会组织结构的一系列变化，进而影响乡村治理的社会基础。

首先，资本等市场要素介入，直接引发了农作生产方式、土地流转与土地租赁市场、农户经营规模和经营主体的变化，以致农业本身的经济功能和形态也会发生变化（刘守英 等，2020）。在城市消费需求的带动下，乡村地区的生态、健康、休闲、旅游等新的功能价值得到发掘和发展，促进新的乡村经济活动出现。新的商业模式也会帮助乡村特色农产品、手工艺制品等完成市场突破，从而开辟新的乡村产业和经济形态。新的乡村经济活动和经济功能的发展，会催生新的乡村经营主体和经济组织的发育。

其次，市场经济作用下的城乡要素流动，会逐渐打破传统的乡村社会组织结构，村庄和村民的分化进一步加剧。在市场经济的影响下，村民之间基于传统生产、生活方式的互动和联系逐渐减少，造成村庄共同体的“社会关系衰退”和“组织衰败”。受市场力量驱动，不同区位、发展条件的村庄出现明显的分化，传统乡村社会的均质性被打破。随着人口和资本要素“城—乡”流动的增强，有农村人口外出，也有城市青年返乡、创客下乡，一些乡村地区甚至出现以“城市人”为主体的新型乡村社区形态。它是否会将城市社会的人际关系模式和规则带到乡村，尚不得而知。但显然，乡村社会组织结构变化使乡村社会的公私秩序和治理规则面临重构。

市场性要素介入乡村治理，是基于市场交换的原则进行资源配置的过程，其治理绩效取决于围绕农村土地、农业资源等要素与市场资本进行交易的利益分配格局。既要减小交易成本和摩擦，又要保证利益分配的合理性和公平性，特别是防止村庄资源利益的流失，其核心是一个组织化的问题，即小农如何与市场组织进行对接。下面从经济效率和社会公平两个角度加以阐释。

首先，从经济效率角度，提高农民合作与组织化程度，能够降低市场交易成本，提高资源要素配置效率。农村经济与市场体系连接以后，分散的农户经济面对商业化和产业化的发展，要实现自己的利益存在巨大困难：①由外界资本主导的商业化，使农户与市场对接进行生产资料、产品，甚至土地等要素交易时面对巨大的外生交易费用；②面对龙头企业，农户处于谈判的弱势地位，无力争取自身合理的利润价值（仝志辉 等，2009）。因此，将农户组织起来，对接市场成为必然的选择。这也是中央一直鼓励和支持发展农民经济合作组织的原因。事实上，下乡资本也乐于与农民合作组织进行交易，因为这样能够享受交易成本的节约，提高资本收益率。有研究发现，下乡资本甚至乐于支付一定成本来扶持“大农”联合小农组建专业合作社，以解决与分散小农交易成本过高的问题。不少研究者提倡发展以农户为本位的社区性、综合性的乡村合作组织，解决小农在市场上的弱势地位，帮助小农参与分享社会平均收益（徐祥临，2001；温铁军，2013；杨团，2018）。

其次，从社会公平的角度，提高农民的组织化程度有利于防范市场资本对小农利益的侵蚀和治理风险。在市场交易过程中，由于小农户与大的市场资本（大中间商/企业）之间的权力不平等，往往造成小农的利益受到侵害，并进而影响农村社会的稳定（贺雪峰，2010，2014；陈义媛，2013，2019）。资本下乡后，在基层政府和村庄之外增加了一个外来的、经济实力雄厚的市场主体，改变了村庄原有的权力结构。相比于分散弱小的农户，经济实力雄厚的工商企业在左右乡村治理目标、争取乡村治理资源方面更加具有话语权和主导权，也更容易获得基层政府的支持和倚重。村级组织弱化的情况下，村庄治理资源容易被外部市场主体裹挟，以经济利益为导向而偏离农民公共利益（张良，2016）。

由此可见，市场主体的积极介入，有利于弥补乡村生产要素不足的缺陷，为乡村经济和社会振兴带来更多的市场机会。而从基层治理绩效的角度出发，乡村社会需要组织化的载体，来应对日益开放的乡村市场体系带来的治理挑战。

以上将国家、村社组织以及市场性要素作为参与主体，分别讨论了它们在乡村治理中的作用和关系。将三者放在乡村治理的统一框架内，我们可以将国家权力、市场主体看作乡村治理的外部性构成要素，它们决定了治理的基本制度和资源条件。当它们进入乡村治理的实际场域，必然要与村社内部的规则和资源相结合并发生作用关系。因此，乡村社区组织的治理能力就成为非常关键的环节。它不仅关系到国家资源和政策进入的实效性，也影响到市场资源交易和转化的效率。村社组织的主体性和集体行动能力，对于自下而上表达村民需求、维护村民权益并分享乡村建设发展成果，也具有重要意义。

3.3 研究假设与分析框架

3.3.1 研究假设

结合上述理论认识，本书提出：既需要从结构层面认识乡村治理的外在制度性条件，又需要从行动层面把握治理的内在机制和关键要素，而其核心在于国家、市场与乡村社区组织之间的关系和互动机制。

宏观结构层面，国家的制度性安排、城乡市场的发展以及乡村社会的结构形态，构成了乡村治理的结构性条件，也是基层治理行动得以展开的前提和基础。因此，国家对乡村地区的重大制度性安排及其背后的资源配置方式，构成了治理的基本规则和资源条件。政府的政策供给自上而下地影响和约束着治理主体的组织机制和行动方式。

微观行动层面，政府、企业、村集体及村民等主体在建设过程中的实践活动，既是对制度规则和资源的运用，也是对治理结构关系的重塑过程。在不同的条件下，主体之间的权力关系缔结、行动响应策略、资源组织方式等的差异性，会产生多样化的治理结构特征和治理效应。同样的制度供给条件下，行动层面为何会产生不同的治理结构和治理结果？对这个问题的进一步分析，有助于探求治理结构中的关键性要素。

3.3.2 分析框架

基于结构与行动互为条件、互为建构的关系，本书结合以上两类研究路径，建立结构和行动的双层分析框架，同时嵌入“国家—村社—市场”的主体关系分析（图 3-1）。一方面，从结构的视角，分析国家的制度性结构和政府政策供给，如何影响到乡村治理的行动机制；另一方面，从行动的视角，分析不同村庄建设案例中的行动策略，以及在行动实践中所呈现的不同的治理运作机制，并通过治理绩效的比较提炼关键性治理结构要素。

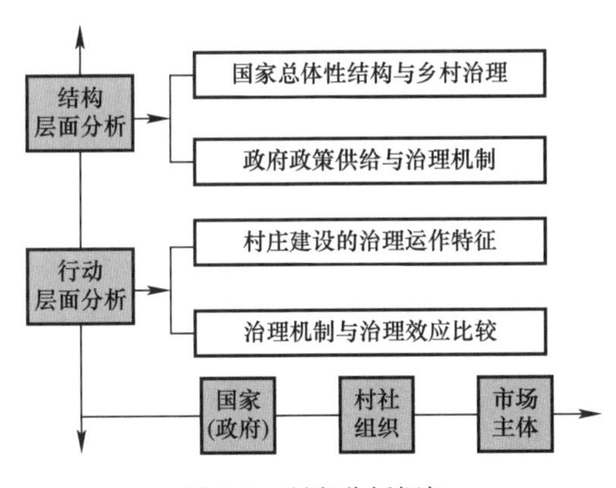

图 3-1 研究分析框架

具体包括以下几个方面。

（1）国家总体性结构与乡村治理的变迁。从历史纵向考察国家的总体性结构变迁对乡村治理制度的影响、国家城乡经济社会发展和资源配置方式等宏观结构性条件与乡村基层治理秩序之间的关系。尤其深入考察当前国家在城乡关系上的政策导向、市场化环境以及村庄社会结构等因素，对乡村治理实践的影响。

（2）政府的政策供给与治理机制。结合浙江省乡村建设政策，分析政府的政策目标和制度供给，构建治理实践中基层政府、村庄、市场和社会主体的行动机制。

（3）村庄实践层面的治理运作机制与治理效应。结合不同类型的案例，详细考察建设实践行动中不同参与主体的行动策略，以及所呈现的不同的治理结构特征。再进一步比较不同的行动结构带来的治理效应，在此基础上，总结关键性的治理机制和结构要素。

第 4 章　国家总体性结构与乡村治理的变迁①

乡村治理作为国家治理的组成部分，国家的制度体制、经济社会结构的每一次重大变动都会引起乡村治理秩序的变迁。由传统中国向现代国家发展的过程中，国家的重大制度安排及其背后的城乡资源配置方式，不断地改变着乡村治理的规则体系；工业化和城市化的发展，农村、人、财物等资源的流动，也对乡村社会的秩序基础产生了根本性的影响。

本章从国家总体性结构和制度变迁的视角，审视我国乡村治理结构的历史演进，重点探讨不同历史时期，国家权力、乡村社会、城乡市场等结构性条件如何形塑了乡村基层治理秩序。对历史的回溯，有助于更好地理解国家现代化发展这一总体结构性因素自上而下地对乡村治理产生的深刻影响，也可以窥见基层治理主体对不同结构性条件的回应和行动策略，两者共同塑造了不同结构条件下的乡村治理秩序。

4.1　传统时期

4.1.1　总体性结构：以农为本、以村而治的乡土中国

传统中国是典型的农业社会，费孝通（1985）将其概念化为“乡土中国”，表现为“以农为本、以地为生、以村而治、根植于土”（刘守英 等，2018a）。农业在传统经济中占绝对比重。多数人口居住在乡村，聚族而居，以家庭为基本单位的小农经济，农耕为主业、农副业及家庭手工业为补充的农作方式，人口和劳动力都高度依赖于土地，也牢牢地束缚于土地。小农生产以家庭为单位，但在农耕、收获等环节上又有协同、互助的需要，村庄因此成为非常重要的基础性社会建制。它不仅是一个聚族而居的地理空间单元，也是“接受和认同共同价值传统和行为准则的文化共同体”（王曙光，2007），在经济活动、文化活动、宗教活动、社会交往、维护地方秩序和防卫活动中承担着重要功能，构成了治理的基本结构单元。以农立国、依附土地、农本位的小农经济，以及以村而治的经济形态和社会结构，奠定了传统乡土社会治理的秩序基础。

在一家一户、自给自足的自然经济状态下，国家与农民的关系主要体现在税赋上，国家对乡村的统治在于获得对农民合法的征税权，用以维持上层统治和文官政府的运转。受经济和技术条件所限，国家权力也不可能渗透至乡村进行管理，而是借助乡里自治制度来

① 本章部分内容发表于《城市规划学刊》2022 年第 1 期：
孙莹，张尚武．城乡关系视角下的乡村治理变迁与发展［J］．城市规划学刊，2022（1）：89-95.

进行社会层面的整合。

4.1.2 乡村治理：皇权不下县与乡里自治

传统中国乡土社会治理的基本特征可以概括为“双轨政治”。“一方面是自上而下的皇权，另一方面是自下而上的绅权和族权，二者平行运作，互相作用，形成‘皇帝无为而天下治’的乡村治理模式”（费孝通，1985）。县以上通过正式的官僚机构来实现政治整合；县以下政权悬空，通过乡绅和宗族来实现社会整合。“国权不下县，县下惟宗族，宗族皆自治，自治靠伦理，伦理造乡绅”，构成了一个官僚中国和乡土中国并行的社会。

国家统治层面，出于稳定农业生产和汲取税源的需要，皇权统治阶层十分重视大江大河的治理、农田水利基础设施等大型乡村公共品的建设。除此以外，皇权对乡村基层社会的公共管理职能是很弱的。朝廷命官只在县治以上，县以下的乡村社会公共事务大多由当地的族尊、地主豪绅以及退休归里的官吏实施管理，其本质是一种基层社区自治体制。

乡村基层治理层面，有赖于两大因素，一是以家（宗）族为基础的村庄共同体；二是乡绅精英的领导和组织，实现村社自我组织、自我服务和自我管理内部事务的乡里自治。

家（宗）族组织是传统农民为解决与生产、生活和娱乐等相关的公共事务而形成的一个特定的合作与行动单位，也是一个建立在村庄认同基础上的利益共同体。政治上，它有祭祀祖先、治安防范、调解纠纷矛盾的作用；经济上，它为乡民共同生产提供协作互助空间，起着生产、赈济、济贫恤孤的作用；文化教育上，发挥劝勉、兴学、义塾等作用，对乡民施行伦理教化。家（宗）族构成了传统乡村治理的基本组织。

在传统中国的“双轨政治”中，乡绅精英处于一个关键的位置，并成为连接国家权力与乡村社会的“中介”，维系着皇权统治与乡村社会的整合。一方面，乡绅是国家科层制的代表或其自然延伸，他们协助官员实施对乡民的管理，在乡村社会中扮演了政治和行政的“官”的角色；另一方面，他们是乡村社会的公共管理者，在社区中扮演了“公”的角色，被认为是乡村社区的“保护人”或“庇护者”（李猛，1995；杜赞奇，2003）。事实上，正是通过乡绅阶层的“连接”和“沟通”，国家权威才能够实现对乡村社会的整合和控制（陈洪生，2006）。

总体上，传统中国是一个双层结构，上层的王朝机构迭代更替，但下层乡村社会的变化是非常缓慢的。传统村庄是一个个相对完整和自成体系的小社会经济体，有其内生的秩序和治理规则，保持了超稳定的结构。在“村社共同体”的基础上，村庄实现公共品自我供给和公共事务自我管理。村庄共同体内部的互惠和合作，化解了治理的组织成本，也不需要固定的公共机构和过高的成本来维护。乡村自我供给和平衡的治理机制，适应了农业社会的生产力发展水平，也满足了当时条件下国家对乡村社会统治的目标。

4.2 晚清至民国时期

4.2.1 总体性结构：传统中国向现代国家转型

自 19 世纪后期开始，为回应西方现代化的挑战，传统中国开始向现代民族国家转型。

国家现代化进程的开启给传统乡村治理秩序带来巨大的冲击：①国家权力下沉，加强对基层社会的控制和资源汲取；②近代工业化和商品化的发展，对传统小农经济的打击，并带来城乡关系的改变。

国家面临发展现代事业的任务，为军事和各类民政扩大财源，迫切需要增加从农村基层社会汲取资源的能力和数量，这构成了20世纪上半叶中国乡村治理的基本逻辑（贺雪峰，2007）。国家加强对基层汲取资源的办法，唯有强化国家权力并向乡村基层扩张渗透，即国家政权下乡的过程（徐勇，2007a）。国家政权建设的任务加重了对乡村经济和社会资源的剥夺，导致近代乡村陷入了严重的“内卷化”陷阱，进而影响到乡村基层治理并威胁政治社会秩序。

在中西交冲、内忧外患的背景下，西方工业品的倾销、近代工业化和商品经济的发展，对传统小农经济造成巨大的冲击，乡土社会的分化与不平等加剧。工商业的发展和近代城市的崛起使城乡关系发生重要变化。在传统农业社会，城乡功能虽然不同，但城乡之间通过国家政权、市场需求以及儒家制度保持了一体化的趋向（应星，2014）。到了近代，城市的畸形发展与农村的衰败形成了鲜明对比：机器工业挤压乡土手工业，传统基层市场所承担的城乡融合的功能逐渐丧失，不在村地主越来越多，乡村精英、农民等人力要素和资本要素被越来越多地抽离出乡村社会，费孝通称之为“损蚀冲洗下的乡土”。据统计，1931年无锡洛社镇有21%的农户离村谋生，嘉兴外出谋生户数占总农户的21.8%（郑大华，2000）。河北定县1931年之前，每年外出谋生人数400～1500人，1933年达到7849人，1934年仅前3个月就超过15000人（郑大华，2000）。1935年民国政府农民复兴委员会曾对全国农村人口外出谋生做过一次调查，在有报告统计的1001个县中，农民外出谋生总数至少在2000万人以上（郑大华，2000）。

4.2.2 乡村治理：国家政权下乡与地方秩序瓦解

传统乡土社会向现代国家转型，国家权力向乡村社会延伸，乡村社会的治理从传统的“双轨政治”向国家主导的“单轨制”转变。

国家治理层面，最突出的特征就是“国家政权下乡”。晚清和民国政府积极推动政权组织体系向乡村延伸，如晚清新政开始推行“以本地人、本地财办本地事”，建立乡镇一级行政机构，民国政权推行地方自治，构建起县、区、乡的政权体制，都旨在加强国家政权对乡村社会的控制和资源汲取能力。

然而，就国家与乡土社会的关系而言，国家对乡村社会的控制和渗透努力并没有取得成功。美国学者杜赞奇（2003）利用满铁“惯行调查”的资料分析了1900—1942年间国家政权扩张对华北乡村社会结构的影响：20世纪国家政权建设的展开是在抛开甚至破坏乡土社会既有的文化权力网络之下进行的，地方权威的基础被侵蚀，所抽取的资源更多地被“赢利型经纪人”占有而没有为国家财政做出贡献。结果，国家对乡村社会的控制能力和建设能力低于其对乡村社会的汲取能力，即所谓国家政权的“内卷化”，这对乡村社会造成了毁灭性的打击。

国家权力渗透的同时，是村落共同体和传统秩序的瓦解，村庄的组织结构不断分化。在政权下乡中，国家通过在基层社会建立正式的政权组织来取代乡村宗族自治性的组织，以此动员更多社会资源。这导致了乡村社会中传统宗（家）族功能减弱、活动领域缩小，宗族权威更加弱化，宗族组织逐渐衰落和变异。同时，乡村士绅精英也在不断流失。受近代工商业和资本主义经济的影响，大量乡绅开始脱离农村走向城市，从事工商业活动。于是，地方的自治及社会整合机制被破坏，传统乡村社会自给自足的公共品供给制度逐步消解，进一步加剧了乡村的衰败。

总之，近代中国在内忧外患的多重历史因素下，现代性的国家政权尚未稳定，国家权力的渗透并未能有效地控制乡村，而传统的乡村治理秩序又被瓦解，以小农经济为基础的乡土社会陷入失序困局。

4.3 集体化和人民公社时期

4.3.1 总体性结构：国家工业化战略与城乡二元分治

1949 年中华人民共和国成立，意味着对中国近代以来民族危亡危机的克服，但仍然需要面对现代化建设的任务和挑战。于是，开启了以国家工业化为核心的现代化建设，确立了重工业优先的发展战略。在当时的历史条件下，国家要在一穷二白的基础上依靠自己的力量建立一个现代化的工业和国民经济体系，农业充当了为工业化提供原始积累的角色，通过提供低价农产品以保障城市的低价食品供应、低工资和低成本。

为此，国家通过粮食统购统销、农村集体化和人民公社、城乡户籍制度等一系列制度安排，来支撑这一时期的结构转变，但也由此形成了城乡二元分治的格局。首先，施行粮食统购统销，国家实行对农产品生产、销售和流通的全面控制，政府计划全面取代了市场和价格体系的作用；其次，通过农村集体化，最大限度地实现对农村劳动力的动员和组织，保证资源汲取的稳定性；再者，为维持社会总体稳定，逐步建立起限制农村人口迁往城市的城乡二元户籍制度。1958 年，《中华人民共和国户口登记条例》颁布，其目的是“既不能让城市劳动力盲目增加，也不能让农村劳动力盲目外流”（罗瑞卿，1958）。从此，以城乡二元户籍制度为基础，包括就业、食品配给、住房、教育、医疗、社会保障等一系列的二元制度安排逐步建立起来，形成了中国特有的城乡二元结构的制度壁垒。

城乡二元结构的形成，当然是出于当时稳定社会局面的需要，更重要的是，通过城乡之间的正式壁垒，保证以税收、“剪刀差”和储蓄等方式将农业生产创造的剩余价值几乎都提供给城市工业，实现资本的原始积累，促进以重工业为核心的工业化战略，其总体是以牺牲农村为代价来获得工业化和城市的发展。

4.3.2 乡村治理：国家对乡村的总体治理模式

为了更有效地从农村提取资源，国家对乡村治理结构进行了重构，通过土地改革、合作化运动、人民公社等一系列制度安排，建立起国家对乡村社会强控制的治理秩序（刘守英等，2018b），形成了国家“总体治理”模式（应星，2014）。

首先，土地改革重构了村庄权力结构，国家掌握了乡村的社会统治权。国家没收地主、富农的土地和财产，无偿分给无地少地的农民，极大提高了农民的生产积极性，为国家工业化准备了必要条件。经过土地改革和伴随开展的“清匪反霸”等运动，贫雇农和中农取代传统的士绅和宗族成为乡村政治的主体，增强了农民对中国共产党政权组织的认同，也强化了国家在乡村的动员和组织能力。传统乡村中非正式权力网络的根基被摧毁，村庄自治功能逐步消亡，国家权力以前所未有的深度和广度渗透于乡村基层社会生活（麦克法夸尔 等，1990）。

其次，合作化和集体化实现了土地和生产资料的集体所有，将散落于农民之中的经济权力整合进了政权组织体系内。早期合作化的初衷是开展农户互助，以解决家庭生产困难的问题。初级合作社阶段，实行土地入股和统一经营，土地所有权仍归各户私有；到高级合作社阶段，取消了农民的私有产权和家庭经营，土地归属集体，统一经营、共同劳动、统一分配；最终发展到人民公社“一大二公”的高度集体化体制，除农户个人的基本生活资料外，所有的生产资料都归公社集体所有。由此，以家庭作为经济活动的基本单位完全被集体组织所取代。

最后，“政社合一”的人民公社作为农村基层组织体制，国家政权第一次深入到农村社会的最基层——生产队，建立起了一个高度一元化、总体性的科层治理体制（徐勇，2007a）。人民公社既是经济组织，又是基层政权机构。整个乡村社会围绕着“三级所有、队为基础”重新整合。以生产队为基础的农村集体组织，在农民的生产生活及农村公共事业中扮演着重要的角色，农民在经济和社会生活上都高度依附于农村集体组织，农民社会前所未有地“国家化”了。

国家对乡村采取强控制的“总体治理”，与当时国家工业化和现代化起步的总体结构性条件是密不可分的。事实上，1949—1978 年间，由于工业化原始积累的需要，国家对乡村社会的资源汲取远高于历史水平，但乡村社会总体上保持了相对稳定，没有发生大的社会骚乱。主要就在于在国家“总体治理”的模式下，国家通过农村集体组织制度，建立起强有力的组织和动员体系（刘守英 等，2018b），实现了对乡村社会资源的高度整合。国家能够以最低交易成本稳定地汲取资源，克服了近代以来国家政权建设“内卷化”的治理困境。还有学者认为，人民公社制度解决了农村公共产品供给中农民的组织难题（贺雪峰，2007）。这一时期，农民被强有力地动员和组织起来，许多历史上未能办到的农村公共事业得到了大发展（表 4-1）。

1949 年前及 1949—1976 年间我国农村大型水库建设一览 **表 4-1**

建设年代	大型水库（座）	中型水库（座）	小型水库（座）	大中小型合计（座）
1949 年前	6	17	1200	1223
1949—1957 年	19	60	1000	1079

续表

建设年代	大型水库（座）	中型水库（座）	小型水库（座）	大中小型合计（座）
1958—1965年	210	1200	44000	45410
1966—1976年	73	850	37000	37923
总计	308	2127	83200	85636

资料来源：陈定洋，2009

当然，国家“总体治理”模式的弊端也很明显，国家掌握一切资源的调配权力的同时，没有解决生产效率的问题，不能调动农民个体的积极性，乡村社会逐渐丧失了发展的自主性。农业生产效率低下，整个农村经济陷入了停滞，农村改革势在必行。

4.4 农村改革以后至城乡统筹政策施行之前

4.4.1 总体性结构：国家市场经济改革和城市化发展

农村经济制度改革、城市化和市场经济发展、国家的城乡公共供给配置，共同构成这一时期乡村基层治理的结构性条件。

首先，从20世纪70年代末开始，中国农村经济制度改革启动，成为乡村基层治理体制变革的前提和基础。家庭联产承包制的全面推行，使农业生产经营主体回归家庭，农户成为相对独立的经济主体。这使得原先“三级所有，队为基础”的人民公社体制逐渐失去了存在的基础。开始推行分户承包时，大部分村庄的集体财产和集体经济被一分而光，原先的生产队组织陷入瘫痪或半瘫痪状态，村庄内部的公共事务和公共设施无人管理，导致村庄治理陷入无序、混乱的状态。为适应农村经济和社会的变革，国家迫切需要构建新的农村基层治理体制。

其次，城市工业化和市场经济的发展，造成农村人口、土地等资源要素的大规模外流，对乡村治理的社会基础产生很大影响。改革开放以后，市场经济机制被引入农村生产和流通领域，农村生产效率的大幅提高释放了农业剩余劳动力，在沿海工业化的吸引下，农村劳动力大规模外流。20世纪90年代以后，国家经济重心转向城市，倾向于城市的土地制度安排支撑了城市化的高速发展。大规模的农村土地非农化，农村人、财、物在较短时期内以一种被动的方式流出或者变异，对整个乡村社会的空间形态、社会结构和文化生态都形成冲击。

再次，在偏重城市的资源配置体系下，国家对城乡公共投入严重不平衡，造成乡村公共供给的进一步失衡。20世纪90年代以后，国家倾斜性地加大对城市公共建设和服务的投入，农村公共品供给仍然游离于国家财政体系之外，且这种投入的不平衡持续扩大。20世纪80年代以后包含了国家、集体以及个人在内的农业基本建设的投资比例呈逐年下降的趋势（表4-2）。1980—2000年间，国家财政用于“三农”支出的占比，甚至低于20世纪60—70年代（图4-1）。农村基础设施建设严重滞后，农村公共服务严重短缺，不仅影响到农民生活水平的提高，也影响了农村经济整体的可持续发展。

不同时期农业基本建设投资情况 表 4-2

历史时期	基本建设投资中所占比例	
	农业基本建设占比（%）	水利建设占比（%）
“一五”时期（1953—1957 年）	7.1	4.1
“二五”时期（1958—1962 年）	11.3	8.0
1963—1965 年	17.6	6.8
“三五”时期（1966—1970 年）	10.7	7.2
“四五”时期（1971—1975 年）	9.8	6.6
“五五”时期（1976—1980 年）	10.5	6.7
“六五”时期（1981—1985 年）	5.1	2.7
“七五”时期（1986—1990 年）	3.3	2.0
“八五”时期（1991—1995 年）	3	1.9
“九五”时期（1996—2000 年）	5.6	3.6

数据来源：（国家统计局农村社会经济调查司，2013）

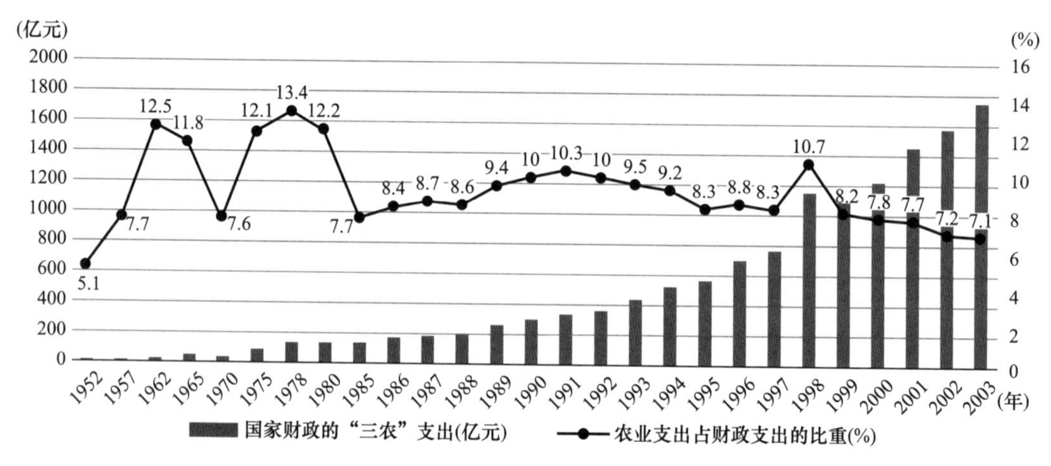

图 4-1 国家财政用于“三农”的支出及占比（1950—2003 年）

数据来源：（国家统计局农村社会经济调查司，2013）

4.4.2 乡村治理：“乡政村治”与国家力量后撤

伴随着一系列农村经济制度的改革，乡村基层治理发生重大变革。国家确立了“乡政村治”的基本制度，也标志着国家力量在乡村基层治理中的后撤。

“乡政村治”的确立，既与农村经营体制这一宏观改革密切相关，也源自农民自下而上的基层治理创举。实行家庭联产承包责任制以后，农村生产队组织基本瘫痪，导致村庄公共事务处于无人管理、公共领域混乱的状态。20 世纪 80 年代初，广西等地的村庄自发地产生了一些临时性、自治性的村民组织，来管理和解决村庄内部公共事务，形成村民委员会的雏形。1983年，中共中央、国务院发出《关于实行政社分开建立乡政府的通知》，要求各地建立乡政府作为农村基层政权，行使国家管理职能；乡以下设立村民委员会，实行村民自治。由此，“政社合一”的人民公社被“乡政村治”体制正式取代。实行“乡政村治”以后，国家对农村社会生活的控制和干预总体呈减弱趋势，国家收缩了伸入农村最基层的组织体系，将原来由政权组织所执掌的经济和社会权力下放或返还给村庄和农户。国家对农村基层治理由直接管理转向间接管理，而国家对农户的治理关系，主要体现在农业税费的征收上。

“乡政村治”的本意是国家通过一定程度的“放权”来回应农村经济体制改革后村庄公共事务管理的要求。然而，由于国家总体层面的公共财政、资源配置等方面的制度设计未能及时配套跟进，加之城镇化和市场化发展背景下乡村社会结构剧烈变化，基层主体采取了相应行动和运作策略，导致“乡政”和“村治”都陷入一定程度的困局，造成基层治理的失序。

首先，乡镇基层政权运作带来农民负担膨胀。乡镇政权是国家与村庄的连接点。按照“乡政村治”的预设，乡镇政府只负责辖区内的行政职能，但实际职能行使和制度设计都不支持这一预设。乡镇政府不仅要完成包括催粮、纳款、计划生育等各项国家任务，还要完成上级政府制定的乡村社会经济发展目标，有大量的基层经济社会管理职能。但是在国家行政和财政制度设计上，乡镇一级的事权与财权极不平衡。20世纪80年代实行财政包干制，乡镇政府无法通过获得上级政府的转移支付来弥补财政缺口。1994年实行分税制改革，中央财力大大提高，地方政府的财政压力层层转嫁下移。国家对乡村公共供给和投入过低，基层政权只能将支出缺口转嫁到农民身上。乡村两级为了维持政权运转、完成各种上级下达的任务，以及必要的公共建设，只能通过集资、摊派、罚款等形式向农民汲取政策外的收入，造成农民负担恶性膨胀。从1990—2000年，农民的常规负担[①]总额从421亿元增加到1085亿元，年均增长15.8%（应星，2014）。基层政府、村庄和农户之间围绕着农业税、“三提五统”等费用征收，形成复杂的博弈和抗争关系，乡镇政权与农民关系日益紧张，影响到农村社会稳定。

其次，乡村社会结构原子化，村社集体组织能力日益消解，村庄自治陷入困局。20世纪90年代以后，农民大规模进城务工经商，与城市经济和市场的联系更加紧密。农民的价值观和个体行为都深受市场化和商品化的影响，村庄内部出现分化，村庄“内聚性”和集体意识逐渐减弱，呈现越来越原子化的社会结构特征（贺雪峰，2017）。农村大量青壮年劳动力外出务工，农村人、财、物流出农村，流入城市，农村“空心化”越来越普遍，更加使得村庄公共事务和公益性事业陷入无人管理的困顿局面。村庄自治制度设计上，原本希望村委会作为群众性自治组织，能够实现村庄社区内部事务的自我管理和自我服务。但在实际村政运作中，往往是“强行政、弱自治”，村级组织更多时候成为协助乡

① 常规负担是指针对农业和农民的税收，包括“三提五统”“两工”和各种行政事业性收费等；非常规负担是对农民的“乱收费、乱罚款、乱摊派”的“三乱”。

镇政府执行收缴税费、人口控制等任务的行政工具。村干部作为政府代理人和村庄当家人的角色发生冲突，甚至一些村干部在参与摊派和收费时谋取私利，造成村民对干部信任丧失。村级组织不断丧失社会服务功能和村民主体性，导致了村庄自治的困局。

从20世纪80年代农村经济活力释放，到2000年以后“三农”问题日益突出，乡村治理的变革与国家市场经济体制全面建立、城市化和工业化快速推进的历史进程密不可分。而乡村治理秩序的失衡，既与国家在城乡资源配置和制度安排上的不平衡有关，也与基层治理主体在宏观结构约束下所采取的行动和运作策略有关，是两者共同形塑的结果。它反映了社会经济结构转型过程中，不适应的治理结构和体制矛盾。

4.5 城乡统筹政策施行以后

4.5.1 总体性结构：国家对城乡关系的转型调整

2000年以来日益突出的“三农”问题，成为影响国家现代化进程的根本性问题。自党的十六大以来，中央根据“工业反哺农业、城市支持农村”和“多予少取放活”的方针，推出了一系列促进农村体制改革和调整城乡关系的战略举措（表4-3）。这一时期最重要的特征，就是国家对乡村的关系从资源汲取到资源供给的转变，体现了国家进一步整合乡村、推进现代化进程的目的。

国家对城乡关系改革调整的重要文件和表述　　表4-3

时间	文件	主要表述
2002年	党的十六大报告	统筹城乡经济社会发展
2007年	党的十七大报告	统筹城乡发展，推进社会主义新农村建设。建立以工促农、以城带乡长效机制，形成城乡经济社会发展一体化新格局
2012年	党的十八大报告	推动“城乡发展一体化”。加快完善城乡发展一体化体制机制，促进城乡要素平等交换和公共资源均衡配置，形成以工促农、以城带乡、工农互惠、城乡一体的新型工农、城乡关系
2017年	党的十九大报告	实施乡村振兴战略，坚持农业农村优先发展，建立健全城乡融合发展的体制机制和政策体系，加快推进农业和农村现代化
2019年	《中共中央　国务院关于建立健全城乡融合发展体制机制和政策体系的意见》	促进城乡要素自由流动、平等交换和公共资源合理配置，加快形成工农互促、城乡互补、全面融合、共同繁荣的新型工农城乡关系，加快推进农业和农村现代化

首先是“少取”，全面取消农业税费，国家不再需要从农业和农民手中汲取资源来完成现代化事业。2005年全国人大常委会做出废止《中华人民共和国农业税条例》的决定，延续了数千年的农业税从此退出历史舞台。农业税改革的意义，不仅仅在于消除农民负担产生的制度基础，为农村社会稳定奠定了基础，更重要的意义也在于它破除了城乡二元税制，意味着城市和乡村的不平等关系真正开始发生变化。

其次是“多予”，国家公共财政开始向农村覆盖，解决长期以来农村公共产品和服务缺失的问题（图 4-2）。具体政策包括：建立中央财政支农专项补贴制度；放开粮食市场和实行最低收购价制度；基础设施建设和社会事业发展重点转向农村；农村义务教育、新型农村合作医疗、农村最低生活保障、新型农村社会养老保险等制度，逐步实现城乡公共服务均等化等。国家通过资源输入，大规模推动乡村建设，实现对乡村现代化的塑造，其效应也开始全面渗透乡村基层社会治理秩序。

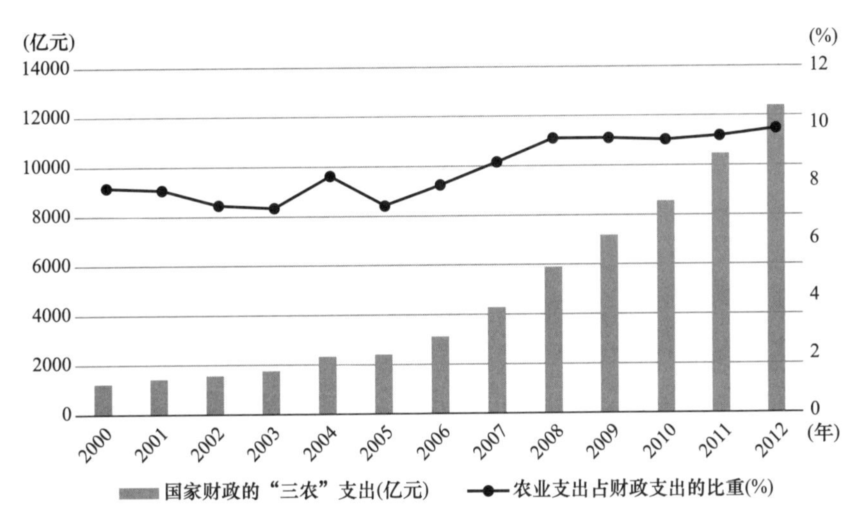

图 4-2　国家财政用于“三农”的支出及占比（2000—2012 年）

数据来源：（国家统计局农村社会经济调查司，2013）

国家制度层面对城乡关系的转型调整，促进了城乡互动的加深，进一步带来乡村经济和社会结构的深刻变化。紧随国家全面支持农业农村发展的脚步，越来越多的工商资本涌向农村，参与农产品生产流通、农业规模化经营、土地整理和流转、新农村建设等领域，它们不仅连接了乡村与更广泛的外部市场，也逐渐成为影响乡村发展秩序的重要主体。城市资本、技术、人才等要素下乡，刺激了乡村新兴经济功能和业态开发，也会引起乡村社会组织结构的变化。乡村分化加剧，一部分乡村迎来活化复兴的机遇，多数乡村面临人走村衰的危机。在开放的城乡互动系统里，乡村经济组织和社会结构的改变，必然引起乡村公私秩序和治理规则的重构。乡村基层治理需要回应新的城乡关系下的结构挑战。

4.5.2　乡村治理：项目制与基层主体性的弱化

从 2003 年开始，国家制度的供给，从农业税费改革、城乡统筹、新农村建设到乡村振兴战略，都体现了国家对乡村治理的持续“再入场”。

这一时期，在国家实行“公共财政覆盖乡村”“城市反哺农村”的政策过程中，项目制成为一种主要的实现形式。这里，“项目”特指中央对地方政府或者市以上的地方政府对基层组织进行财政转移支付的一种运作和管理方式，它是在行政“条线”体制之外开辟的专项化的财政资金分配方式（折晓叶 等，2011）。项目的制定、申请、审核、分配、转化、考核和应对等一系列环节和过程，体现了国家部门将资源分配权和管理权一统到底的治理思路。而项目制在实际运行过程中，产生了一种分级治理的效果（折晓叶 等，2011），相应地引发从国家部门、地方政府到村庄或其他基层组织针对项目采取的治理行动的变化，成为一种国家社会体制联动运行的机制。总之，国家通过实施项目的系统过程，确立了一种新的治理结构形态，有学者称之为"项目治国"（周飞舟，2012）。项目制所体现的治理逻辑是一种"技术治理"的基本形式（渠敬东 等，2009），它往往与村庄社会规则之间存在一定张力，和乡村基层事务的综合性以及地方内生秩序复杂性的治理特点形成一定冲突。

项目制体现了国家自上而下进行资源输入和建设乡村的意图，极大地丰富了乡村治理的资源。但是，国家治理形式的转变，继而引发基层治理运作的变化，出现了意料之外的治理结果。

一是乡镇基层政权的"悬浮化"。农村税费改革的原意是通过取消税费、加强国家财政转移支付来强化基层政府的公共管理和服务职能，而事实上，国家的财政转移支付不足以弥补乡镇财政缺口，乡镇财政越来越"空壳化"，乡镇政府疲于向上"跑钱"、四处借贷，实际上没有转变为真正服务农村的主体，反而正与农民脱离联系，有学者称之为"悬浮型"政权（周飞舟，2006a，2012）。财政资金的专项化分配更加体现了上级政府的权力，而削弱了基层乡镇政府，"项目体系越完备、审计体系越严格，专项资金的管理和管制越规范，这些资金就越难深入到乡村基层"（周飞舟，2012）。

二是村庄主体性的弱化。国家治理的强化以及资源的输入，短期内乡村公共品供给的状况得到很大改善，但村社内部公共品长效供给和维护的机制并没有建立。项目制具有针对预期目标临时组织的治理特点，而村庄内部的公共建设事务如环境卫生、道路、水利和治安等资金仍然缺乏固定来源。国家公共投入的增加，并没有增强村社内部的组织资源。村庄共同体意识和集体行动能力的衰退，导致村庄和农民更深地依赖于国家，村庄社会的主体性和自主性都受到一定的抑制。

由此可见，国家制度层面对城乡关系的调整和资源配置的改变，不仅带来乡村治理结构中国家"再入场"，更自上而下地引发了基层治理运作机制的一系列变化。基层治理主体（乡镇政府、村级组织和村民等）的行动，是对这种结构性变化的反馈和回应，它们决定了最终的治理效应。

4.6 当代乡村治理面临的结构性问题

当代乡村治理问题不仅是乡村地区本身的问题，更是伴随了国家现代化进程，由长期的城乡制度和政策安排所带来的一系列结构性问题。特别是近三四十年时空压缩式的高速城镇化，造成中国乡村经济和社会结构巨变，也给乡村治理带来巨大的挑战。

4.6.1 长期城乡不平衡发展造成乡村物质性衰退和资源要素流失

1949 年到改革开放以后的很长一段时间内，"以农补工"、城市优先发展的政策导向造成城乡差距不断扩大。乡村公共品供给长期游离于国家正式财政体系以外，政府对乡村公共品供给投入严重不足，造成乡村物质空间的衰退。各级政府在以推动城市开发为主的政策下，生产要素由乡村向城市单向配置，劳动力、土地、资金等资源要素净流出。乡村社会的整体性衰退、城乡差距的不断扩大，加剧了现代化整体发展的社会风险，也影响到基层治理秩序的稳定性。

4.6.2 人口流动和村庄结构变动削弱乡村治理的组织基础

城镇化带来大规模农村人口的流动，使得村庄社会结构发生巨变，传统乡村治理的组织和社会性基础正在削弱。同时，城镇化也带来了农民的分化和代际变动。目前，中国的农民大多数已不再是传统小农，农民家庭收入来源更多依赖于工业或者城市经济，农民从均质化转变为异质化。“农二代”离开农村进入城市，与土地和农业活动的关系更加疏远，“入城不回村”的倾向更加显著（刘守英 等，2018a）。农民的分化加剧了村庄社会结构的原子化程度，村庄人口外流、空心化和老龄化进一步削弱了村民自治的社会基础，也影响到村庄治理的组织形态。传统乡村社会里，村民之间基于生产生活方式的互动和联系减少，基于血缘、地缘以及人情关系的社会资本被削弱，意味着以“熟人社会”“礼治秩序”为基础的村庄治理规则面临重大改变，亟须建立与新的村庄社会结构和组织形态相适应的治理规则和秩序。

4.6.3 城乡要素互动加深带来乡村利益结构的复杂化

城乡互动加快，带来乡村要素的变化，乡村治理的利益结构更加复杂。随着国家对城乡资源配置方式的调整，乡村处于一个更加开放的城乡市场体系内，这为乡村地区带来新的要素变化。近年来的工商资本下乡是一个突出特征。资本要素在城乡之间的自由流动，有助于缓解农业和农村发展的资金短缺问题，但资本的谋利取向，也可能造成对农民和村庄利益的侵占或挤压而偏离公共性。市场要素和主体的进入，不仅使利益结构更加复杂，也会产生新的治理规则。如何加快城乡要素市场化配置的同时，又能保障乡村发展的公共性和社会稳定，是乡村治理的新课题。

乡村治理面临的结构性问题，是城乡关系发展和城乡制度安排的结果，单靠乡村自身是难以解决的，必须依靠国家对城乡资源配置的制度供给，以及公共政策层面的积极干预。生产要素被长期抽离的现实状况下，乡村物质性空间衰退的修复，需要政府一定程度的公共补给；乡村人口流失和组织资源不断衰退的状况下，乡村社会关系的再生产和基层治理能力的建设，需要政府的积极引导和公共激励；城乡要素交换中的市场化风险和利益协调，需要政府的公共干预以保障公平性和公共利益。总体来说，当前中国乡村所处的发展阶段和面临的结构性问题，决定了国家的制度供给和结构调整，以及政府积极干预在乡村治理中的主导性，这也是当代中国乡村治理区别西方的一个重要特征。

4.7 本章小结

本章梳理了中国乡村治理的历史变迁，重点讨论国家的制度安排与资源配置方式、城乡社会发展的结构性条件与不同时期乡村治理制度的关系（表4-4）。

国家制度安排和城乡社会结构性条件与乡村治理变迁 表4-4

时期	乡村治理基本制度	国家制度安排与资源配置方式	城乡社会结构性条件	
			乡村内部组织结构	外部市场要素作用
传统农业时期	乡里自治制度	皇权不下县	以家（宗）族为基础的村庄共同体，乡绅精英的领导和组织	自给自足的小农经济，乡村要素内部循环
近代晚清至民国	传统乡村自治体系瓦解	国家政权下乡，加强对乡村资源汲取	宗族组织削弱、乡绅流失，基层治理失序	近代城市工商业发展和资本主义入侵，对传统小农经济造成破坏性冲击
集体化和人民公社时期	“政社合一”的人民公社制度	国家对乡村采取强控制的总体治理模式，保证资源汲取的稳定性和国家工业化目标	以农村基层集体组织为依托，形成对农民的强大组织和动员	城乡二元结构制度壁垒，乡村人口、资金等要素的自由流动受限，也不受市场体系的作用
农村改革以后至城乡统筹政策之前	“乡政村治”	国家力量从基层治理中后撤；以城市发展为导向的资源配置体系，城乡公共供给失衡	村庄社会结构原子化，村社集体组织力消解	城市化和市场经济发展，乡村人财物大量外流
城乡统筹政策以后	“乡政村治”，国家项目制治理	国家力量再入场，财政转移支付，对乡村进行资源供给	村庄组织衰退，乡镇政权悬浮，基层主体性和自主性削弱	城乡互动加深、城市资本和市场要素下乡，乡村利益结构多元化

从历史的角度看，乡村治理制度的变迁与国家现代化发展进程密切相关。国家的制度性安排和乡村社会的结构形态，构成了乡村治理的结构性条件。

首先，乡村治理嵌入国家建设进程，国家目标、国家能力以及不同发展阶段的差异，形塑了不同的乡村治理制度和秩序。国家的制度性安排及背后的资源配置方式，决定了乡村治理的规则和资源条件。在不同的发展阶段，出于国家治理的总体目标和需要，国家新的制度安排不断地嵌入乡村社会，使乡村治理的制度体系不断变化：由传统乡里自治、近代的政权下乡，到集体化时期的人民公社，再到改革开放以后的“乡政村治”，都清晰地显示了国家力量在乡村治理制度变迁中的主导性。中国乡村始终受制于国家与农民取予关系的治理逻辑，国家对城乡资源配置方式的变化，不仅影响乡村治理可获得的资源，也自上而下、由外及内地影响乡村社会的结构和功能。

其次，乡村治理嵌入特定的社会结构，乡村社会结构的差异、城乡社会变迁，形塑出不同的乡村治理实践和结果。这里，乡村社会结构的变化表现在两个方面：一是乡村社区内部组织结构的变化；二是城乡市场要素的流动状态。传统时期的乡绅和宗族组织、人民公社时期的农村集体化组织，在不同的历史条件下在稳定基层治理秩序中发挥了关键性作用；而现代工业化、城市化和市场经济发展引发的村庄结构原子化以及集体组织能力的消解，也是导致基层治理失序的主要原因之一。中国城乡关系演变的很长一段时间内，乡村人、财、物等资源要素一直单向流出，造成乡村社会逐渐衰败，乡村传统的伦理、价值体系遭受冲击，对基层社会的治理秩序产生了根本性的影响。未来，随着城乡关系的转型，乡村经济的市场开放性越来越高，城乡资源要素的双向流动增强，在对乡村发展产生积极作用的同时，也会使乡村治理的利益主体更加复杂，乡村治理实践面临新的挑战。

研究也注意到，尽管乡村治理制度的变迁很大程度取决于国家制度安排、资源配置关系等结构性条件，但同时也与基层治理的行动实践密切相关。例如，农村家庭联产承包责任制的改革、村民委员会的自治创举，都源自基层主体的实践行为。“乡政村治”“项目制”在具体施行中，也由于基层治理主体采取的行动应对策略，而衍生出一系列制度设计之外的“意外”结果。治理效应往往由行动主体在结构性约束条件下所采取的运作策略所决定。治理主体的行动实践，构成了对制度的反馈和调整机制，也可能酝酿出新的治理结构形态。它反映了行动对结构的再塑造过程。

从历史回到当下现实，当前中国乡村治理的问题并不局限于乡村地区本身，而是长期城乡关系发展和城乡制度安排的结果。面对现实的一系列结构性问题，政策层面的制度供给和政府的有效干预，在当前阶段的乡村治理中占据主导性的地位。

第 5 章　乡村建设的政策供给与实施机制：以浙江省为例

党的十六大以后，以“统筹城乡发展”为理念目标，中央政府提出推进实施“建设社会主义新农村”。作为对中央政府的响应，浙江省委、省政府自 2003 年开始推动实施“千村示范、万村整治”工程，开启全省农村环境整治建设的序幕。此后十余年来，省、市、县三级政府持续推动乡村建设，形成了颇具浙江特色的乡村建设发展模式。

在新时期乡村建设中，政府发挥了主导性的推动作用。政府的政策供给构成了一定的规则机制，是治理行动展开的前提。本章从政府视角切入，梳理十余年浙江省乡村建设的政策设计和实施过程，重点分析在政府政策供给条件下所形成的治理机制，旨在阐释制度安排和政策设计是如何影响各级政府、村庄及社会各类主体的参与行动。

5.1　乡村建设的政策演进

基于政府政策文件的梳理，2003 年以来浙江省乡村建设实施过程可以分为两大阶段。第一个阶段是乡村环境整治建设阶段，其中：2003—2007 年，开展乡村基础环境整治，重点解决村庄环境“脏、乱、差、散”的问题；2008—2012 年，推进农村综合整治，实现乡村人居环境提升。第二个阶段是从 2011 年开始至今的美丽乡村建设，经历了“十二五”“十三五”“十四五”三个发展时期。

5.1.1　第一阶段（2003—2011 年）：乡村环境整治建设

1. 乡村基础环境整治（2003—2007 年）

2003 年，《中共浙江省委办公厅　浙江省人民政府办公厅关于实施“千村示范万村整治”工程的通知》（浙委办〔2003〕26 号）发布，启动全省范围内第一轮乡村环境整治建设（图 5-1）。治理重点是解决农村“脏、乱、差、散”等环境问题。总体目标是利用 5 年时间，对全省 1 万个左右的行政村开展全面环境整治，并将其中 1000 个左右的行政村建设成为全面小康示范村（以下简称“示范村”）[①]。

具体操作层面采取村庄分类分批次的方式推进。将进行整治的村庄分为一般整治村和示范村两类，实施不同的整治目标和整治内容。对一般整治村，主要进行“拆、改”整

① 浙江省农业和农村工作办公室，《浙江省实施“千村示范万村整治”工程建设美丽乡村资料汇编（2003—2013）》。

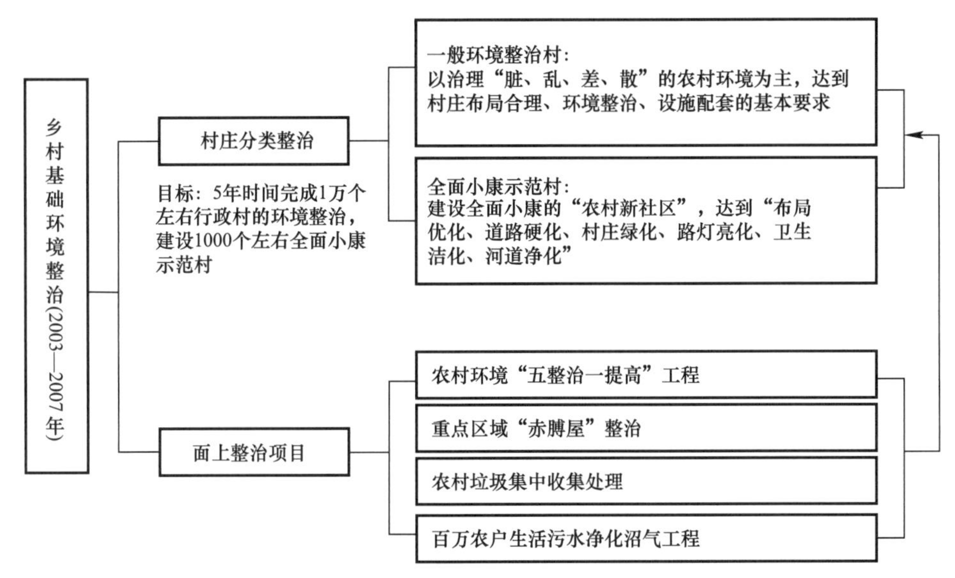

图 5-1 浙江省乡村基础环境整治阶段的政策框架（2003—2007 年）

资料来源：根据《浙江省实施“千村示范万村整治”工程建设美丽乡村资料汇编（2003—2013）》整理

治，达到环境整治的基本要求，如拆除危房、破房、违建房，整治乱搭乱建乱堆现象，消灭露天粪缸和简陋厕所等。对示范村的环境建设要求更高，以“农村新社区”为目标，实现村庄“六化”，即“布局优化、道路硬化、村庄绿化、路灯亮化、卫生洁化、河道净化”。具体实施办法是，从全省 1 万多个行政村中进行分批筛选，每年确定相应数量的示范村和一般整治村，将计划任务分配至各市县。这种村庄分类遴选、逐年推进的实施方式，聚集在乡村建设的“点”状布局，整治建设效率很高，形成了有浙江特色的乡村整治样板工程（武前波 等，2017）。

配合“点”状的村庄整治，浙江省在面上也推动实施了一系列农村环境整治类的项目建设，包括“农村环境五整治一提高”工程、农村垃圾集中收集处理、沿路沿线“赤膊屋”[①] 整治、百万农户生活污水净化沼气工程等（表 5-1）。这些项目与村庄整治结合推进，全力改善农村环境面貌。

2003—2007 年浙江省面上农村环境整治项目（部分）　　表 5-1

项目名称	项目内容	政策文件
“农村环境五整治一提高”工程	整治畜禽粪便污染、生活污水污染、垃圾固废污染、化肥农药污染、河沟池塘污染、提高农村绿化水平	《中共浙江省委办公厅　浙江省人民政府办公厅转发〈省农办、省环保局、省建设厅、省水利厅、省农业厅、省林业厅关于加快推进“农村环境五整治一提高工程”的实施意见〉的通知》（浙委办〔2006〕111 号）
农村垃圾集中收集运输和处理项目	建立“户集、村收、镇运、县处理”和“统一收集、就地分类、综合利用”等农村垃圾集中收集处理体系，完善和健全农村环境卫生长效保洁机制	《浙江省“千村示范万村整治”工作协调小组办公室　浙江省财政厅关于下发 2006 年“千村示范万村整治”工程农村环境整治项目立项指南的通知》（浙村整建办〔2006〕4 号）和《浙江省“千村示范万村整治”工作协调小组办公室　浙江省财政厅关于下发 2007 年“千村示范万村整治”工程农村环境整治项目立项指南的通知》（浙村整建办〔2007〕2 号）

① “赤膊屋”指外墙没有粉刷的房屋，在不少农村一度是一种普遍现象。

续表

项目名称	项目内容	政策文件
“赤膊屋”整治项目	重点区域开展“赤膊屋”整治，达到整村无“赤膊屋”	同上
百万农户生活污水净化沼气工程项目	解决农村生产生活污水无害化处理和资源化利用；欠发达地区以“一池三改”为基本单位，建立户用沼气池	《浙江省“千村示范万村整治”工作协调小组办公室　浙江省农业厅　浙江省财政厅关于印发〈浙江省百万农户生活污水净化沼气工程项目资金管理办法（试行）〉的通知》（浙农计发〔2006〕6号）

资料来源：根据《浙江省实施“千村示范万村整治”工程建设美丽乡村资料汇编（2003—2013）》整理

2003—2007年经过5年的整治建设，全省农村环境局部面貌变化很大，建成“全面小康示范村”1181个，整治村庄10303个[①]，约有4630个行政村开展了生活污水治理，66.36％的行政村开展农村垃圾集中收集处理（武前波 等，2017）。

2. 乡村人居环境提升（2008—2011年）

2008年，浙江省发布《中共浙江省委办公厅　浙江省人民政府办公厅关于深入实施“千村示范、万村整治”工程的意见》（浙委办〔2008〕18号），启动第二轮村庄整治建设，目标是到2012年实现全省村庄环境整治全覆盖，全面提升乡村人居环境（图5-2）。

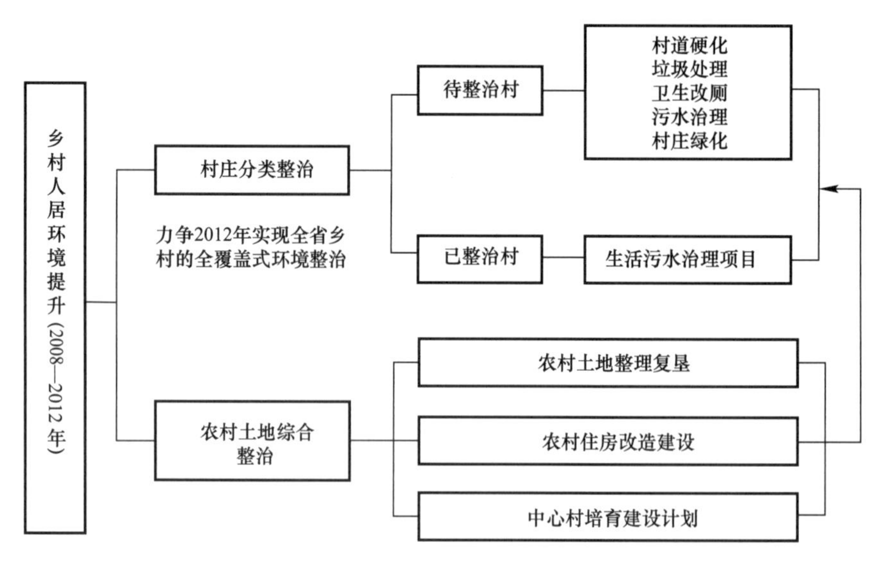

图5-2　浙江省乡村人居环境提升阶段的政策框架（2008—2011年）

资料来源：根据《浙江省实施“千村示范万村整治”工程建设美丽乡村资料汇编（2003—2013）》整理

具体操作和第一轮整治类似，仍然采取村庄分类分批次推进实施。在原先以“拆、改”为主的基础上，增加了农村生活污水治理项目。上一轮已整治但没有开展生活污水治理的村庄，分批次实施生活污水治理项目；未开展过整治的村庄，分批次实施“4＋1”项

① 浙江省农业和农村工作办公室，《浙江省实施“千村示范万村整治”工程建设美丽乡村资料汇编（2003—2013）》，2013。

目，即“村道硬化”“垃圾处理”“卫生改厕”“污水治理”“村庄绿化”作为新一轮农村环境整治建设的重点内容。

这一时期，除了农村基础环境的整治建设，浙江省还启动了包括农村土地整理复垦、农村住房改造建设、中心村培育建设计划等在内的农村土地综合整治工程（表5-2）。土地整理项目的开展，将乡村建设的治理目标指向了浙江农村发展面临的与土地相关的一系列现实问题，包括农村土地的集约利用和结构优化、农民住房改造和新建的需求、农村人口集聚、基础设施和公共服务设施集中布局等。

农村土地综合整治项目建设相关内容（2008—2011） 表5-2

农村土地综合整治项目		具体内容	治理目标
农村住房改造建设	“强塘固房”	农村困难住房求助，危旧房改造，地质灾害避险迁建，灾后倒房重建	农村困难家庭危房改造
	分类改造	根据村庄类型、地理位置及地形等特征展开分类建设。通过村庄布点规划，明确城镇规划建设用地范围内的原农村居民点、规划确定的中心村集聚点、整村改造、梳理式改造、整村拆迁等不同类型的村庄住房改造建设要求	优化农村住房改造建设，引导农民居民点相对集中和集聚发展，实现农村住房改造建设新增用地与农村建设用地复垦总量增减平衡
农村土地整理	节约集约利用土地	严格实行建设用地管理，加大耕地资源后备开发	守住耕地总量和基本农田红线
	农村土地整理复垦	对农用地、宅基地和集体建设用地进行整理、复垦开发，推进村庄旧房改造、农民新居、基础设施和公共服务配套设施建设	开发与整理联动、复垦与盘活并重、增量与减量挂钩
中心村建设计划	培育建设中心村试点	确立中心村功能定位及完善布点规划与建设规划，促进农村人口向中心村集聚，推进中心村基础设施和公共服务设施建设，破解中心村建设用地问题，发展中心村村域经济	推进农村人口、产业和公共服务的集聚，提高中心村对周边农村的辐射带动力

资料来源：根据《浙江省实施“千村示范万村整治”工程建设美丽乡村资料汇编（2003—2013）》整理

经过2008—2012年五年时间，完成了全省16486个村的环境综合整治，全省绝大多数村庄的人居环境面貌得到改善。

5.1.2 第二阶段（2011年至今）：美丽乡村建设

基于农村环境整治建设的巨大成功，2010年年底，浙江省委提出《浙江省美丽乡村建设行动计划（2011—2015年）》，拉开全省美丽乡村建设的序幕。在这一阶段，治理目标不再局限于单纯的乡村空间环境整治，而是提出了包含乡村人居环境建设、产业经济发展、文化培育传承以及农村制度改革等在内的复合性的建设目标。

1. “十二五”时期（2011—2015年）

2011—2015年开展美丽乡村建设的第一个五年里，浙江省提出实施乡村“生态人居建设”“生态环境提升”“生态经济推进”“生态文化培育”四大行动，打造一批“四美三宜”美丽乡村[①]（图 5-3）。具体建设实施内容包括：

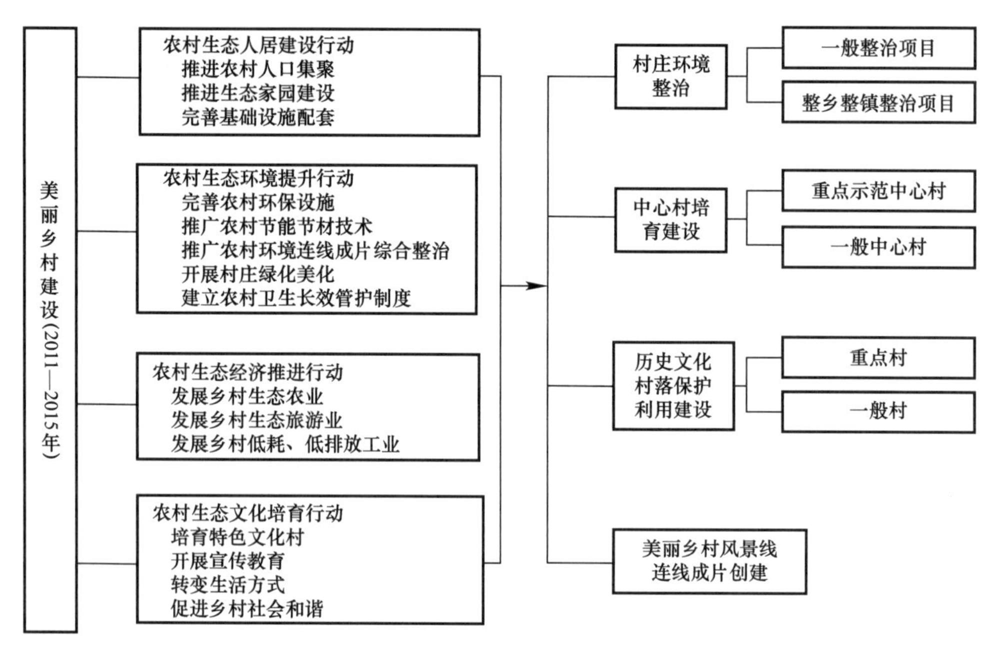

图 5-3　浙江美丽乡村建设“十二五”时期的政策框架（2011—2015 年）

资料来源：根据《浙江省美丽乡村建设行动计划（2011—2015 年）》整理

（1）继续对尚未整治的村庄开展环境整治。经过前一个阶段的全面整治建设，村庄环境整治的基础工作条件已相当成熟，各地政府对待分批整治建设的操作也相当熟练。2012 年以后，浙江省开始加大对整乡整镇整治项目的投入力度。一些地区以国道、省道、铁路沿线为重点，推进沿线村庄整体的洁化绿化美化工作，从“点状”的村庄整治走向“面域”乡村整治。

（2）培育中心村建设。其目的是引导农村人口向规划的中心村集聚，推动自然村落整合和农村居民点缩减。具体实施上，采用分类分批次的建设方式，每年筛选确定一批中心村（包括重点示范中心村和一般中心村），给予村庄建设补助，用于中心村开展环境整治、基础设施和公共服务设施等配套项目建设。

（3）启动历史文化村落保护利用建设。保护乡村特色风貌、传承乡村传统文化，建设目标是 5 年内建设 43 个历史文化村落保护利用重点村和 216 个历史文化村落保护利用一般村。2012 年首先在全省范围开展了历史文化村落普查工作，以古建筑村落、自然生态村落和民俗风情村落三种类型进行登记。此后，每年确定一批历史文化村落保护名单，给予财政支持，以村庄为单位，开展传统特色建筑保护与修复、传统文化挖掘与保存、村庄环境综合整治等村庄项目建设，鼓励发展“一村一品”“一村一景”乡村文化休闲旅游业。

① “四美三宜”美丽乡村，即按照科学规划布局美、村容整治环境美、创业增收生活美、乡风文明身心美的要求，打造宜居宜业宜游的美丽乡村。见《中共浙江省委办公厅　浙江省人民政府办公厅关于深化“千村示范、万村整治”工程全面推进美丽乡村建设的若干意见》（浙委办〔2012〕130 号）。

（4）推动连线成片的美丽乡村建设。全省各县以沿路、沿河、沿线、沿景区为重点，每年启动1～2个连线成片创建区块，开展村与村、村与镇、镇与镇之间的区域性的环境整治和一体化建设，加强景观设计打造，形成美丽乡村风景线。

2. “十三五”时期（2016—2020年）

“十三五”期间，浙江继续深化美丽乡村建设。在政策层面，这一时期乡村建设的治理目标从空间环境物质层面，开始转向村庄经营发展、村民富裕增收、村庄建设的持续机制、乡村组织治理等更深层次的内容。2016年浙江省委、省政府印发的《浙江省深化美丽乡村建设行动计划（2016—2020年）》中，提出了“美丽乡村提质扩面”“人居环境全面提升”“特色文化传承保护”“创业富民强村”“乡风文明培育”“农村改革攻坚”六大建设行动（图5-4）。

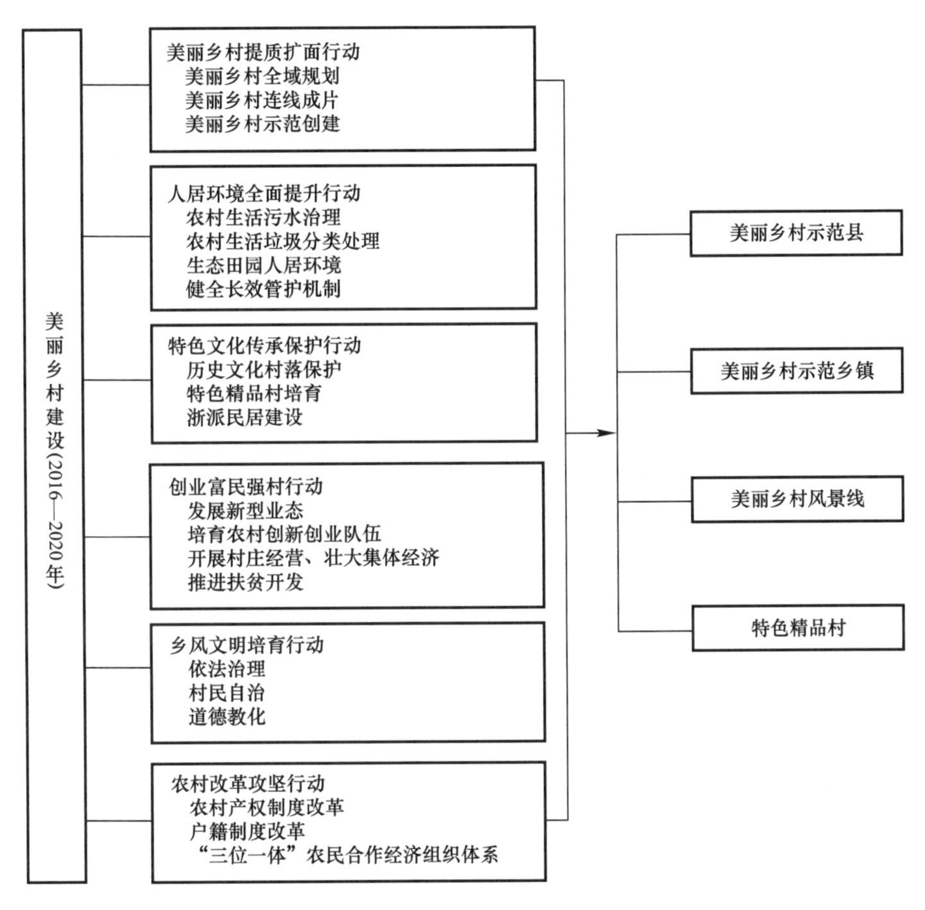

图5-4 浙江美丽乡村建设“十三五”时期的政策框架（2016—2020年）

资料来源：根据《浙江省深化美丽乡村建设行动计划（2016—2020年）》整理

2017年党的十九大报告提出实施乡村振兴战略，浙江开启了高标准深化“千万工程”、高水平建设美丽乡村时期。2018年发布《全面实施乡村振兴战略高水平推进农业农村现代化行动计划（2018—2022）》、2019年发布《浙江省乡村振兴战略规划（2018—

2022年)》。新一轮的乡村振兴战略，从乡村发展布局、乡村经济振兴、乡村环境建设、乡村文化繁荣、乡村治理制度、村民生活富裕、城乡整合等多个方面，部署重大建设工程和计划行动，标志着美丽乡村建设进入了一个全新的发展阶段。

与“十二五”时期相比，这一时期的乡村建设实施有一些新的特征：

首先，推进整县整乡镇美丽乡村连线成片建设。与之前几个阶段以村庄为单位开展建设不同，这一时期更加提高了对以县、乡镇为单位的“面域”建设投入，提出到2020年全省1/3以上的县（市、区）培育成美丽乡村示范县，并创建一批美丽乡村示范乡镇和特色精品村。各县市平均每年打造2～3条美丽乡村风景线，在辖区内沿景区、产业带、山水线、人文古迹等重点区域展开风景化的乡村建设。

其次，探索村庄建设和发展的长效持久机制。前几个阶段的乡村建设中，政府投入了大量的公共财政和资源，改善村庄人居环境。“十三五”时期提出“环境美”向“发展美”转型，政府希望将公共性投入转化为乡村自我循环发展的“造血”动力，探索村庄环境建设的长效持久机制。为此，这一时期，浙江省加大投入支持推动特色精品村建设、“万村景区化建设”以及乡村休闲旅游业等新型乡村业态的发展。

此外，对各县市乡村建设考核纳入了乡风文明建设、农村制度改革等方面的任务要求，反映了政府在乡村建设制度等方面的治理改革需要。

3. “十四五”时期（2021—2025年）

“十四五”时期，面对国家赋予的高质量发展、建设共同富裕示范区的新使命，浙江乡村建设进入更高质量发展的新阶段。2020年，浙江省委、省政府发布《关于高质量推进乡村振兴确保农村同步高水平全面建成小康社会的意见》，以城乡融合为基本出发点，以缩小城乡收入差距、城乡公共服务差距为目标，推进新时代的乡村建设。2021年，浙江省委、省政府发布《浙江省深化“千万工程”建设新时代美丽乡村行动计划（2021—2025年）》（浙委办发〔2021〕57号），提出以深化“千万工程”建设新时代美丽乡村为主线，围绕开展人居环境提升、乡村文化振兴、社会事业促进三大行动，仍然采用村庄创建的形式推进实施，分为达标创建、示范创建，分类推进。

较之从前，这一时期浙江省推进乡村建设的显著特点，是从乡村空间和环境建设，向更全面的建设目标演进，包含了乡村文化建设、乡村社会事业建设等综合性目标，并且提出发展数字乡村、未来乡村等新形态。同时，不再就乡村论乡村，更强调乡村建设融入城乡融合的整体框架内。截至本研究调研阶段（2019年），新的政策下的建设项目和实施措施尚未实质性开展，其实践成果有待未来研究讨论。

5.1.3 政府治理目标的演进

通过对政策梳理，可以看到浙江省对乡村建设的治理目标和内容呈现阶段性的演进。

1. 从单一的环境治理目标转向综合性的乡村建设目标

第一阶段，浙江省开展乡村建设的主要目的是针对村庄空间环境的治理。政府推动实施的“农村环境五整治一提高”“三拆三整治”[①]“六化”工程[②]等项目，都是以村庄环境治理和空间改善为目标的公共投入。随着乡村建设的深入，政府将农村土地综合整治、历史文化传统村落保护、中心村集中建设等内容都纳入乡村建设的总体政策体系。在第二阶段的美丽乡村建设中，政府推动的项目建设反映了更加综合性的治理目标，从2011年的“四大行动”，到2016年的“六大行动”，再到2021年的“三大行动”，不仅提出了乡村经济发展、乡村文化保育等建设任务，还进一步指向了乡村社会治理和农村制度改革。

2. 从村庄“点状”治理拓展到区域空间治理

最初乡村环境整治阶段，实施对象主要以村庄为单位，包括资金和项目的投入，都聚焦在乡村建设的“点状”布局，分批次逐年推进。这种“点状”治理的建设效率较高，可以在短时间内形成乡村整治的样板工程，取得直观易见的政策成效，也具有示范推广的积极作用。

随着乡村建设的推进，政策实施对象从“点”拓展到“面”，更加倾向推进乡村空间的全域化整体建设。在2012年以后的政策文件中，多次要求“串点成线、连线成片、整体推进”乡村建设。一方面，加强村与村、镇与村、镇与镇之间的区域性路网、管网、林网、河网、垃圾处理网、污水治理网等一体化规划建设；另一方面，实施以特色村、精品村为节点，以景观带为轴线，连线成片地打造美丽乡村风景线。从“点状”空间治理向区域空间治理的转变，既是乡村建设进展到一定阶段后区域性乡村空间优化的现实需要，也有政府在更大空间展示建设成效的政绩要求。

对应治理空间的转变，财政补助的政策设计也相应变化，也造成县（市、区）、乡镇、村级组织等对建设话语权的转变。村庄环境整治实施中，每年的项目建设计划和考核目标是以村庄为单位，政府以奖代补的资金直接落实到村庄；到了美丽乡村建设阶段，实施以县（市、区）为创建主体，开展整乡整镇的美丽乡村建设，大部分以奖代补资金直接对县（市、区）进行补助。县（市、区）以及乡镇政府在乡村建设中主导性和话语权不断提高，而村一级的自主性和话语权进一步降低。

3. 从“村庄建设”向重视“村庄经营”转变

政府主导的乡村建设总体上是以公共财政的持续投入来实现乡村空间治理的过程。资料显示，2003—2013年，浙江省投入乡村建设的资金超过1200亿元，省财政安排的专项资金投入从最初的3000万元增加到5.6亿元，每年还另外安排1亿元的资金用于美丽乡村创建的以奖代补，市、县各级也有相应的资金投入[③]。但是，乡村建设后续维护和可持

---

① “三拆三整治”，即拆危房、拆违建房、拆严重影响村容村貌和道路畅通的房子，整治旧宅基地、整治旧柴棚、整治旧粪坑。

② “六化”工程，指村庄达到布局优化、道路硬化、村庄绿化、卫生洁化、河道净化、路灯亮化等目标。

③ 浙江省农业和农村工作办公室，《浙江省实施“千村示范万村整治”工程 建设美丽乡村资料汇编（2003—2013）》，2013。

续性的问题也逐渐暴露。

从2009年开始，浙江省政府组织开展了对全省村级集体经济组织负债状况的调查，随后各市县均出台相关文件，强调村级集体经济发展的重要性。地方政府在开展美丽乡村建设过程中，也积极鼓励将村庄建设与现代农业、乡村旅游、农家乐等新乡村经济业态相结合，将乡村建设作为发展村庄经济、提供就业、增加农民收入的新机会。在提高村级集体经济方面，地方政府鼓励村庄通过宅基地整理、村级留用地等发展物业经济，将村庄资源转化为可增值的资产，主张村庄加强经营能力，以保证乡村建设和成果维护的持续开展。可见，政府的治理目标正在从通过公共投入向乡村“输血”来改善乡村，逐步转向对乡村自我“造血”机制的探索，这也是实施乡村建设的最终目标。

5.2 政府推动的实施机制

从浙江省的实践来看，乡村建设的开展有赖于政府自上而下的强力推动。实施过程中，治理目标的实现借助行政科层体系自上而下的传导和贯彻执行，通过政府项目投放以及相应的配套资金奖励，在省、市、县、乡镇各层级政府之间形成体制内动员。

5.2.1 目标分解与行政传导

乡村建设自上而下的实施，主要依托政府行政科层制的高效执行体系，来实现治理目标在基层的落实。建设目标和任务的逐级分解、地方政府的政策话语响应以及机构设置，共同组成了各层级政府之间的传导和执行机制。

首先，治理目标和任务逐级分解执行。以乡村环境整治建设项目为例，浙江省政府在2003年的纲领性文件中提出5年期“示范整治”工程建设的总体目标，并对各地市提出相应的计划要求①。随后，省政府每年发布年度计划，明确各地市开展“示范整治”工程建设的村庄数量。地级市政府根据上级下达的创建任务，制定本辖区的建设任务和年度计划，进一步分解至下辖各县（市、区）（表5-3）。县（市、区）级政府是组织实施的责任主体，每年需按照上级政府要求完成相应数量的村庄整治建设任务，并获得来自省、市两级政府的配套资金。以宁波市奉化区为例，在2003—2008年，每年需完成30个行政村的整治建设，创建2～3个示范村，每一个整治村可以获得3万～5万元来自上级政府的财政配套，每一个示范村可获得20余万元来自上级政府的财政配套。最后，由基层乡镇政府具体负责村庄整治任务的实施。乡镇政府作为上级政府的代理人，监督建设项目在村庄的执行完成和资金使用情况，也协助村庄向上申报和竞争各类政府

① 《中共浙江省委办公厅 浙江省人民政府办公厅关于实施“千村示范万村整治”工程的通知》（浙委办〔2003〕26号）中提出的总体目标是：“用5年时间，对全省1万个左右的行政村进行全面整治，并把其中1000个左右的行政村建设成全面小康示范村。”相应地，对各县市提出计划目标：“列入第一批基本实现农业和农村现代化的县（市、区），每年要对10%左右的行政村进行整治，同时建设3～5个示范村；列入第二、第三批基本实现农业和农村现代化的县（市、区），每年要对2%～5%的行政村进行整治，同时建设1～2个示范村。”

项目。

浙江省 2003—2007 年“千村示范万村整治”建设计划分配及年度任务（单位：个）　　表 5-3

	2003—2007 年省下达计划数			2003 年年启动数	2004 年年启动数	2005 年计划完成		2006 年计划完成		2007 年计划完成	
	合计	示范村	整治村	示范村*	示范村*	示范村	整治村	示范村	整治村	示范村	整治村
全省	10800	1050	9750	480	593	151	1130	339	2874	207	1923
杭州市	1270	130	1140	62	117	15	150	30	336	20	230
宁波市	1320	150	1170	49	63	20	100	50	175	35	163
温州市	1830	150	1680	52	97	25	400	70	800	25	400
湖州市	390	90	300	92	1	10	50	16	100	15	50
嘉兴市	390	100	290	33	56	15	50	25	100	10	50
绍兴市	1620	90	1530	40	69	15	150	26	625	15	150
金华市	1780	100	1680	59	47	20	50	25	375	20	450
衢州市	310	35	275	21	19	5	20	10	50	10	100
舟山市	120	35	85	11	14	6	20	12	15	10	30
台州市	1420	125	1295	41	83	15	120	55	248	30	200
丽水市	350	45	305	20	27	5	20	20	50	17	100

* 因数据缺失，2003 年、2004 年为实际启动示范村建设数，而非计划完成数，故表中横向相加并不相等。

资料来源：根据《浙江省实施“千村示范万村整治”工程建设美丽乡村资料汇编（2003—2013）》整理

其次，府际通过政策传导形成话语响应。每一个阶段，省政府发布乡村建设工作的指导性、纲领性文件之后，市、县两级政府随即跟进出台相应的实施性政策文件（表 5-4）。下级政府通过政策话语体系的响应，保持了与上级政府高度的一致性，从而确保了治理目标的有效贯彻。在这个过程中，依托行政科层体系的目标执行力起到关键作用。

乡村建设各阶段省、市、县级政策文件及目标任务　　表 5-4

时间	政策文件		目标任务
2003 年乡村基础环境整治阶段	省级	《中共浙江省委办公厅　浙江省人民政府办公厅关于实施“千村示范万村整治”工程的通知》（浙委办〔2003〕26 号）	列入第一批农业和农村现代化的县（市、区）每年对 10% 左右的行政村进行整治，建设 3～5 个示范村；第二、三批的县（市、区）每年要对 2%～5% 的行政村进行整治，同时建设 1～2 个示范村
	市级	《中共宁波市委办公厅、宁波市人民政府关于实施“百村示范、千村整治”工程的通知》（甬党办〔2003〕21 号）	—
	县级	《中共奉化市委　奉化市人民政府关于在全市农村开展“示范整治”工程的实施意见》（市委〔2003〕26 号）	每年争取创建 1～2 个示范村，整治 30 个左右行政村，山区梯度转移人口 3400 人左右；5 年时间，争取 8～10 个行政村建设成全面小康示范村，完成 150 个左右行政村整治，山区梯度转移人口 1.7 万，撤并行政村 150 个以上

续表

时间	政策文件		目标任务
2008年乡村人居环境提升阶段	省级	《中共浙江省委办公厅　浙江省人民政府办公厅关于深入实施“千村示范、万村整治”工程的意见》（浙委办〔2008〕18号）	2012年，全省绝大部分村庄环境得到整治
	市级	《宁波市委办公厅　宁波市人民政府办公厅关于进一步推进“百村示范千村整治”工程的实施意见》（甬党办〔2008〕6号）	至2012年，对规划保留的村庄全面完成整治，在第一轮已建成222个全面小康示范村基础上，再创建130个以上全面小康村
	县级	《中共奉化市委　奉化市人民政府关于进一步推进“示范整治”工程的实施意见》（市委〔2008〕8号）	每年完成5个左右全面小康村和60个以上村庄环境整治建设。2010年完成全市所有行政村的环境整治，2012年基本完成自然村的环境整治，建成50个左右的全面小康（示范）村
2011年美丽乡村建设“十二五”时期	省级	《中共浙江省委办公厅　浙江省人民政府办公厅关于印发〈浙江省美丽乡村建设行动计划（2011—2015年）〉的通知》（浙委办〔2010〕141号）	推进农村生态人居、生态环境、生态经济和生态文化建设，建成一批全国一流的宜居、宜业、宜游美丽乡村。 到2015年，力争全省70%左右县（市、区）达到美丽乡村建设工作要求，60%以上乡镇开展整乡整镇美丽乡村建设
	市级	《中共宁波市委办公厅　宁波市人民政府办公厅关于全面开展幸福美丽新家园建设的意见》（甬党办〔2011〕50号）	围绕“科学规划布局美、村容整洁环境美、创业增收生活美、乡风文明身心美”的目标，建设宜居宜业宜游幸福美丽新家园。 5年时间，创建全面小康村150个，打造中心村150个、特色村150个，形成30条（个）左右精品线（区块），力争70%以上县（市）区达到省级美丽乡村建设要求，60%以上乡镇达到市级幸福美丽新家园建设要求，所有行政村整体环境面貌有新的改善
	县级	《市委办公室　市政府办公室关于印发〈奉化市美丽乡村建设行动计划〉的通知》（市委办〔2012〕12号文）	到2015年，全市创建全面小康村20个，重点培育中心村18个，保护开发特色村10个，形成3～4条（个）精品线（区块），力争60%镇（街道）达到宁波市级幸福美丽新家园建设要求，所有行政村整体环境面貌有新的改善
2016年美丽乡村建设“十三五”时期	省级	《中共浙江省委办公厅　浙江省人民政府办公厅关于印发〈浙江省深化美丽乡村建设行动计划（2016—2020年）〉的通知》（浙委办发〔2016〕21号）	到2020年，全省有1/3以上的县（市、区）培育成为美丽乡村示范县，创建一批美丽乡村示范乡镇、特色精品村
	市级	《宁波市人民政府关于实施“提升城乡品质建设美丽宁波”行动计划的指导意见》（甬政发〔2015〕106号）、《关于开展美丽乡村分类创建工作促进农村品质提升的通知》（甬农办〔2016〕18号）	“十三五”期间，计划创建认定美丽乡村合格村1000个以上，培育美丽乡村示范村150个以上；创建美丽乡村风景线50条、美丽乡村示范乡镇50个，争创省美丽乡村示范县3～4个
	县级	《关于实施“提升城市品质建设醉美奉化”行动计划的指导意见》（奉政发〔2015〕319号）	到“十三五”末，建成5条美丽乡村风景线、5个示范镇街道和5个精品村

此外，为了统筹各部门的项目资源，各级政府都成立了专门的乡村建设协调小组（图5-5）。乡村建设协调小组的设置，本质上是一种临时性的、起横向联系作用的快速决

策机制，其目的在于将分散于体制内的各类涉农资源充分调动和整合，实现乡村治理行政资源的最大化利用。协调小组下设办公室，一般设在各级党委的农业农村工作办公室，承担制定年度工作计划、统筹资金分配和检查考核、整理汇总条线项目等统筹工作。每年度，协调小组将乡村建设行动计划分解到各部门，并敦促各部门把各条线上的工程项目纳入全省（或市）乡村建设的总体目标进行配套实施，保证各部门全力投入。各部门也会根据协调小组的统一部署，开展配套的建设项目落实。

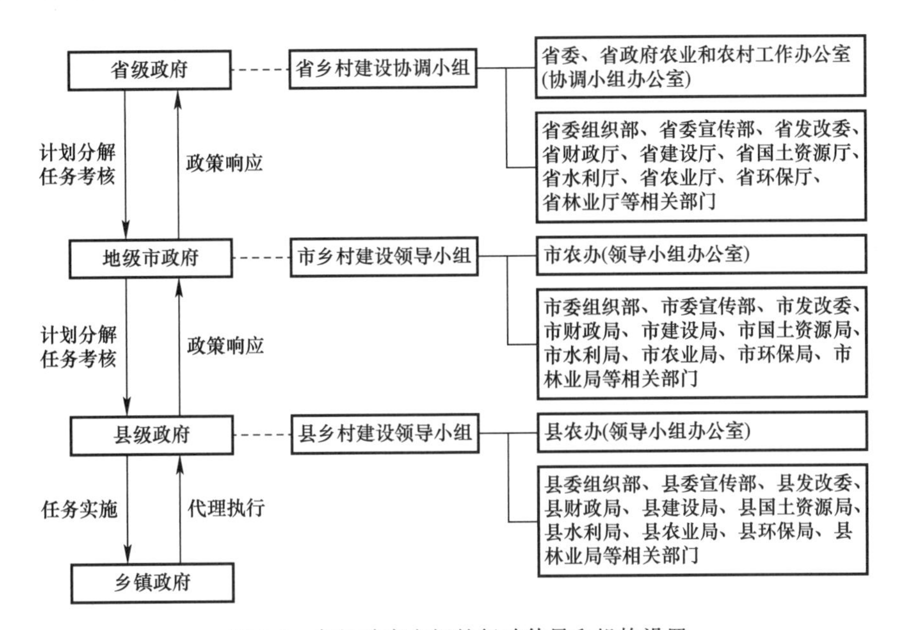

图 5-5　各级政府之间的行政传导和机构设置

5.2.2　奖补激励与体制内动员

政府项目的投放都配套了相应的公共财政资金，成为一种体制内的动员机制，自上而下地调动起各级政府的积极性，也引起一定程度的竞争及上下层的互动。

省级财政对乡村项目的配套支持力度很大。在不同建设阶段，省级财政安排专项资金，对开展环境整治、中心村建设、历史文化村落保护、美丽乡村示范创建等项目的村庄或乡镇给予补助，以公共资金奖补的手段来调动基层政府的积极性（表 5-5）。同时，省级财政资金向下转移支付的过程中，明确要求市、县各级财政进行相应配套。以村庄环境整治为例，2008 年以后，省级财政对每一个待整治村庄的补助资金为 8 万～15.4 万元，同时要求市、县进行资金配套，即各级财政安排到一个待整治村的总补助资金不少于 22 万元①。对于下一层级政府来说，越积极地参与完成乡村建设任务，意味着可以争取到越多

① 《浙江省“乡村示范万村整治”工作以奖代补考核办法》（浙农办〔2008〕30 号）规定补助资金是 22 万元。2011 年，根据《浙江省“千村示范万村整治”工程项目与资金管理办法》（浙财农〔2011〕79 号）要求，待整治村庄的省、市、县各级财政配套资金提高到 24 万元。

的上级财政支持，也意味着为本辖区的发展争取到了更大的主动权。由于省、市、县公共资金逐级配套，各级政府的参与性能够被统合起来。

乡村建设项目的省级财政资金补助与考核奖励政策　　表 5-5

建设阶段	村庄分类	省级财政资金补助	市、县考核奖励
农村环境“示范整治”工程（2003—2007 年）	示范村	3 万元/村	获优胜奖的县：以奖代补资金 30 万元/县。 获合格奖的县：以奖代补资金 15 万元。 获市级优胜奖的所属县（市、区），按奖励系数 1.2 倍标准安排以奖代补资金，即优胜奖的县奖励 36 万元，合格奖的县奖励 18 万元
	整治村	2 万元/村	
农村环境“示范整治”工程（2008—2012 年）	待整治村（含绿化项目）	一类市县：15.4 万元/村 二类市县：12.2 万元/村 三类市县：8 万元/村	对优胜等次的县（市、区），增加省级补助资金 10 万元/县（市、区）
	已整治村的生活污水治理	一类市县：6 万元/村 二类市县：5 万元/村 三类市县：4 万元/村	
中心村培育建设	重点示范中心村	一类市县：60 万元/村 二类市县：40 万元/村	获优秀等次的县（市、区），省里适当增加年度以奖代补资金
	一般村	—	
历史文化村落保护与利用	重点村	一类市县：700 万元/村 二类市县：500 万元/村	优秀、良好、合格的考核等次作为历史文化村落保护一般村以奖代补资金分配的因素。 此外，优秀等次的县（市、区），省里适当增加年度以奖代补资金
	一般村	按照考核优秀、良好、合格，分别以权重系数 1、0.9、0.8 补助	

项目资金的分配上，采用与建设任务考核挂钩的以奖代补、奖惩结合的形式，蕴含了一种竞争机制，来激励各级政府执行目标的积极性。上级政府对下级政府的乡村建设成果实施年度检查和考核，考核结果将成为资金分配的重要因素。只有考核合格的村庄，才拨付全部补助资金；对考核不合格的村庄，不发放资金并要求重新整治。每年年底进行考核，分为逐级检查和直接抽查：省级工作小组考核地市级的乡村建设完成度，地市级工作小组对下辖县（市、区）进行考核；省级工作小组也直接选取一批村庄以抽查的形式来考核县级政府对乡村建设工作的实施程度。考核结果为优胜、合格的县市，省级财政还会额外对县市增加年度以奖代补资金作为奖励，更加激励了基层政府开展乡村建设的积极性。每一层级政府的工作绩效与乡村建设的实施完成度直接挂钩，从而保证了上级政府治理目标在基层政府的执行和落实。

5.2.3　府际行动逻辑与治理关系

在政府自上而下推动乡村建设的过程中，政府治理目标的实现，通过配套有专项财政资金的政府项目加以推进实施，如整治村、示范村、中心村等创建活动本质上都是一种政府项目。在这个过程中，项目运作和资金分配的制度设计，直接影响各层级政府的行动逻辑，也折射出背后的府际治理关系（图5-6）。

首先，省级政府“项目发包”。省级政府决定了不同建设阶段的治理目标，并将其转化为各种类型的创建项目，以行政指令的形式向下级政府发包。嵌套在政府项目中的财政资金成为向下的激励机制，并且通过逐级配套的方式，动员起各层级政府的执行积极性。

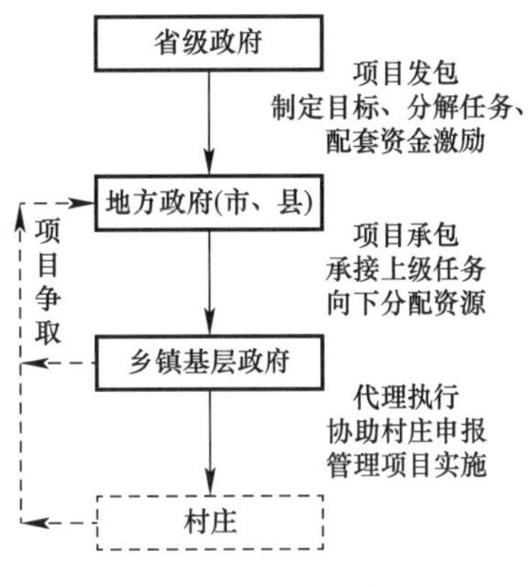

图5-6 府际行动与治理关系

其次，地方政府“项目承包”。一方面，地方政府作为下级政权组织，按照“向上负责制”，执行上级政府下达的建设任务；另一方面，地方政府可以在本级内通过项目的再组织和资源的再配置，实现地方利益最大化。特别是县域单元，是上级项目和资金下达汇总和再分配平台，为项目的再组织搭建了制度空间和社会场域。县级政府拥有本辖区内项目资源的绝对配置权，有权决定哪些村庄能够优先进入各类创建计划，因此它可以将来自上级政府的项目资源和公共资金倾向性地导入本级重点发展区域内，以此实现本级政府的发展意图。此外，地方政府还可以将本级一些发展意图打包成各类项目，从不同条线申请创建计划，反映出地方政府针对项目条线控制的一种应对策略。

最后，乡镇基层政府“代理执行”。一般来说，在项目资金专项化使用管理框架内，乡镇政府并不直接具有资金使用的分配权，而主要充当代理人的角色。但是，村庄创建项目的引入不仅反映基层政府的工作业绩，项目配套的财政资金更是乡镇一级最主要的发展资金来源。因此，一些乡镇政府在代理执行的过程中，往往充分发挥能动性，联合有条件的村庄积极地向上申报创建项目、争取资金。而且，乡镇政府可以进一步将发展意图嵌入具体项目实施方案中，利用村庄创建来实现自身发展，在资金使用等方面也表现出与上级政府的博弈，这在下文的具体案例中将进一步说明。

可以看到，在项目运作和资金分配的制度框架内，一方面是治理目标通过科层体系“自上而下”高效执行的过程；另一方面，它同时又附加了竞争性的机制，使下级政权有可能从中加入更多各自的意图和利益，以获得自主发展的权力和机会。

5.3 基层社会动员和行动响应

除了自上而下的行政推动，浙江省在乡村建设实践中通过一系列制度安排，形成对基层村庄的动员，以及更广泛的社会资本和市场力量的动员。而各类主体在广泛的参与实践中，也以行动回应且不断地演绎出新的治理关系，并影响到政府的制度建设和政策供给。

5.3.1 基层村庄的动员

在乡村建设的不同阶段，尽管政府的建设目标有变化，但在实施操作上基本都采用了村庄创建的形式。村庄创建不仅是政府自上而下贯彻政策意志的实施机制，更是一种带有竞争性和示范性的基层村庄动员机制。

制度设计上，村庄创建采取以奖代补的资金补助方式，实现对村庄内外部资源的充分动员。政府资金对创建村庄的补助，并不是一次性地发放，而是采取“不干不补、先干后奖”的形式（表 5-6）。对进入创建计划的村庄，除前期预拨小部分的启动资金外，大部分补助资金会在村庄项目建设完成并通过考核合格后拨付。大多数创建活动中，政府在投入公共资金的同时，要求村庄或者乡镇自筹一定比例的社会资金进行配套。其目的是希望以自上而下的公共财政投入来撬动社会资金全面参与乡村建设，更大程度地激励村庄自下而上开展建设的积极性。例如，宁波市奉化区在创建中心村时，政府对每一个创建村庄提供 200 万元的财政补助资金，但是要求村庄建设的总投入需达到 300 万元以上方可获得补助，这意味着村庄需要自筹不少于 100 万元的建设资金。此外，建设积极性高、项目建设力度大的村庄，可以获得额外的政府资金奖励；而建设考核不合格的村庄，将被要求整改，若整改仍不合格则不能获得补助资金。赏罚并存的补助方式，能够进一步激发优胜村的建设信心和动力。

宁波市奉化区的村庄创建计划（2003—2019 年） **表 5-6**

<table>
<tr><th>阶段</th><th>创建村庄类型</th><th>市县创建目标</th><th>考核要求</th><th>资金补助</th></tr>
<tr><td rowspan="2">乡村环境整治建设阶段（2003—2012 年）</td><td>一般整治村</td><td>2003—2008 年：每年整治 30 个
2008—2012 年：每年整治 60 个</td><td>村庄创建期 1 年，当年考核验收，分优胜、合格两类</td><td>验收合格，获 3 万～5 万元/村资金补助</td></tr>
<tr><td>全面小康示范村</td><td>2003—2008 年：每年创建 2～3 个
2008—2010 年：每年创建 5 个</td><td>村庄创建期 1 年，当年考核验收，分省级示范和市级示范</td><td>市县两级资金补助 52 万元/村，立项预拨 10 万元启动资金，验收合格，拨付剩余资金</td></tr>
<tr><td rowspan="4">美丽乡村建设“十二五”期间（2012—2015 年）</td><td>全面小康示范村</td><td>2012—2015 年：创建 20 个</td><td>村庄创建期 1 年，当年考核验收</td><td>市县两级资金补助 52 万元/村</td></tr>
<tr><td>中心村</td><td>2012—2015 年：创建 18 个</td><td>村庄创建期 2 年，完成考核验收</td><td>最高补助 200 万元/村（市县两级）</td></tr>
<tr><td>特色村</td><td>2012—2015 年：创建 10 个</td><td>村庄创建期 2 年，完成考核验收</td><td>最高补助 160 万元/村（市县两级）</td></tr>
<tr><td>精品线</td><td>2012—2015 年：创建 3～4 条（块）</td><td>创建期 2 年，完成考核验收</td><td>每条精品线获 240 万元补助</td></tr>
<tr><td rowspan="3">美丽乡村建设“十三五”期间（2016—2020 年）</td><td>示范村</td><td>—</td><td rowspan="3">创建周期 2 年。第一年年底，工程项目完成 50%以上拨付总补助额的 40%；第二年年底，工程项目完成 100%拨付总补助额的 40%。验收合格后，拨付剩余资金</td><td>每村最高补助 360 万元</td></tr>
<tr><td>示范镇</td><td>—</td><td>每村最高补助 400 万元</td></tr>
<tr><td>风景线</td><td>—</td><td>每条风景线最高补助 2000 万元</td></tr>
</table>

在这种制度设计下，村庄创建演变成一种带有很强的选拔竞争性的政府项目，由此也引起基层主体的行动转变：基层村庄由被动地接受上级政府的建设安排，转变为更加主动地投入建设。特别是一些重点创建活动，能够列入年度创建计划的村庄名额较少，创建成功后村庄可以

获得的补助资金数额相当可观，这使得各乡镇和有条件的村庄在创建申报中竞争十分激烈。有实力的村庄会先行投入资金和项目建设，向上级政府展现创建行动的决心；有能力的、社会关系资源丰富的村干部甚至会绕过乡镇，通过县、市领导等“上层路线”积极争取。

建设投入大、创建成效显著的村庄，往往成为政府的样板工程，也会对周边村庄产生积极的示范榜样作用。“老百姓会（对村干部）要求，隔壁村搞好了，我们村怎么没有搞好？”[①] 地方政府也更愿意将资源投入那些有条件产生建设成效的村庄进行创建试点，以此调动更多村庄和社会资源参与建设的积极性。为此，政府在选择创建村庄时，将村级组织的行动力和实施能力作为重要的考核条件，往往“选择那些村级组织战斗力强、村民参与建设积极性高、村级集体经济有一定保障的村庄”[②]。这本身也是一种对村庄内部治理秩序和基层治理能力的要求。

5.3.2 市场和社会资源的动员

除了对村庄的激励动员外，地方政府往往十分重视利用乡村社会内部的关系网络和社会资本，帮助建立和扩大村庄与外部资源的联系，以动员更广泛的社会力量参与乡村建设。浙江的农村工作指导员、农村“经济顾问”等制度，体现出地方政府动员社会力量参与实践的制度创新。

浙江省农村工作指导员制度建立于 2004 年[③]，主要是从各级党政机关选派干部担任驻村农村工作指导员，特别是到一些发展薄弱村、环境整治重点村等，帮助解决农村实际困难。农村工作指导员一般不在村庄担任实职，但参与村“两委”会议，特别是村庄建设的重大事项讨论和决策，他们接受单位考核，也有相应的组织保障。笔者在实际调研中了解到，不少机关单位派驻下去的农村指导员大多是即将退居二线的领导干部，他们工作经验丰富，拥有强大的社会关系网络，在帮助村庄向政府部门争取项目和资金扶持，加强部门协调、为村庄引入企业或者资本等方面提供了很大的支持和帮助，成为村庄与政府部门、社会力量或者资本连接的重要桥梁和纽带。

> 农村工作指导员毛某，曾担任宁波市奉化区财税局、稽查局等部门领导，2013 年起派驻大堰镇西畈村担任农村工作指导员。工作期间，在他的引介和帮助下，西畈村争取到来自财政、水利、交通等各部门的建设项目资金 200 余万元，用于改造村庄自来水管网、拆除危旧房屋、开展美丽乡村特色村的基础设施配套建设等。他还积极利用自身的社会关系网络，为村庄引介旅游开发，为村内农家乐带入游客资源，帮助村民创收，等等。
>
> ——根据奉化区优秀农村工作指导员毛某先进事迹材料整理

农村“经济顾问”制度的实施，主要目的是动员体制外的企业和个人投入参与乡村建

① 来源：奉化区某村村干部访谈记录。

② 来源：奉化区委农办干部访谈记录。

③ 见《中共浙江省委、浙江省人民政府关于统筹城乡发展促进农民增收的若干意见》（浙委〔2004〕1 号）、《中共浙江省委办公厅　浙江省人民政府办公厅〈关于建立农村工作指导员制度的通知〉》（浙委办发〔2004〕10 号）。

设。浙江省的民间资本丰富，民营企业家大多也具有乡土情结。地方基层政府组织和引导热心乡村建设的民营企业家与行政村结对，担任村庄“经济顾问”，希望借助企业家的力量，帮助村庄开展产业扶贫、为村庄产业发展提供信息、项目、技术、资金等多方面的支持。这些企业家出于乡土情结或是责任荣誉感，多少都会为村庄公益性的建设项目出钱出力；在条件和契机更为成熟的情况下，一些企业也帮助村庄引入产业项目，帮助发展村庄经济和农民增收。这种制度化的安排，为村庄建设引入社会资本起到了一定的积极作用。

2005 年奉化区尚田镇聘请了 20 位本土民营企业家担任发展薄弱村的“经济顾问”。据不完全统计，这些“经济顾问”私人出资 100 多万元用于各村村容村貌改善和基础设施建设，如岭头村“经济顾问”孔某出资 20 余万元帮助浇筑水泥路、建公共厕所，鸣雁村“经济顾问”田某为村里造路、修桥、建老年活动场、修村办公大楼出资数十万元，下王村“经济顾问”王某为进村公路修建帮助筹资 10 余万元，等等。还有一些“经济顾问”帮助村干部赴先进村参观取经、拓宽发展思路，提议村里利用闲置土地和厂房招商引资，也有企业家自己或联系企业到村里开办工厂等。

——中共奉化市委办公室《全市农村工作会议材料汇编》，2006 年

无论是农村工作指导员制度，还是农村“经济顾问”制度，政府此类制度安排的目的在于充分利用潜在于乡村社会中的关系网络，帮助村庄引入更多的发展要素，包括资本、人才、政策等，同时也将更多的体制外的资源和要素动员到乡村建设当中。

5.3.3 基层行动响应与治理创举

政府对基层社会的动员机制和一系列政策鼓励，在浙江形成了社会力量广泛参与乡村建设的良好氛围，并且涌现出各种新型组织参与治理的实践创举。一些良好的实践行动，又进一步被政策吸收，形成促进乡村建设的新的治理机制。以下列举其中一些创新型的治理实践与创举。

首先，“能人型”村干部与组织机制保障。村干部是村庄的当家人，村庄创建的过程中涌现出一批“能人型”的村干部，他们不仅社会关系网络发达，能够为村庄引入丰富的项目资源，改善村庄环境和建设面貌，而且在村内享有较高的村庄权威，能够促进村庄形成积极的集体行动能力，有效地化解建设过程中的利益冲突和矛盾，维持村庄的稳定秩序。这样的村庄治理状态，非常有利于村庄建设的开展，也往往成为乡村建设的地方样板和典型。政府也充分认识到“能人型”的村干部和良好的村庄治理秩序对于一个村庄发展建设的关键作用。因此，为了动员鼓励更多的乡村精英、能人成为村庄带头人和当家人，地方政府通过一些组织制度安排，对“能人型”村干部给予荣誉奖励和组织资源的保障。例如，宁波市奉化区曾经出台过相关规定，担任村（社）党组织书记一定年限以上且成绩突出者，可获得乡镇事业人员编制并享受相应工资待遇[①]。2018 年，奉化区组织开展了首

① 调研时，访谈人及街道、乡镇干部表示这条规定已取消。

届行政村（社区）党组织书记“金雁奖”“银雁奖”评选，在全区 376 个行政村（社区）中表彰了 13 位村党组织书记，对他们在带领村庄开展建设、发展村集体经济、带动村民增收致富等方面的工作给予肯定。而对于一些经济薄弱村、问题复杂村，如果村庄内部暂时没有合适的当家人，基层政府会选派乡镇干部担任“村第一书记”，利用行政资源解决村庄困难，重点帮助村庄选贤任能、强化组织建设。

其次，新乡贤组织与基层治理创新。浙江省德清县一些村庄在推进新农村建设过程中，首先探索实践了“乡贤参事会”制度，由村民共同推举的乡贤代表，共同参与村庄建设和发展等重大事项的出谋划策、利益协调、监督村务、推进发展等工作。这些乡贤有德高望重的本土精英、事业有成的外出精英、投资创业的外来精英。他们在村内具有一定威信，而且大多具有较强的社会资源和网络，帮助协调村内矛盾，也有效地连接起村外资源，在乡村建设中扮演了积极的角色。这一乡贤参事组织形式立刻得到政府层面的高度重视，被认为是对创新基层乡村治理机制、激活农村社会资源的有益探索，在省内进行了广泛宣传和推广。2015 年年底，全省各地成立了乡贤参事会 1690 个，共有会员 24132 人，其中机关企事业单位退休人员 2837 人，企业经商人员 8322 人，村干部 3523 人，其他人员 9450 人（郎友兴 等，2017）。

最后，农创客创业创新，助力乡村建设发展。浙江乡村建设开展后农村环境变化很大，开始吸引一批有知识、有技术的年轻人返乡，经营与农业农村经济相关的创业活动，他们被称为“农创客”[①]。农创客大多年轻活跃、拥有丰富的市场网络和资源，他们将网络、金融、创意经济等与传统农村产业相结合，创造出一批新的乡村经济业态，带动了地方乡村发展。政府抓住这一势头，积极开展政策引导、搭建平台、培育典型、加大宣传，组织和引导更多的青年下乡开展创业创新活动。2018 年《浙江省农业厅关于加快农创客培育发展的意见》（浙农专发〔2018〕101 号）出台，在政府为农创客提供相关培训、财政金融支持、资源要素支持以及社会化服务等方面给予制度性保障。浙江省农业厅还组织农创客、农技专家、涉农高校、创投机构等主体，成立浙江省农创客发展联合会、打造统一资源平台。各级地方政府积极筹建带有资源、平台、场地和伙伴的全要素服务的农业众创空间，吸引农创客入驻。

> 2017 年 11 月，宁波市奉化区尚田镇镇政府建立了服务返乡创业青年的综合性平台——“尚田＋青农创客空间”，聘请了专门人员负责运营，集结起一批在本乡镇开展农业创业活动的青年创业者。据镇政府收录的镇人才库，本镇有返乡青年 100 余人，分散在各个村庄，开设农村淘宝服务点、经营农家乐、搞种植养殖、个体经营等。“青农创客空间”成为这些青年创业者的信息沟通和互助支持平台。“青农创客空间”的运营者赵某也是一名农创客，她将创客空间作为一个创业项目，一方面运用创意设计包装加工农产品并拓展销售渠道，使农产品附加值提升；另一方面将分散于各村的创业资源和经营项目串联起来，策划乡村旅游项目，为尚田镇引入市场客源，助力全镇乡村旅游发展。
>
> ——奉化区农创客访谈

① “农创客”的概念在浙江兴起，始于 2015 年前后。

5.4 政策供给背后的治理绩效问题

5.4.1 政府组织的高效实施和完成度

乡村发展的一个突出问题是由于长期公共供给失衡导致的物质空间衰退。在当前乡村组织资源匮乏的情况下，村社集体几乎没有能力组织提供公共品供给，在这种情况下，政府的作用就非常重要。

浙江乡村建设的实践正是以政府对乡村环境的空间治理为起始点的，政府的治理目标非常明确，通过行政力量的推动，加上对基层村庄和社会资源的广泛动员，确保了自上而下的高效执行。这种带有一定运动式的治理机制，短期内治理成效非常显著。始于2003年的农村环境整治项目，到2012年年底全省就完成了2.6万个村的环境综合整治，全省村庄整治率达到89％，农村生活垃圾集中收集处理行政村覆盖率达到93％，生活污水治理行政村覆盖率达到62.5％[①]；到2018年，全省所有村庄均完成人居环境整治任务，村庄的基础设施、生产条件、村容村貌等明显改善，全省所有村庄实现了垃圾集中收集和无害化处理、农村污水集中处理、农房和庭院全面整治，并建成了一大批美丽乡村精品村和美丽乡村风景线（顾益康 等，2018）。

对于浙江省的多数乡村而言，人居环境得到有效改善，弥补了长期以来乡村公共供给的历史欠账。但是从长期绩效层面，政府单一主导的治理机制，也暴露出一些问题和挑战。

5.4.2 行政推动的部门分割与政策碎片化

现阶段乡村建设的高效实施很大程度依赖于政府行政推动，而行政执行体系一个很重要的特征是部门分割和条线管理，科层执行体系的治理逻辑往往与乡村社会事务的综合性产生矛盾，进一步影响到政策供给的有效性与乡村发展的持续性。

村庄建设项目来自不同的部门，村庄要开展建设，需要从不同条线申请项目资源。例如农田水利建设、村庄道路建设、旧房改造、污水收集处理等项目分别归属水利、交通、住房建设、土地、环保等不同部门管理。在科层管理体系下，每一个部门针对自己的项目资源都有一套管理程序，实行自上而下垂直式的项目监督和实施管理，特别在项目资金使用上执行严格的“专款专用”。从村庄角度看，这使得来自不同条线的各类项目资源在村庄内部必须严格按要求使用，否则村干部会承担相当大的责任风险。由于分属农田水利和交通两个部门实施，一些地区甚至出现田间道路与村庄生活性道路无法接头以至于无法使用的荒谬现象。在部门分割和程序理性的共同作用下，乡村代理激励不足，难以解决政

① 来源：浙江省农业和农村工作办公室，《浙江省实施“千村示范万村整治”工程建设美丽乡村资料汇编（2003—2013）》，2013。

府供给的“最后一公里”问题。从政府角度看，由于没有综合统筹的机制，不同部门的项目资源和资金，往往分散地投放到不同的村庄，造成项目资源的碎片化，也不能有的放矢地对整个地区产生整体改善的效果。

因此，政府自上而下的行政推动中，存在的部门分割与政策碎片化现象，会导致自下而上“基层动员”的困惑与迟缓，也会进一步影响政策供给的有效性与乡村发展的持续性。

5.4.3 乡村公共品供给的可持续性问题

自2003年起，浙江省各级政府在乡村建设中投入了大量的公共财政和项目资源，使全省农村人居环境和基础设施水平在短期内获得了巨大的改善和提升。据统计，截至2015年，浙江投入村庄整治和美丽乡村建设的资金已经超过1200亿元，其中各级财政投入资金526亿元，各类社会资本投入770亿元。本质上，它是政府在短期内以一种非常规式的公共财政投入对乡村进行的公共品供给，以解决乡村公共品供给不足的历史欠账问题，短期成效十分显著。

但是，当政府的一次性投入完成之后，乡村建设的长期管理、运营、维护问题也随之浮现。经过现代化的环境改造，村庄基础设施提升的同时，社区公共设施的维护和运营成本也随之上升。以一个行政村为例，经过基础设施改造、公共环境整治美化后，每年仅环卫保洁、水电修理、小工程修补等费用就需要10万～20万元，一些规模大、改造建设力度大的村庄，村庄基础公共设施（电费、路灯、绿化、办公、环卫等）的管理维护成本更是高达40万～50万元不等。然而，当前浙江大部分村庄的集体经济收入来源十分欠缺。以奉化区为例，2016年全区357个行政村，68.3%的村集体经济收入在20万元以下，其中51.3%的村不足10万元。当前大多数村庄日常公共开支的维持主要来自政府补贴，村庄公共建设主要依赖一轮又一轮的政府项目资金的投入。一旦政府补助或项目“断供”，村庄公共建设难以为继，一些村庄甚至没有能力对已建成的公共设施进行维护和长久运营。

> “村庄建设后，村公共开支明显增加了。村庄环境搞好了，要雇人定期打扫道路、厕所、公园，修剪绿化树木，每年需要环保卫生费；村庄环境整治后，村庄亮化了，电费也上升了；还有一些小工程项目，修修补补，都需要增加村庄开支。如果村里没钱，这些就运转不了。”
>
> ——奉化区某村村干部访谈记录

谁来为乡村公共品的长期供给买单？当前政府主导开展的各类乡村建设项目，可以认为是一种对乡村公共品的运动式投放，项目类型和供给方式都不稳定，并没有解决乡村公共品供给和管理的常态机制问题。随着农业税费的全面取消，原先村级用于维持村庄公共品供给的基本收费项目也取消了。尽管国家加大了对农村地区的反哺性投入，但基本是“以县为主”的事权和财政支配，乡镇财政空壳化，村社一级更是没有建立起集体公益事业的筹资机制。当前一轮又一轮的项目输入式的乡村建设，对于政府来说，行政成本高昂。尽管政府已经注意到这一现实，开始提出对村庄集体经济能力的培育、关注村庄建设的长效管理问题等，如奉化市委、市政府在2012年出台了《中共奉化市委　奉化市人民政府关于进一步加快发展村级集体经济的若干意见》（市委〔2012〕9号），2016年出台了《奉化市关于全面建立农村环境卫生长效管理机制实施方案》（市委办〔2016〕48号），但仍然未建立起适应当前乡村治理特征的公共品供给的可持续机制，这也是政府推进乡村建设中面临的重要挑战。

5.4.4　政府供给的有效性问题

在当前乡村建设的政策机制中，政府处于主导性地位。无论是建设项目的选择、资金使用还是施工建设，大多数村庄都处于被动接受和配合的角色，村庄的话语权和自主性较弱。

宏观上，政府主导着村庄建设的目标和项目内容。无论是村庄环境整治，还是美丽乡村示范、中心村培育、风景线建设等，都出自上级政府的决策。各类政府项目的发包，本质上也是政府政策意图向下逐级落实的过程。尽管项目建设的实施主体在村庄，但在整个实施中，缺乏村庄自下而上地表达公共品需求偏好的机制和途径。

微观上，当前乡村建设普遍采用项目专项化管理的模式。项目由发包方统一设计、运作和管理，资金随着项目走。落实到村庄的项目，或者已经由主管部门统一招标，由施工单位统一施工，或者从材料、机械到施工均由政府或招标单位提供，村庄除去要补足资金缺口、进行一定施工监督外，对于项目的内容和执行并没有更大的决定权。这种强调程序理性的项目管理模式，有利于政府自上而下的管控，但进一步抑制和削弱了村庄的自主性。

政府的强势主导和村庄主体性的弱化，直接产生乡村公共品供给的有效性问题，即政府供给决策与村庄实际需求之间是否匹配。实践中经常出现的情况是项目的导入与村庄真实的公共服务需求发生错位：入村项目虽为公益性的，却未必是村庄最需要花钱的公益事项。因此，当前的乡村建设机制下政府提供的空间改善类公共品，到底多大程度上符合村庄的真实需求，是值得探讨的。

5.5　本章小结

本章回顾了近十余年来浙江省各级政府为推动乡村建设所做的努力，重点研究政府政策层面的制度设计及其背后的治理机制。

总体来看，当前乡村建设是由政府组织并推进实施，政府发挥了主导性作用。乡村建设的政策体现了政府的治理目标和实施机制。政府的政策导向经历了从单一的环境治理转向综合性乡村建设、从村庄“点状”治理拓展到区域空间治理、从“村庄建设”向重视

“村庄经营”转变。它反映出乡村建设内容的丰富性，以及乡村建设作为一种治理过程的内涵特征。

制度设计上，政府采用了“行政推动＋基层动员”的实施机制（图 5-7）。一方面，依托行政科层体系，将治理目标嵌套在政府项目中，自上而下地传导执行，通过财政资金奖补、协调机构设置等制度安排，实现体制内各层级政府的动员和部门整合；另一方面，政府通过带有一定竞争性和示范性的村庄创建项目，有效地调动起村庄自下而上参与建设的积极性，并通过一系列鼓励政策进行更广泛的社会资源和乡村人才的动员。

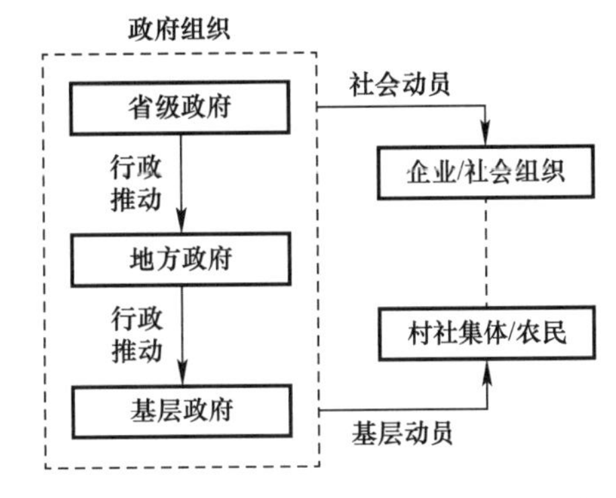

图 5-7 政府主导乡村建设的基本治理结构

制度供给对主体行动产生深刻影响，主体行动策略反之也建构新的治理关系。一方面，乡村建设项目运作和资金分配的制度设计，促使省级、地方及乡镇政府之间产生“项目发包—项目承包—代理执行”的行动关系，它既体现了自上而下的执行过程，也蕴含了下级政权争取自主发展的反控制策略；另一方面，对基层社会动员的政策鼓励，刺激了社会力量广泛参与乡村建设的活跃实践，涌现出各类新型组织参与治理的实践创举，进而促使形成新的乡村建设的治理机制。

政府的强大组织和高效执行能力，保证了以农村人居环境改善为主的治理目标在短期内快速达成，弥补了乡村公共品供给的历史欠账。但是，政府的单一主导，也逐渐暴露出治理层面的一些问题。当前的政府项目是以特定目标为导向的一次性供给和投入，并没有解决乡村公共品供给的常态机制问题。同时，政府的强势主导，带来村庄主体性弱化，进而影响到项目供给的有效性。随着乡村建设动员的深入，乡村建设的利益结构复杂化，政府的角色和作用面临新的挑战。

第 6 章　乡村建设的基层治理运作：四个村庄建设案例[①]

在政策的积极鼓励和政府项目的带动下，村集体、企业资本、社会团体、个人等都纷纷投入到乡村建设的大潮中。上一章的研究显示，政府的制度框架和政策供给条件，决定了乡村建设宏观层面的治理结构关系。而一旦深入到微观层面，村庄建设的基础条件不同，不同主体的参与程度、行动逻辑等各有不同，村庄实践中的治理运作表现出更加复杂和多元的特征。参与主体行动组织机制和利益格局，深刻地影响着村庄建设的结果和治理效应。

本章选取浙江省宁波市奉化区 4 个有代表性的乡村建设案例[②]，详细考察各类建设主体参与村庄建设的行动，以及基于主体间行动关系所产生的不同的治理运作特征，显示主体行动对治理结构的重塑和演绎过程。

6.1　宁波市奉化区基本情况

宁波市奉化区位于浙江省东部沿海。2017 年以前是宁波下辖的县级市，2017 年撤市设区。2017 年年底，全区辖 6 个街道、6 个镇，共 353 个行政村，常住人口 51.5 万，农村常住人口 19.8 万人。奉化境内山水田地海俱全，中北部属宁奉平原，是主要的农业耕作区，西南部是山区，东南部是沿海区，乡村类型和特色十分丰富。

2003—2011 年，为落实全省“千万工程”的要求，宁波市奉化区先后在全区层面开展了两轮农村环境“示范整治”工程建设（图 6-1）。实施操作上，主要通过分级、分类、分批次的村庄创建来完成。政府每年选取 30 个[③]左右的村庄列入整治村、2～3 个先进典型创建示范村，给予相应的财政补助资金，实施以村庄公共环境整治为主要内容的项目建设，包括“三拆三整治”、“六化”工程、“六个一”工程[④]等。其中，整治村以实施“三拆三整治”项目为主，给予每个村 3 万～5 万元的财政补助资金，达到基本环境整治要求即

---

① 本章部分内容发表于《城市规划学刊》2019 年第 6 期和 2021 年第 1 期：
孙莹，张尚武．作为治理过程的乡村建设：政策供给与村庄响应［J］．城市规划学刊，2019（6）：114-119.
孙莹，张尚武．乡村建设的治理机制及其建设效应研究——基于浙江奉化四个乡村建设案例的比较［J］．城市规划学刊，2021（1）：44-51.

② 本研究案例调研和资料搜集的时间截至 2019 年 9 月。

③ 2008 年以后，整治村的目标数变为 60 个/年，示范村的创建数变为 5 个/年。

④ “六个一”工程：指绿化一条进村公路、整治一条村中河道、建造一座休闲公园、建设一批文化体育设施、改建一幢村级组织办公楼、制定一套长效保洁制度。

可；示范村，开展“六化工程”“六个一”等更高目标的公共环境建设项目，同时要求村庄在经济发展、精神文明、民主政治建设等方面皆要有先进表现，创建考核合格的示范村将获得市、区两级约50万元的财政资金补助。2003—2010年，全区基本实现了整治项目行政村全覆盖，累计创建的示范村占全部行政村的20%左右。

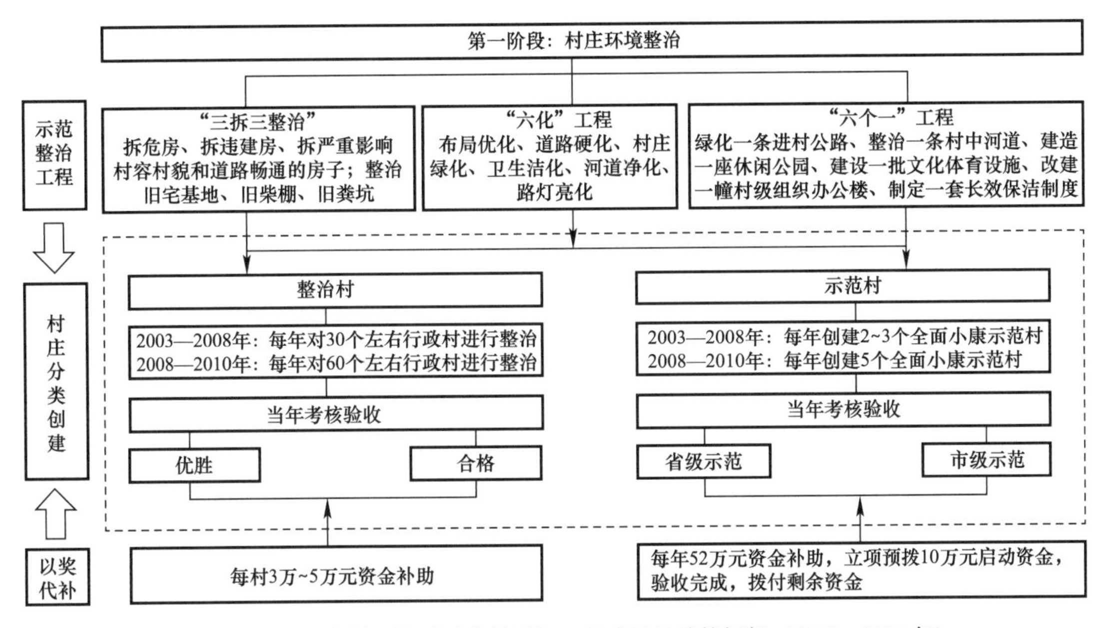

图6-1 奉化区农村环境“示范整治”工程建设的政策框架（2003—2011年）

2012年开始，奉化区政府在上一个阶段农村环境整治的基础上启动美丽乡村建设。具体操作仍然是通过不同类型的村庄创建来实施（图6-2）。“十二五”期间，开展了以全面小康示范村、中心村、特色村、美丽乡村精品线项目为重点的“三村一线”的创建工作。“十三五”期间，则开展了以美丽乡村示范村、示范镇、风景线为主要内容的示范创建工作。与上一阶段农村环境“示范整治”工程相比，美丽乡村建设阶段，政府的项目供给包含了更多的村庄基础设施、公共设施类的建设项目，以及传统村落保护、“一村一品”特色产业发展等类型的项目。公共财政的投入力度也更大，根据不同类型，一个村可获得100万～300万元不等的财政资金支持，区域性的风景线创建项目资金甚至可达到上千万元。

政府项目的持续投放，推动了整个乡村建设活动的实施，使农村基础设施和公共服务水平得到极大改善。政府项目的资金主要来自宁波市、奉化区两级财政。以2015年数据为例，公益性基础设施建设投入超过20万元的村庄有201个，超过120万元的村庄有40个；支付公共服务费用超过30万元的村145个，超过60万元的村74个（图6-3、图6-4）。政府项目的投放同时也带来市场主体的跟进。奉化本地的返乡创业者、投资农业农村项目的企业和个人越来越多。相对发达的城市经济、丰富的市场资源以及城乡之间密切的交流和互动，为乡村建设的活跃提供了有利的条件。

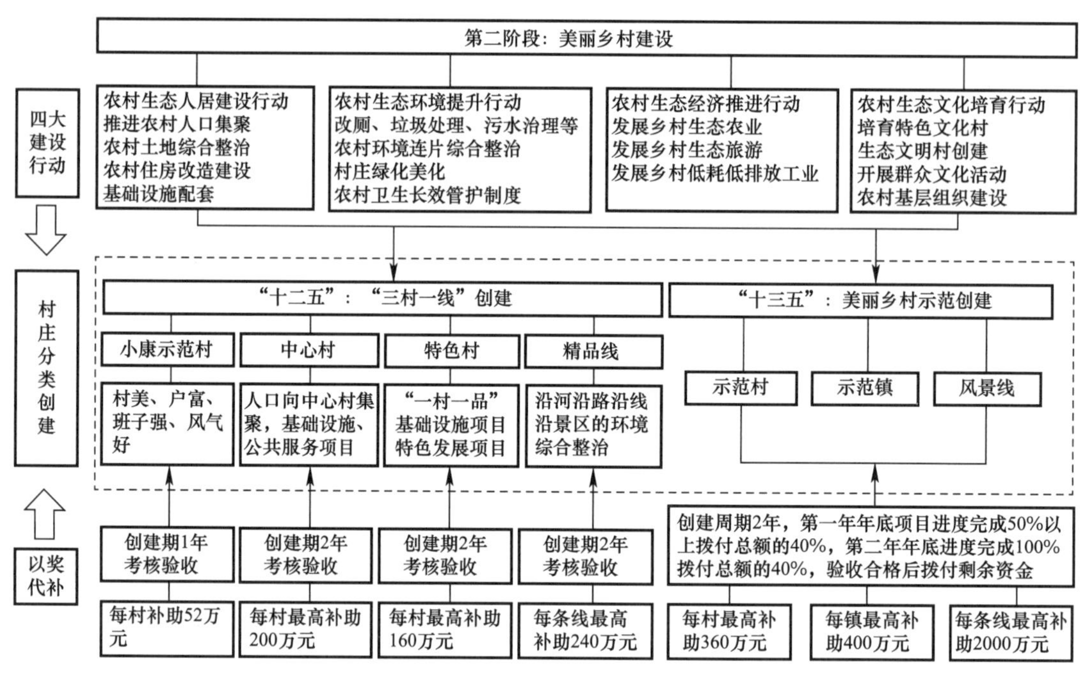

图 6-2　奉化区美丽乡村建设的政策框架（2012—2018 年）

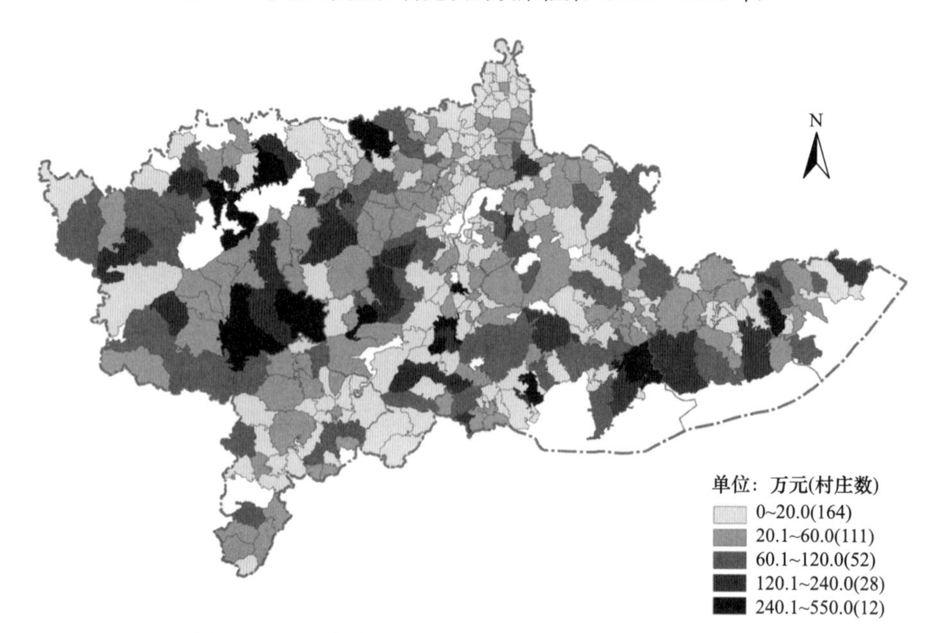

图 6-3　2015 年奉化区各村庄公益性基础设施建设投入

资料来源：《宁波市奉化区城乡统筹规划研究》，厦门大学项目组

不同村庄的基础条件、资源获取能力、开展建设的行动路径等不尽相同，因此即使在同样的政策环境下，建设结果也千差万别。本研究的目标之一是考察乡村建设的治理结构特征，即建设的参与主体及其彼此的行动关系。当前，村庄建设活动的参与主体主要包括政府、村社集体、企业或个人投资者、社会组织或团体等。在不同的村庄条件和环境下，不同主体的地位和作用也不尽相同。因此，本书从参与主体的角度出发，选取了 4 个有代

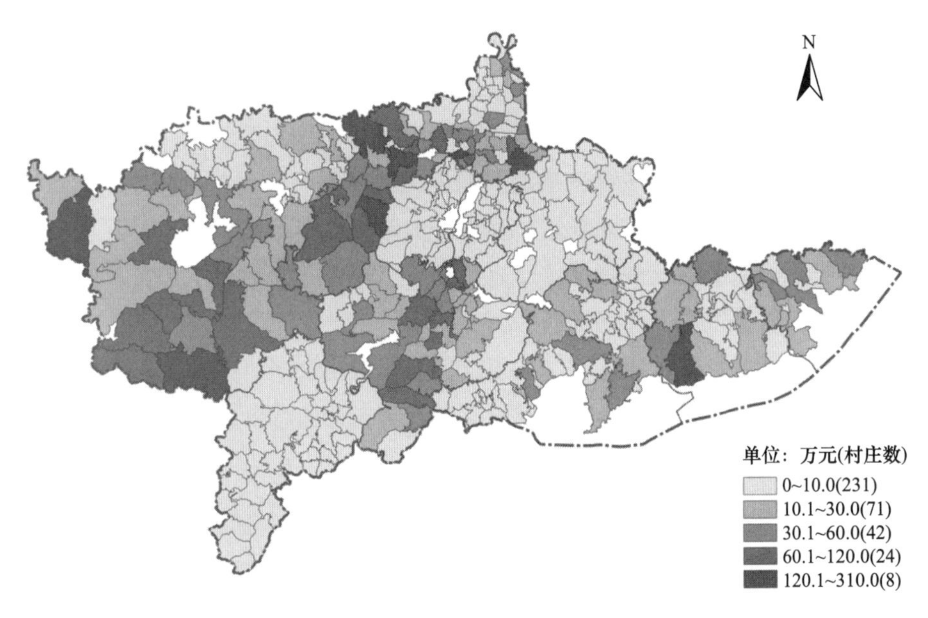

图 6-4　2015 年奉化区各村庄支付的公共服务费用

资料来源：《宁波市奉化区城乡统筹规划研究》，厦门大学项目组

表性的建设案例进行深入剖析[①]。根据建设行动的发起者或主导者不同，将研究案例区分为基层政府推动型建设、村庄主动型建设、企业投资型建设和外来精英介入型建设。

6.2　基层政府推动型建设案例

6.2.1　建设概况

堰镇位于宁波市奉化区西南端的偏远山区，是奉化唯一的全山区镇。全镇辖 40 个行政村，2018 年在册人口 2.46 万人。由于交通不便、人口较少，加之全镇位于宁波市二级水源保护区范围，环保要求高，工农业发展都受到很大限制，属于宁波市内 16 个经济欠发达乡镇之一。特殊区位和环境要求，生态经济成为唯一出路。

2000 年年初，堰镇政府确立"全域生态旅游"的发展思路，推进省级生态旅游示范区建设。2003 年开始，全省推进农村环境整治和美丽乡村建设，为堰镇提供了更大的发展契机。堰镇以"中国最美乡愁小镇和长三角乡村旅游目的地"的目标，围绕乡村旅游开展乡村建设活动。

（1）乡村基础环境建设。借助省、市公共财政支持，通过一系列农村环境整治提升、美丽乡村建设、小城镇综合环境整治等政府项目的开展，镇域内乡村基础设施和公共环境建设得到普遍改善和提升，为发展乡村旅游奠定了整体的基础环境。此外，乡镇重点扶持了有特色资源和潜力条件的村庄，强化"一村一品"，打造了一批特色乡村品牌，例如

① 按照社会科学调查研究的惯例，本书中对案例乡镇和村庄取了学名。

“山居梯田村”“红色党建3D村”“茶文化村”“缸瓦艺术村”等，通过“村庄景区化”建设，一个个村庄成为吸引游客的目的地和活动点，再通过一些风景线的串联，实现“全域景区化”。2017年，堰镇成功创建了“宁波首批乡村全域旅游示范区”。

（2）乡村旅游项目建设。堰镇积极地开展招商引资，引入与乡村旅游相关的投资项目，包括生态观光农业、户外拓展基地、攀岩、山地自行车等体旅项目、民宿项目等。堰镇十分重视乡村民宿经济的发展，从2014年开始，积极鼓励外来客商或本地居民对农村空置房屋进行改造，打造成文化创意特色民宿，并且组织民宿商户成立“旅宿联盟”，加强对堰镇民宿的市场推广和运营管理。民宿改造与村庄建设同步，独特的乡村民宿体验与乡村旅游活动互相嵌套，成为堰镇乡村旅游发展的一大特色。吸引市场主体参与乡村旅游项目的投资，不仅弥补了乡村建设的资金短缺，也极大地丰富了乡村旅游活动的内容。这使得乡村建设不只是停留在物质空间层面，更进一步延伸到项目运营领域。

6.2.2 乡镇政府：嵌入地方发展意图的积极运作

从本书5.2节的分析中看到，省、市政府通过自上而下的“项目发包”主导着乡村建设的决策和实施。在这个过程中，乡镇政府一般是上传下达的中转站：执行上级政府的指示、协助村庄申报和监督实施管理。由于镇级财政的空壳化，以及项目资金专项管理的严格规定和要求，一般来说乡镇政府的决策权和操作权较为有限。但是，在堰镇的案例中，基层政府展示了更加积极的发展主动性，通过项目再组织，将基层政府的发展意图嵌入自上而下的执行实施中，主导了本地乡村建设的发展方向和项目内容。乡镇政府的主动性表现在发展决策、资源分配和组织经营3个方面。

首先是发展决策。堰镇政府根据本地条件确立了“生态经济、全域旅游”的发展思路，并将其贯彻到乡村建设实施的全过程，体现出基层政府主动的发展意志。2004年镇政府组织编制《堰镇生态旅游发展总体规划》、2005年以某重点村庄为基地组织编制《古村山水旅游开发详细规划》、2006年开始举办乡土美食节并加大乡镇旅游品牌推广、2007年成立了镇旅游领导小组等，这一系列行动都显示出镇政府进行全域旅游开发的发展决心。根据乡镇的总体策划思路，很多村庄环境整治项目，特别是镇政府确定的核心发展区域内的村庄建设项目，都是以旅游配套建设为主要内容。例如，在重点村庄打造特色景观小品、建设停车场地、标识牌、公共厕所等旅游服务设施、增加乡村旅游集散设施等。以2018年浙江省开展的小城镇综合整治行动为例，省、市下拨专项资金用于乡镇环境卫生、城镇秩序、乡容镇貌等环境类项目，在堰镇的具体实施方案中，可以看到很多项目都与旅游示范区建设有关（表6-1）。

堰镇小城镇综合整治行动实施与旅游区建设相关的项目（部分） 表6-1

类别	实施项目
道路景观提升	南溪至文教路段道路形象提升工程
	大溪路段延伸改造工程及景观提升工程

续表

类别	实施项目
道路景观提升	镇区道路景观提升工程
	生态绿道综合整治工程（一期、二期）
村庄特色景点塑造	后畈特色弄堂建设工程
	后畈尚书公园改造工程
	镇区街心公园及竹园改造工程
	堰村特色民俗弄堂建设工程
	顺德桥凉亭建造工程
	镇亭桥亮化工程
服务设施建设	镇区公厕改造工程
	镇文化中心改造工程
生态旅游建设	美丽田园整治工程

其次是资金运作。镇政府通过项目资源在镇域内的统筹和再分配，将公共资金优先集中投入政府确定的旅游核心发展区内的村庄建设。乡镇本级财政匮乏，乡村创建项目大都来自上级政府的财政支持，而村庄创建本身的制度设计，为自下而上的项目争取和资金运作保留了操作空间。在堰镇，有旅游开发条件的村庄、与旅游活动相关的建设项目往往更容易获得乡镇政府的支持，在申报创建和资金竞争上更有优先权。镇政府主动地统筹项目资源，集中力量以乡村旅游为目的进行村庄建设。镇政府以镇区为中心，联动周边六七个村庄，划定乡村旅游发展核心区，打造了一条美丽乡村风景线（图 6-5）。沿线的几个重点村庄，在村庄环境整治、公共设施建设、项目创建申报、吸引投资等各方面，都得到了更多的资源倾斜。以下这个访谈详细地说明了乡镇政府如何对来自上级政府的项目进行打包重组，以实现对资金的统筹使用，反映出基层政府与上级政府基于治理资源的博弈。

宁波市从 2012 年开始启动“欠发达地区村庄环境整治提升工程”，对于本市经济欠发达的 16 个乡镇和 3 个片区的所有村庄分批次开展环境整治，每个村庄补助 300 万元，全部由市、区两级财政下拨资金支持实施。由此，堰镇每年可以获得 4～5 个村庄指标，意味着可以从上级政府获得 1200 万～1500 万元的财政转移支付。一般而言，根据项目资金专项使用的规定，300 万元应投入到相应的申报村庄，用于该村环境整治类的项目建设。堰镇政府结合本镇特点提出，很多山区村庄地处偏远、规模又小、大多数人口早已流出，对这些村庄投入 300 万元进行整治建设比较浪费，就资金使用与上级政府进行了多次博弈和协商。于是，2015 年开始，镇政府决定对每个偏远村庄拨付 150 万元用于村庄基础环境整治建设，剩余的 150 万元在镇一级统筹使用。当年，镇政府将上级拨付的 6 个村庄共计 900 余万元整治项目资金进行了镇级统筹，重点用于镇核心旅游区的建设，实施了 5 个重点项目，包括：尚书第传统历史建筑的修缮、镇旅游集散中心建设、镇街

> 心公园（巴人公园）建设、镇区主干路建筑立面改造、镇党校改造利用（用于旅游接待）。项目资金向重点地区导入，高效地改善了镇核心旅游区的景观面貌，对推动堰镇乡村旅游发展起到积极作用。
>
> ——堰镇调研访谈记录

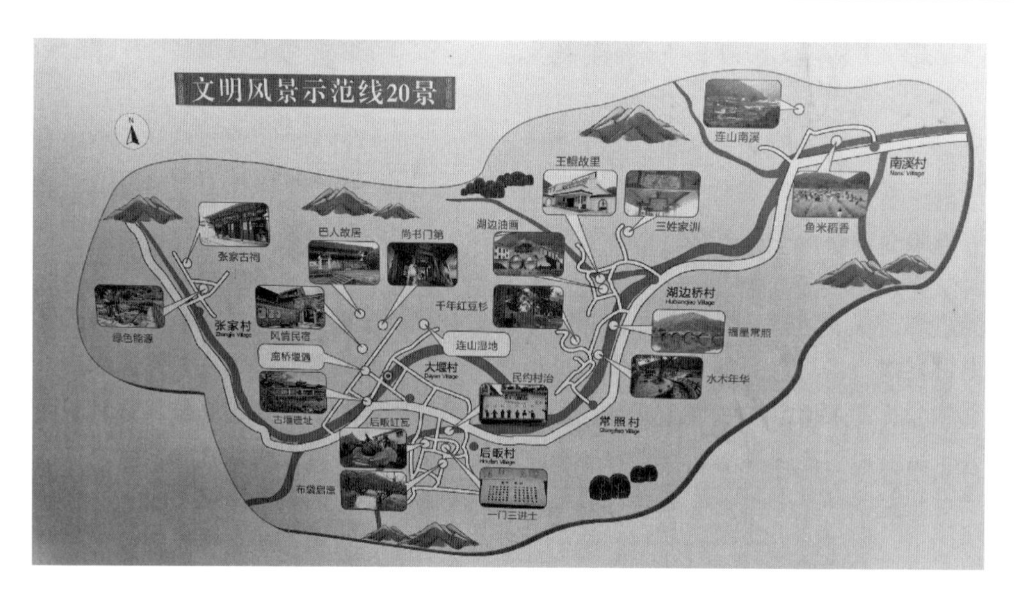

图 6-5　堰镇核心区村庄串联的乡村风景线

资料来源：堰镇路边展示牌

最后，乡镇政府对乡村建设的主导性还体现在它积极地介入到了乡村建设的市场开发和组织环节。在这里，基层政府不再只是公共职能的执行者，还是地方发展的经营者：积极地招商引资，组织市场资源与村庄资源对接，促进开发项目的达成。乡镇政府在组织经营方面的行动，主要是通过下设的政府企业来完成的。

6.2.3　政府企业：政府代理与组织平台

作为乡村旅游开发和建设的组织者，既需要整合本地各村庄的旅游资源，也需要积极地对接外部旅游市场，为此，堰镇政府在 2012 年专门成立了一个下属旅游公司。这是一个具有半公共性质半市场化运作的政府企业，由政府聘请专业的经理人和团队管理运作，主要负责统筹推进全镇乡村旅游资源整合、旅游项目策划开发、引进项目资源，进行市场推广和宣传。在堰镇的乡村建设开发中，它既是政府的代理人，体现了政府意志的延伸，又成为连接各村庄与市场主体的组织平台，构成了治理结构中的重要环节。

首先，旅游公司作为政府代理人，通过对村庄项目的策划实施来落实政府的发展意图。在重点特色村庄的项目申报、项目策划和规划设计环节，旅游公司全程介入。它会结合村庄的资源条件，根据旅游项目策划和活动组织的需要，对村庄建设提出相应的要求和建议。

“村庄建设在规划方案阶段，旅游公司就会向村里提出建议，主要考虑项目设施的共建共享，既满足村民的需要，又能够为游客提供活动项目。比如，位于镇旅游核心区的常照村实施村庄环境整治提升工程，村里打算建一个废水处理站，我们建议结合旅游活动进行整体设计，建成了现在的水磨公园，成为一个带有体验功能的小型观光设施，也为我们组织乡村旅游活动线路提供了一个景点。村里还有一个明湖山庄项目，业主有土地、有房屋、有空间，但多年荒废，不知道怎么用。我们将它纳入镇域乡村旅游线路，策划成一个旅游活动点，相应地对它提出场地和设施建设要求，然后业主根据我们的要求去投资建设。”（图6-6、图6-7）

——堰镇调研访谈记录

图6-6 村庄废水处理站改建的水磨公园

来源：孙莹 摄

图6-7 结合旅游活动策划建设的场地

来源：孙莹 摄

其次，旅游公司是连接各村庄与外来市场主体的中介，发挥着整合资源的组织作用。

（1）旅游公司负责对分散的村庄资源进行组织和整合，再对接市场。乡村旅游资源一般都较为分散，依靠单个村庄的力量难以形成稳定的市场规模。于是，旅游公司将一些重点村庄的闲置田地、可利用的房屋等进行统一流转和收储，统一策划，打造出具有一定规模的乡村景观，如“十里桃花”“漫山油菜花梯田”等。它还将分布于不同村庄的景点串联起来，策划成不同的主题游线，比如“古村旅居游”“亲子体验游”“红色教育游”等，再通过公司的市场营销，为村庄带入客流。这样，镇域内分散的村庄资源通过旅游公司这个平台加以整合，放大了市场规模，相关联的村庄都能从中受益。

在堰镇的民宿经济建设中，旅游公司也发挥了积极的资源组织和平台作用。堰镇从2010年开始鼓励本地农户开办经营农家乐和民宿，发展民宿经济。旅游公司成立以后，采用“公司＋农户”的形式，将全镇内的农家乐、民宿客栈统一在一个叫作“一路上”的品牌旗下，统一接待标准、统一接客分流、统一收费结账。旅游公司对外统一推广和营销堰镇的乡村民宿品牌；对内将分散的经营个体组织起来，对品质、服务、价格等进行统一管理和把控。2016年，旅游公司又牵头成立了“旅宿联盟协会”，将全镇12家民宿、26家农家客栈及小散农家乐组织起来，定期举行培训、交流，为经营者提供政策指导和服务。由于有了统一的组织和品牌运作，民宿经济迅速发展，吸引了大量专为体验乡村民宿而来的游客，成为堰镇乡村旅游的一大特色。

（2）旅游公司也为外部市场主体参与乡村建设提供积极的渠道。相比于政府机构，旅游公司作为一个市场主体，能够更加方便地对接市场资源。2014年，堰镇希望引入市场投资开拓本地特色民宿市场，于是由旅游公司首先自主投资、改建经营了第一家特色民宿，在本地形成了很强的示范性，显示出政府的发展决心，以此带动更多的市场投资者。对于一些有意向的投资空间，旅游公司出面与村民或村集体进行协商谈判，以政府公司的名义签订承租协议，再转租给投资商，或者共同参与开发建设。在这个过程中，旅游公司相当于以政府企业的信用名义成为中间担保人，减少了市场主体与村集体或村民单独进行土地、房屋等资产使用权交易中的摩擦成本，促进了市场投资的引入。在这个过程中，旅游公司成了市场主体与村集体或村民之间的“利益协调人”。

“2010年，政府引进的一家农业企业通过旅游公司流转了堰镇畈村及周边村庄共600余亩土地，进行有机水稻的规模化种植和经营。旅游公司作为中介，先与村集体签订田地流转协议，再将其承租给农业企业。该农业企业向村集体支付田地租金，旅游公司不从中收取差价，但要求其在春季统一种植油菜花，为堰镇油菜花节打造梯田景观。到2017年，该企业经营不佳持续亏损，无力继续承租。为避免村庄损失，旅游公司暂时接替该企业，继续种植油菜花田，在租约期内向村民支付租金和费用，并积极寻找新的投资主体，一定程度上降低了村庄直接面对市场的风险。”

——堰镇调研访谈记录

正是借助作为代理人的政府企业，乡镇政府的政策意图很好地贯彻延续到建设之后的开发项目，并且深度参与市场主体和村庄要素交易的环节。

6.2.4 村社集体：政府项目计划的执行者

与乡镇政府的积极谋划和强势引导相比，各村级组织处于相对弱势的地位。村集体大多严格按照政府的建设计划执行和实施，对村庄建设的主导性和话语权都较弱。

首先是村庄的发展选择权。堰镇的村庄普遍经济薄弱，村庄建设主要依赖于政府项目的投入。由于乡镇的发展意图非常明确，在项目资源的竞争和分配中显示了强烈的主导性，导致不同条件的村庄只能被动地接受政府的选择。区位优越、旅游资源条件好并且响应积极的村庄被列入重点建设的对象，能够获得更多的政府资源支持和市场投资，村庄项目建设成效累积，发展势头越来越好。而一些地处偏远、“资质平平”的村庄获得的政府投入较少，仅能开展基础的环境整治建设，难有进一步发展机会。在这种“被选择”的状态下，村庄参与建设的积极性差异也很大。重点村庄非常积极地配合乡镇执行建设任务，完成度越高，越能得到进一步的项目支持；而非重点村庄大多对建设的态度是“不感兴趣”甚至躲避项目，建设非但不能带来发展机会，反而可能引发村民利益矛盾和冲突。

其次是村庄建设内容的决策权。尽管创建项目一般是由村庄向上申报，但是对于重点村庄或特色村庄，在进行项目方案申报、规划设计等环节，乡镇积极介入，对重点村庄的建设内容提出以旅游开发为导向的项目建议。对于村庄而言，迎合乡镇政府进行景区化空间的塑造，不仅更容易争取到政府项目和资金，也能带来旅游开发的市场机遇，因此，大多数村级组织都积极地参与村庄景区化的建设过程。特别是核心旅游区内的村庄，甚至在没有先天旅游资源的条件下，也通过主动的项目建设来打造特色景点。部分村庄空间在政府的引导下，迎合乡村旅游市场的需要而改造建设，转变为外来游客的消费空间。

湖村和后村是堰镇核心发展区内的两个村庄。湖村在政府建议下引入了3D壁画项目，与美院合作，利用全村沿街沿弄的农房墙面绘制了2000多平方米的3D壁画，成为堰镇著名的“网红”村庄（图6-8）。后村组织村民利用旧房拆除的废弃砖瓦和缸罐碎片，设计制作创意景观小品，以缸瓦为主题贯穿了村庄公共环境和景观建设。缸瓦艺术迅速成为堰镇一大旅游亮点，吸引了大量游客到村游览（图6-9）。

——堰镇调研访谈记录

图6-8　湖村的3D壁画项目

资料来源：孙莹 摄

在村庄内部，村“两委”干部和一般村民对建设的参与程度也表现出很大差异。

村干部作为政府在村庄的代理人，负责具体建设任务在村庄的落实。村庄执行完成程度越高，越能获得政府的信任。政府更愿意将项目资源投入到能够快速出成效的典型村庄，政府项目的注入还可能带来市场投资的跟进。项目投入的激励和累积效应，成为村“两委”干部积极执行政府决策、配合项目开展的原因。此外，乡村旅游的开发也激发了一些村级组织主动参与市场开发的热情，特别是有一定资源、条件的村庄。例如，以缸瓦艺术出名的后村，吸引了不少投资客的兴趣，很多外来投资商开始与村集体洽谈入村投资开发民宿等建设项目。村“两委”也积极运作，在危旧房整治过程中对部分闲置宅基地和空置房屋进行回购，转变为村集体持有的资产和物业，进一步寻求市场投资的发展空间。

但是我们注意到，这些围绕旅游开发进行的村庄建设，因为与本地村民的日常生活关联不大，一般村民的参与度并不高。很多村民认为，“村庄环境变好了是大家的福利，但是游客越来越多，也给村庄环境带来不少负担”①。

① 堰镇调研访谈记录。

图 6-9　后村的缸瓦主题小品

资料来源：孙莹 摄

6.2.5　市场投资者：寻求与政府的合作

参与堰镇乡村建设的外来市场主体主要有两类：一类是从事生态农业项目，通过土地流转进行规模化的种植和经营，包括一些农业企业、种植大户等；另一类是经营民宿和农家乐，承租农户的闲置房屋并投资加以改造利用。无论是哪类投资者，在参与乡村建设和开发的过程中对政府的依赖度都很高，会主动寻求与乡镇政府的合作。

无论是土地流转，还是承租房屋，投资者都需要与农户发生交易关系。为追求长期稳定的市场回报率，避免契约风险，投资者一般不愿与农户单独订立合同，而是选择与乡镇政府确立合作关系，寻求政府或者村集体组织的信用担保。而乡村土地、房屋等资源进入市场交易并转化为资产的过程，事实上也极大地借助了政府的治理过程，包括与农户之间租金价格的谈判、利益协商、政策补偿等。

吕某是堰镇镇区一家特色民宿的投资经营者。他原在宁波市从事建筑行业，2014 年年底被堰镇政府招商引资政策吸引，看好当地乡村旅游发展势头，前来投资并开设经营了一家颇具特色的民宿。房址在堰镇核心区，原址旧房已倒，村民在政府“下山移民”政策下外迁，宅基地归还堰村村集体，由镇政府对外招商。吕某首先与镇政府签订投资合同，再由镇政府出面与村集体达成协议，共同投资建设。根据三方约定，房屋将全部重建，吕某出资负责全部设计、内部装修、设备采购和后续运营等（初期投资 400 余万元），土建成本由镇政府承担（共计 250 余万元）。承租期 20 年，前 8 年免租金，第 9 年开始支付租金。租约期满后，房屋所有权和使用权归属堰村集体，但吕某可获得优先承租权，届时根据市场行情重新商谈并签订新的合约。访谈中，吕某向笔者表示，因为政府已经做好了事前准备，将农房产权问题解决，风险较小，他才选择投资合作，如果是与农户单独签约，他可能就不愿进行投资了。

——堰镇调研访谈记录

6.2.6 治理运作特征

由此我们可以看到，堰镇政府在乡村建设中的主动行动，使得基层政府、村庄、市场投资者之间形成了如下的治理运作特征（图 6-10）：

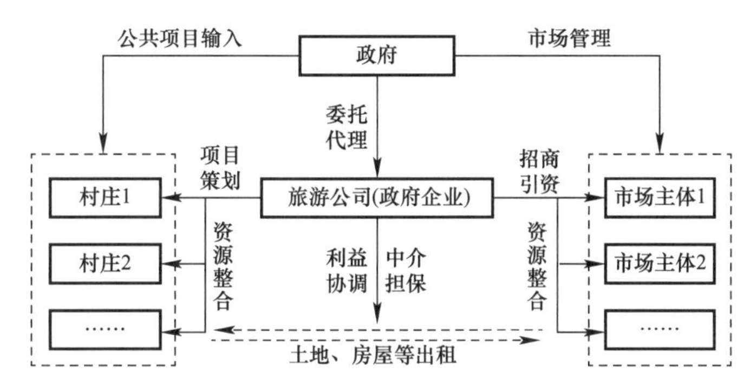

图 6-10 堰镇乡村建设的治理运作结构

基层政府采取了积极的行动策略，拥有主导性的核心权力，主要体现在发展决策权、资源配置权以及对项目实施的组织介入。一方面，乡镇政府在贯彻执行上级政府的建设任务中嵌入了地方发展意图，主导了本地乡村建设的方向和路径；另一方面，通过项目和资金的配置导向，有选择地发展重点村庄和区域。基层政府通过对项目经营组织的积极介入，形成对市场主体的引导。政府的主导性还表现在一个较为特殊的方面，即通过下设的政府企业，对村庄和市场资源进行组织和整合。通过乡村资源的整合，将分散的发展权进一步集中到政府手中，提高了发展建设的效率。

村庄成为政府项目计划的执行空间，村集体主要依托政府的公共项目或市场资源的投入改善自身的福利，缺少自主发展的主导权。政府项目进村，村集体按照政府意图实施建设，通过执行完成度得到政府的认可和信任，进而获得更多的政府资源支持；市场资源进村，村集体则以满足投资者或者市场需求的前提来开展村庄建设。

市场主体在政府的引导下参与乡村建设，通过与村庄资源的要素交易寻求市场回报。大多数的投资者选择与政府结盟，他们跟随政府公共资源的导向，将资金和资源有选择地投入具有开发增值潜力的村庄。出于交易成本的考虑，他们也更愿意选择与政府达成契约协定，依赖政府的信用担保进行谈判，协调利益冲突。

6.3 村庄主动型建设案例

6.3.1 建设概况

金村位于宁波市奉化区西坞街道东南，距市区 20km，属于近郊型村庄。全村域面积 3.5km²，由 6 个自然村组成。全村共 415 户、957 人。20 世纪 80 年代以前，金村一直以水稻种植为单一经济来源，村民人均年收入约 300 元，村庄面貌差，是全市的“薄弱村”。20 世纪 90 年代以后，在村干部带领下，积极发展花卉苗木种植业，村级经济和村民收入迅速提升。现全村花木种植面积 6000 余亩，其中跨村种植 4500 多亩，成为宁波市茶花种植基地，2016 年村民人均年纯收入达到 2.2 万元，生活基本达到小康水平。

随着经济收入的增加，村民对于改变陈旧的村庄环境、新建住房改善居住条件的需求日益迫切。2000 年年初，金村村集体提出了整村改造建设的设想：分步实施“拆旧村、建新村”，实现“全部村民都住上新别墅”的目标。村干部的精心谋划运筹，加上新农村建设、乡村环境整治、美丽乡村等宏观政策环境的契机，十多年来持续开展村庄建设，成效显著。结合政策环境，金村建设的过程大体经历了 3 个阶段（图 6-11）：

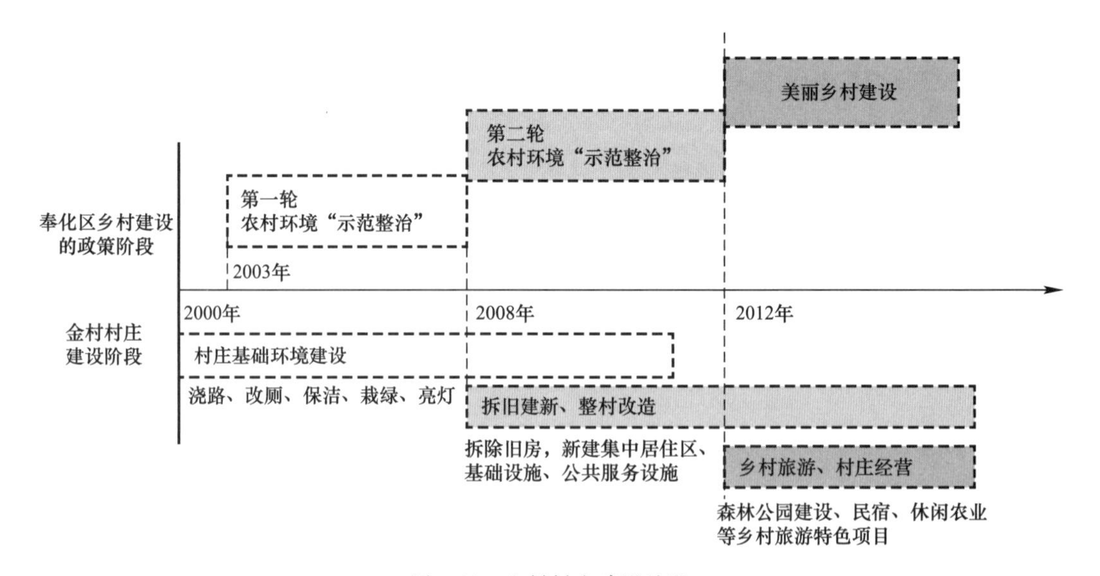

图 6-11 金村村庄建设阶段

第一阶段：利用政府推进农村环境“示范整治”工程的契机，开展村庄基础环境建设。2004 年起，在全省推动农村环境“示范整治”工程的政策下，金村积极申报创建示范村庄，整合各类政府项目资金和社会投入，实施了“浇路、改厕、保洁、栽绿、亮灯”等一系列村庄基础环境整治工程。这些公共项目的实施，极大改善了村庄环境面貌。良好的建设成效使金村成为市、区的新农村建设典型，为后续获得更多政府项目和政策支持打下良好的基础。

第二阶段：全村动员，推进“拆旧建新”的整村改造。2008年启动整村改造，将分散的小自然村逐步拆并，向中心村集中，统一规划建设新的村民集中居住区。新建区内的基础设施投入，包括道路、管道、电网、绿化等公共建设的成本，由村集体承担；村民出资负担新建住宅的建造成本。新集中居住区建设采取“拆一批、建一批、分配一批”的方式逐步推进，截至2019年完成4期，共建成近300套别墅住宅，第五期仍在建设之中(图6-12)。

集中建设的新住宅区

公共空间与活动区

图6-12 金村村庄建设成效

资料来源：金村村委会

第三阶段：配合政府美丽乡村行动，推动村庄经营性项目建设。2012年以后，省、市乡村建设政策倾向支持村庄整体性的示范创建，鼓励“一村一品”等经营性村庄项目的开发建设。金村紧跟美丽乡村建设的政策导向，一方面，统筹利用政府各类村庄创建的项目和资金，配套完善村庄各项公共设施，实施截污纳管、水电燃气现代化改造等项目，持续推动旧村改造和新村建设；另一方面，开始筹划村庄景区化建设，启动建设金峨森林公园，引入民宿、休闲农业等投资经营项目，承办自行车赛、杜鹃花节等节事活动来提高村庄知名度，推进村庄建设向村庄经营转变。

6.3.2 村社集体：内部动员和集体资源的整合

村集体自主实施整村改造，不仅资金需求大，还涉及空间用地指标、村社内部的利益平衡等诸多难题。金村有效地开展内部动员，实现集体资源的整合，并确立集体行动的治理规则，是村庄建设得以顺利开展的重要原因。

1. 动员村民参与，形成利益共同体

2008年，金村正式启动整村改造建设前，召开了全村村民大会进行宣传动员[①]。村

① 一般村庄重大事项由村民代表大会表决通过即可，“召集全村村民开会，是二三十年都没有过的事了”（访谈记录），足见对此次动员工作的重视。

“两委”向全村村民表达了村集体开展村庄建设的强烈决心，并详细地说明了建设的方案、步骤以及具体实施规则，以最大限度地获取村民的支持和信任。

为筹集村庄建设启动资金，村集体动员村民集资入股、集股建房①。村“两委”干部带头报名，带动多数村民参与集资建房。村民共同集资参与建设，不仅解决了村庄启动建设的资金缺口，更重要的是通过内部的资金动员强化了“村社共同体”利益，村民也因为其中包含了自己的股份投入，与自身利益密切相关，而对村庄建设事务有着更加积极的参与意愿。

村庄建设开展以后，凡是涉及村民利益的重大事项和决策，村“两委”都要组织召开全村党员代表大会、村民代表大会等进行共同商议和决策。大大小小的村民会议，不单是村级治理民主公开的要求，也是通过告知、征询、表决等方式来强化村民对村庄建设的参与性。

2. 集体土地资源的整合和再利用

整村“拆旧建新”的过程，涉及对村社内部的土地、房屋等空间资源的再分配，实质上是对村社内部利益的重新调整。在现行的农村土地经济制度下，宅基地、农田、山林等的产权属于集体所有，但使用权分散于各户。因为历史渊源的关系，村民对所谓集体产权的认同是以自然村为单位的，而不在行政村一级。土地使用权的分散，成为很多村庄进行空间改造和建设的阻碍。而金村在推进“拆旧建新”的过程中，巧妙地通过宅基地置换和“空间腾移”，完成了集体土地资源的整合和再利用。

按照村庄的规划，金村的整村改造实施“梯度转移”，将分散的自然村落向中心村集聚，集中新建住房和公共设施（图 6-13）。整个行政村共 6 个自然村落（表 6-2），其中 3

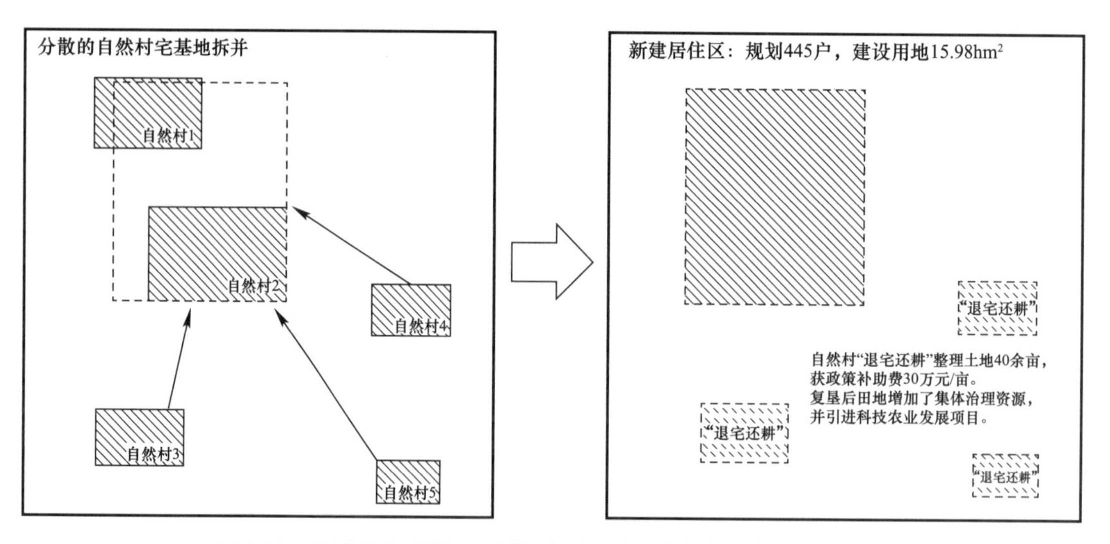

图 6-13　金村通过“拆旧建新”实现宅基地腾换与集体土地再利用

① 通过村民大会约定了集股建房规则：以村民自愿报名为前提，动员村民将新房建设款作为集资款入股，村集体按年支付股息。村民中途可以自愿选择退出股份，将集资款取出，村集体则不再支付相应利息。2017 年之后，村庄建设初具规模，村集体也不再有建设资金短缺的问题，开始陆续偿还村民的集资股金，并不再进行新的入股筹集。

个自然村规模较小、位置偏远，公共基础设施供给严重不足，这些自然村的村民们非常支持村里集中建设新居以改善居住环境。于是，金村首先分步实施了 3 个小自然村的拆除，共 187 户村民迁往新村集中新建区。对拆除旧房后的旧宅地，村里实施了“退宅还耕”和农地复垦项目，整理出田地 40 余亩。根据政府的土地整理复垦项目的相关政策，每亩土地可补助 30 万元，金村因此获得共 1200 万元的“造田”补助，再将这些政府补助资金投入到新村建设中。

金村各自然村户数及人数（2017 年） **表 6-2**

<table>
<tr><th>自然村</th><th>人数（人）</th><th>户数（户）</th><th>尚未搬迁户*（户）</th></tr>
<tr><td>分水岗</td><td rowspan="2">142（原分水岗行政村）</td><td rowspan="2">60（原分水岗行政村）</td><td>21</td></tr>
<tr><td>桃园、黄泥松脚</td><td>0（全部搬迁完毕）</td></tr>
<tr><td>张家坎</td><td>182</td><td>75</td><td>32</td></tr>
<tr><td>彭家池</td><td>430</td><td>197</td><td>71</td></tr>
<tr><td>大荒地</td><td>203</td><td>83</td><td>20</td></tr>
<tr><td>合计</td><td>957</td><td>415</td><td></td></tr>
</table>

注：此统计截至 2017 年。据笔者 2019 年再访时了解，与村集体签订搬迁协议的户数在持续增加。

这个“拆旧建新”和“空间腾移”的过程，实际是对各自然村集体资源的重新整合和动员利用。原先旧宅基地的使用权分散于各户和自然村落，现在通过宅基地置换、“空间腾退”，拆除旧房后的宅基地重新归入行政村集体所有，由村集体统一支配使用。在此基础上，村集体才得以通过土地整理项目，解决村庄建设的部分资金和用地指标问题。后期，村集体再利用这 40 余亩集体土地重新引入新的农业项目，增加了村集体的经营性收入。宅基地“空间腾移”和土地资源的整合利用，盘活了村庄的存量空间，更重要的是使村集体重新掌握了集体土地的使用和配置权，进一步获得了集体治理的资源。

3. 制定集体行动规则，构建良性治理秩序

无论是村民动员，还是土地整理的过程，必然涉及村庄内部利益矛盾和冲突，这是对村集体治理能力的极大考验。为了化解建设中的各类矛盾冲突，金村“两委”在全村村民讨论基础上，形成了一系列集体规则和约定，作为共同行动的基础。

例如，针对村民的旧房拆迁、补偿认定、新房分配等专门制定了“金村旧村改造、小区建设实施细则”。该细则是村集体针对全村各种家庭类型、住房类型、婚姻情况、土地承包等不同情况进行摸底调查后，提交村“两委”、党员大会、村民代表大会，经由全体村民讨论同意通过的。细则对村庄改造的范围、建设内容、相关政策进行了详细说明，并针对建设改造中涉及的户籍确认、旧房产权和面积认定、拆迁补偿、新房购价、购房条件、购房程序等诸多问题进行了详细规定。再如，在对自然村拆并过程中，采取产权登记等方式对行政村与自然村之间关于集体资产的分割和认定达成协议，避免了各自然村之间的矛盾纠纷。这些内部集体规则的制定，是村社成员达成的契约和共识，构成了村社资源整合和动员的基础，是村庄建设有序推进的重要保证。

> “旧村改造新村建设过程中，矛盾很多，主要来自两方面，一是资金压力大，二是老百姓在旧房征收、拆迁赔偿、新房分配等方面，矛盾冲突很多。我们村‘两委’专门研究制定了建设实施细则，定下规矩后，（所有建设）都按规则来办，村民就无话可说。”
>
> ——金村调研访谈记录

6.3.3 政府项目：公共供给与自主需求相结合

1. 对村庄创建项目资金的统筹运作

在金村村庄改造建设中，政府资源的输入起到非常关键的作用。但是，它与一般村庄被动接受政府项目不同。村集体通过积极的项目运作，实现了政府项目供给与村庄自主建设需求的有效结合。

2000年前后，金村率先自主开展了很多配套性的村庄基础设施和公共环境建设，比如村庄道路、绿化、小品、公园、文化礼堂等。这些建设本身是整村改造的基础部分，同时也很好地契合了2003年以来全省推进农村公共环境整治的治理目标。金村将这些公共类的建设项目打包并向上申报，争取进入政府的村庄示范创建名录，利用来自上级政府的财政资金补助以解决村庄自主建设中的公共品需求。

村庄积极的项目运作策略还体现在对不同部门和条线的项目资金的组合使用上。综合性的建设可以拆分成不同项目，并巧妙地在各条线的政府项目中申报创建，以实现部门和条线资金在村庄层面的统筹使用。金村2018年前后部分公共建设项目大部分资金来自政府，既有以项目整体打包申报的示范村、特色村创建资金补助，也有来自交通、旅游、市政等部门的条线专项资金（表6-3）。

金村近年部分公共建设项目资金来源　　表6-3

<table>
<tr><th>项目名称</th><th>已投资额</th><th colspan="3">资金来源</th></tr>
<tr><td>村庄农贸市场建设（包括周边绿化）</td><td>45万元</td><td colspan="2">村庄自筹部分</td><td rowspan="9">项目打包，列入省级美丽乡村示范创建项目，补助资金360万元</td></tr>
<tr><td>村文化礼堂</td><td>370万元</td><td colspan="2">企业赞助250万元，村庄自筹一部分</td></tr>
<tr><td>村同心廊</td><td>60余万元</td><td>企业赞助20万元</td><td rowspan="3">项目打包，列入奉化区美丽乡村建设涉农资金整合项目，补助260万元</td></tr>
<tr><td>村公园樱花林及森林公园杜鹃林培植改造工程</td><td>45万元</td><td>林业局专项资金（生态林培育项目）</td></tr>
<tr><td>村公园假山喷泉工程</td><td>230万元</td><td>部分自筹</td></tr>
<tr><td>自来水标准化改造工程</td><td>80余万元</td><td colspan="2">奉化区市政专项资金</td></tr>
<tr><td>生活垃圾分类处理工程</td><td>60万元</td><td colspan="2">奉化区市政专项资金30万元，村庄自筹一部分</td></tr>
<tr><td>旧宅拆迁改造</td><td>54万元</td><td colspan="2">奉化区“退宅还耕”专项资金</td></tr>
<tr><td>村旅游集散中心（包括自行车驿站）</td><td>45万元</td><td colspan="2">市旅游发展资金补助，村庄自筹一部分</td></tr>
<tr><td>金峨山旅游道路</td><td>700万元</td><td colspan="3">宁波市交通局300万元，奉化区交通局400万元</td></tr>
</table>

续表

项目名称	已投资额	资金来源
金峨山森林公园建设	500 万元	市农林局 30 万元、市旅游局、部分自筹
“里三亩”水库景观式改造	100 万元	市水利局 100 万元
农房“两改”配套补助	150 万元	市建设、财政部分专项资金 150 万元
享受下山移民补助	128 万元	市农办
新村污水管网经费补助	15 万元	市政部门

随着项目建设的累积，村庄建设成效越大，越容易被树为典型，也能够争取到越多的政府项目支持。表 6-4 列出金村近十余年来获得的各类创建称号，它们不仅代表村庄的荣誉，更意味着大量的政府公共资源的输入。

金村获得的部分省、市村庄创建荣誉称号 **表 6-4**

时间	村庄创建	颁发单位	创建资金补助
2006 年	宁波市全面小康建设示范村	宁波市委、市政府	52 万元
2006 年	浙江省全面小康建设示范村	浙江省委、省政府	
2006 年	浙江省绿化示范村	浙江省林业厅	—
2012 年	奉化区十佳美丽乡村	奉化区农办	—
2013 年	宁波市“一村一品”特色村	宁波市委、市政府	160 万元
2013 年	浙江省“农房”两改示范村	浙江省委、省政府	300 万元（市、区两级补助）
2013 年	全国“一村一品”示范村	农业部	—
2016 年	宁波市美丽乡村建设示范村	宁波市委、市政府	360 万元
2016 年	浙江省特色精品村	浙江省委、省政府	—
2017 年	浙江省 3A 景区村庄	浙江省农办、省旅游局	—

2. 土地整理项目的政策红利

浙江省在开展农村环境整治工程的同时，出台了农村土地整理复垦的相关政策，鼓励对农用地、宅基地等进行整理和复垦开发。其目的是盘活农村存量土地，实现城乡建设用地的增减挂钩。

金村“拆旧建新”的过程中，一边实施新村建设，一边开展旧宅基地的土地复垦整理项目。根据建设计划，金村将 4 个自然村拆除后共计可复垦整理土地 106 亩，而村庄新建住宅区需新增建设用地 80 余亩，一拆一建，可节约出 30 余亩建设用地指标，再将这些通过空间盘整节约出来的土地指标，换取政府奖励资金。另外，金村以村庄改造的建设成果，申报了 2013 年“浙江省‘农房’两改示范”项目，又获得了市、区两级财政补助 300 万元。所有这些来自政府的奖励和补助资金都进一步转化成金村新村建设的资源。

6.3.4 市场资源：拓展村庄经营性项目建设

为了拓展村庄建设的资金来源，金村村集体还积极引入市场和社会资源参与建设。

2010年前后，建成第一批新别墅后，金村向市场出售了十余套。这些属于政策之外的“小产权房”，帮助村集体在短期内回笼了资金，使村庄建设得以持续下去。2012年以后，村集体的发展思路从建设村庄转向经营村庄，引入了更多的社会资源和市场项目。

首先，通过举办节事活动，放大村庄的品牌效应，以拓展村庄与外部资源更广泛的联系。金村利用金峨山省级森林公园建设的契机，积极地联络街道、区政府，承办有一定影响力的节事活动，比如山地自行车赛、春季杜鹃花节等，这些活动帮助村庄吸引了更多的市场注意力。

其次，“请资本下乡”，积极引入市场投资者和开发项目，将集体资源转化为经营性资产。例如，改造建设中，村集体利用部分公共建设用地、集体物业资产对外招商，引入民宿、餐饮、休闲农业等项目，由投资商承建并开展经营，村集体则以集体土地、房屋租金或股份的形式获取收益。旧宅基地复垦整理后的土地，村集体进行了规模化流转，引入了一个现代科技农业项目，承包给外来经营者，村集体每年收取土地租金，农业项目也为村里发展休闲观光农业提供基础。

市场项目和社会资源的引入，丰富了村庄建设的内容，经营性项目也有助于增加村民就业机会。最重要的是，在这个过程中，村集体资源转化成了共有产权的经营性资产，再通过与市场资源的结合，增加了村集体经济收入的来源，为村庄社区公共品的长效供给和维护提供了可能性。

6.3.5 村庄精英:“外交官”“动员领袖”“经营者”

在村庄自主开展建设的过程中，无论是村集体内部的动员和整合，还是对政府项目、市场投资等外部资源的争取和统筹运作，以村支书为代表的村庄精英起到了关键性的组织作用，承担着“外交官”“动员领袖”“经营者”的三重角色。

（1）“外交官”角色。政府项目的供给具有竞争性，村庄向上争取的能力越大，获得的资金和公共投入就越多。向上“跑项目”“要资金”，需要依靠村庄精英个人的社会关系资源和社会网络。金村村支书曾是本地成功企业家，20世纪90年代起开始担任村干部，因工作成绩突出，成为全市有名的“明星书记”，曾连续担任多届省、市人大代表及市人大常委会委员，拥有丰富的社会资源，与政府部门的关系和联络也十分密切，这是金村能够争取到较多政府创建项目的重要原因。金村的村民和村干部们都表示：“我们村能够建设好，主要靠村支书，能够争取到资金。”十余年来，村支书还积极地引入政府干部进村挂职、大学生村官、聘请退休干部和专业人员担任村庄建设顾问等。引外部人才进村，增加了村庄与政府、企业等外部资源的互动，也为村庄项目发展提供了更多的机会。

2013年，宁波市委常委、组织部部长在金村蹲点调研十余天，村支书充分发挥“外交”能力，借机反映了村庄建设的迫切需求。作为调研成果，组织部部长联络了市、区相关部门，重点支持“金村十项民生建设”，市交通委、农林局、水利局、旅游局、农

> 办等相关部门和卷烟厂都陆续对金村投入了相应的项目和资金支持，这是一般村庄不具有的积极资源。
>
> ——金村调研访谈记录

（2）“动员领袖”角色。金村村支书任职20余年，在村内拥有很高的权威，其他村“两委”干部也对其非常信任，各项工作都能积极配合支持。村庄建设中，涉及村社集体资源和资产权利的重新调整，村民之间的矛盾纠纷不可避免。村支书和村干部们运用自身权威和强大的动员号召力，促进村社内部的团结，形成了有效的村庄集体行动力。基于村庄“熟人社会”的关系规则，发动群众、说服调解，体现了村级组织强大的治理能力。

> “最初启动建设，村里资金不足，我主持召开了村‘四委’扩大会议，征求村干部意见，提出先由村干部集资入股，主要也是想试试看村干部有没有信心、愿不愿意和我一起干。后来召开村民党员大会，村民们看村干部带头入股，一下子就参与进来了。我们搞这个集股建房，一是看到了村民对村班子的信任；二是看到村民参与村庄建设的热情……解决矛盾要依靠村班子思想一致、有行动力，最主要是村干部、党员要带头。有一些村民起初一直不支持村庄改造，我们让村干部做工作，分头说服自家兄弟或者亲友。有一户，我上门做了8次工作，白天人找不到，就晚上找，最后终于说服了。”
>
> ——金村调研访谈记录

（3）“经营者”角色。村庄精英的村庄经营体现在两个方面：①对外部资源的统筹运作。政府项目资金来自各部门条线，也受到专款专用的管理规定约束，但村庄建设是综合性的，金村村支书长袖善舞地运筹，灵活巧妙地将外部的政策、资金、市场资源加以统筹，来满足村庄自主需求，实现了村庄利益最大化；②对村社内部资源的持续经营。金村村支书积极地利用改造后的空间增量引进开发项目，通过土地租金、物业经营增加村集体收入，体现了其积极的村庄经营的思维和能力。政府的建设投入是一次性的，只有通过经营活动促进集体经济的持续性增收，才能保证村庄公共品的持续供给。

6.3.6 治理运作特征

金村的村庄建设源于村民改善居住环境的自主需求，政府项目和市场资源在村庄开发建设过程中积极介入，而村集体始终掌握了建设的主导权，表现出很强的村社自主性（图6-14）。

首先是村社内部的高度整合和集体行动能力。在金村的建设过程中，村集体首先通过村民的资金动员，强化了村社利益共同体，促进了村民对村庄建设的直接参与。然后，通过土地整理和空间置换，将散落在各户手中的资源进行整合，使村集体重新掌握了部分土地资源的支配权，拥有了进一步开展集体行动的治理资源，村社内部的整合度也因此大幅提升。正是因为村集体内部的强大动员和组织能力，即使面对政府项目和市场资源的输入，村集体依然能够掌握建设决策和项目实施的主导权。

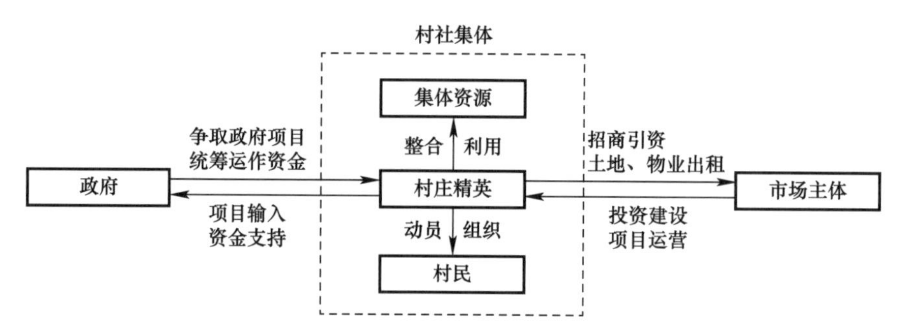

图 6-14　金村村庄建设的治理运作结构

其次是村庄内部需求与政府公共项目输入的有效结合。村庄项目是一种政府自上而下的公共品供给。金村的建设中，村级组织的自主性较强，特别是村庄精英对项目的积极争取和统筹运作，将输入的公共资源有效地转化为村级治理资源，满足了村庄建设自身的需求，实现了自上而下供给与自下而上需求的结合。对于政府而言，非常乐于见到积极的村庄建设成效并以此作为示范样板，因而倾向性地对村庄进行持续的公共投入和资金支持。

最后是市场项目和投资主体的引入，使建设成果和村庄资源进一步转化为村集体的经营性资产。建设改造提升了村庄空间的潜在价值，土地、房屋等资源通过与市场要素的交易，转化为资产增值的收益。这里，外来的投资者是合伙人的角色，进行单个项目的开发或运营，而村庄整体的发展经营权依然掌握在村集体手中，能够实现集体资产增值收益在村社内部再分配，以提高村民的整体福利水平，避免了村庄资源资产化对村民个体利益的侵蚀。对于村集体而言，集体资产与市场主体的运营结合，有利于提高村集体经济收入，能够投入到村庄建设的持续供给和维护中。

需要特别指出的是，村庄主动型建设的成功一般都有赖于一个强有力的村庄权威，村庄精英或村庄能人发挥了关键性的作用。一方面，村庄精英在村内的权威，对于村社动员、化解矛盾至关重要，甚至在建设中增强了村庄的整合性，形成了村庄新的治理能力；另一方面，村庄精英在村外的社会威望和关系网络，使村庄在争取政府项目和社会资源上具有更大优势。在与市场资源合作的过程中，村庄精英还充当着村庄利益保护人的角色，凭借其出色的项目运作和运营能力，尽可能规避为村庄带来的市场风险，实现村庄利益最大化。

6.4　企业资本投资型建设案例

6.4.1　建设概况

鸣村是宁波市奉化区尚田镇南部的一个行政村，距离市区 18km，属于远郊型乡村。全村户籍人口 770 人，共 301 户，常住在村的 400 余人，以 60 岁以上的老年人为主。全村山林田地共 4100 亩，主要种植毛竹、花木等经济作物，村民务农的不多，大多外出至镇区、市区务工。

鸣村的村庄建设开始于 2014 年，前后分为两个时期：

第一阶段以村集体组织为主，重点开展村庄公共环境和基础设施项目的建设。2014 年新一届村“两委”当选后，将改善村庄人居环境作为村级组织的工作重点。在全省大力推动美丽乡村建设行动的宏观政策背景下，村干部们积极运用村庄以及个人的社会网络资源，向上级政府争取各类创建项目和财政资金，带领村民进行村庄环境整治以及公共设施的建设（表 6-5）。这期间，村集体一方面完成了村庄道路、沟渠、绿化等的整治建设；另一方面，利用开展公共建设的契机，采用征收回购或租用等形式从村民手中将一些零碎用地、空置房、空置地的使用权重新集中到村集体手中，对这些存量空间进行再利用和再开发，新建了一些公园和公共设施，比如村委办公楼、村老年协会用房、农民致富一条街（公共设施用房）等。在此基础上，村集体将部分新建的集体资产和物业对外招租，获得租金收益，用以增加村集体经济收入。

2014—2018 年间村庄主要建设项目及资金来源 **表 6-5**

时间	建设内容	资金	来源
2014 年	村庄水渠综合整治	260 余万元	政府创建项目 部门专项资金 村庄自筹
2014—2015 年	村庄入口古树公园建设	130 余万元	
2015 年	村老年协会改造翻新	—	
2016 年	建设 4 幢村集体公共用房（已出租）	400 余万元	
2017 年	村内健身公园建设及周边环境整治	180 万元	
2017 年	鹝岩景区步道建设	150 余万元	
2018 年	村党建公园、村委办公楼建设	300 余万元	
2017 年	集装箱民宿建设	—	投资商

第二阶段（2018 年至今），对外招商引资，企业全面参与村庄开发建设。鸣村勘探出地热温泉资源，村集体成立了专门的“招商引资办公室”，希望引入市场资本对村庄资源进行开发，进而实现村庄整体改造翻新。2019 年年初，在镇政府的引介下，一家大型的国有开发企业开始与村集体洽谈，参与鸣村的整体开发建设。截至笔者 2019 年 9 月调研期间，企业与村集体已就村庄开发建设达成了合作框架协议，并进行了前期的规划方案设计，企业开发部门也已入驻村庄。虽然实质性的建设活动尚未完全展开，但是就已达成的合作开发框架，能够分析企业、村集体、政府等不同主体在村庄建设中的角色和作用，并进一步总结出此类型村庄建设的治理结构关系。

6.4.2 企业资本：资本投入与要素交易

根据开发计划，企业投入资本，对整个村庄实施拆迁重建。企业承担村庄新建住宅和基础设施的建造成本，同时获得村庄资源，特别是集体土地的使用权和经营权，并基于市场效应对村庄资源实施整体开发。

鸣村全村现状宅基地约 300 亩，拆迁后对用地进行整理，300 余亩村庄建设用地将分为两大部分。其中 150 亩用于建设村民集中居住的生活小区，为本村村民提供新建住宅、基础设施、公共服务设施（包括老年活动中心、文化礼堂、卫生室、图书室、村办公楼等），所有建设投入和实施由企业承担；剩下的150亩村庄集体建设用地将转为国有建设用地①，由该企业获得土地开发权，利用鸣村温泉资源，建设温泉度假村，规划拟建设温泉酒店、娱乐度假设施、商业文体配套，以及小部分地产项目等，同时该企业拥有度假村项目的经营权。另外，村庄周边的300多亩集体所有的农田山林用地也将通过土地流转的形式，交由企业统一经营，作为农林生态体验区成为整个度假村项目的一部分（表6-6、图6-15）。

鸣村规划开发分区及建设用地 **表6-6**

分区	功能	规划建设用地
村民生活区	村民居住用地	142亩
	村庄公共配套	18亩
温泉度假开发区	温泉度假村（娱乐度假）	150亩
	生态商业区（配套商业）	50亩
	银发社区（养老地产）	50亩
	生态居住区（地产开发）	90亩
农林体验区	果园、茶园等种植采摘体验	300余亩

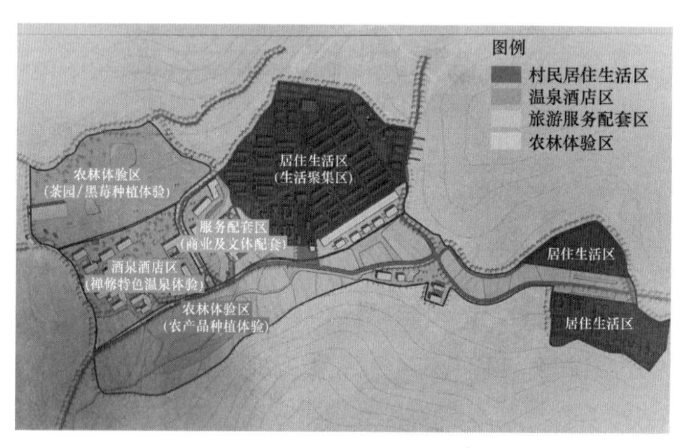

图6-15 村庄开发规划意向

资料来源：鸣村村委会

6.4.3 村社集体：合作开发与利益协调

村庄以集体用地的开发经营权与企业达成交易，获得村庄改造建设的资本投入，并以合作参股的形式分享村庄开发收益。根据合作协议，村庄的温泉资源、农田山林、土地等集体资源都算作股本，村集体组织在整个度假村开发项目中占20%的股份。从这个意义上说，村集体组织和开发企业似乎是合伙人的关系。但在实际操作中，除用于统一新建村民住宅用地外，其余村庄建设用地都将转变为国有建设用地出让，集体田地也实施统一流转，实质上村

① 开发计划中，除村庄建设用地整理的150亩以外，政府向企业再提供150余亩的建设用地指标，故规划的度假村项目建设用地300余亩。

集体失去了土地开发权。对于村庄开发项目，村集体组织也没有实际的参与权和决策权。

村庄整体打包由企业参与开发，实质上是外部资本与村庄资源的交易，关键是村庄集体与开发企业之间的利益博弈和协调。在这个过程中，村“两委”会充当了投资开发企业和村民之间利益协调的“中间人”：

（1）村“两委”在开发前期对村民进行了大量的动员和宣传，说服全体村民同意拆迁和土地征收流转。具体的操作实施上，房屋拆迁、土地征收、赔款补偿、新房分配等工作也都由村委会干部协调。在这里，除了制度化的程序外，村庄内部“熟人社会”的治理规则，包括村庄权威、熟人关系、带头作用等，成为动员组织的保障。

（2）村“两委”作为村庄当家人，就开发的利益分配与企业进行谈判协商，尽可能为村庄争取利益。村“两委”会对企业在村庄建设中的投入，特别是提供给村民的福利，比如住宅套数、建设标准、公共设施配套等进行反复沟通和博弈，以满足村庄需求。

普通村民在整个村庄开发建设中是被动的参与者。村庄引入企业投资建设，可以使村民获得住房更新和居住环境改善，也包括开发可能带来的新的就业机会和少量的外部性收益。但是村民失去了土地的使用和经营权，意味着丧失了未来发展的主导权，村庄未来的建设面临一定的市场风险。

6.4.4 地方政府：政策支持和公共建设

从发展的角度，引入资本参与村庄开发项目有利于提升地方经济，因此，地方政府为企业参与村庄开发建设提供了积极的政策支持。鸣村度假村开发项目的投资规模大，乡镇、区两级政府都积极介入，在用地指标、建设项目等方面给予多方面的政策倾斜。

> 区政府同意将村庄宅基地整理后 150 余亩村庄集体建设用地，通过“招拍挂”转变为国有建设用地出让给企业，还承诺提供 100 余亩村庄建设用地指标来保障开发建设用地的合法化。此外，乡镇、区政府也准备对鸣村的开发项目进行包装，向上级政府申报田园综合体、美丽乡村、国土整治、移民搬迁等各类项目支持，相当于使用公共财政资金对开发建设活动进行基础设施和公共部分的配套。
>
> ——鸣村调研访谈记录

随着项目开发的进一步深入，政府也需要充当企业与村庄之间的利益“仲裁者”。当企业和村庄在谈判中出现矛盾和利益冲突时，政府出面进行协调，对企业和村庄的利益分配起到平衡作用。政府也会通过一些政策补助等方式帮助村集体实施村民动员，同时以行政命令和规章制度等对企业开发行为进行约束和监督，比如要求企业承担一定的社会责任，包括敦促对拆迁村民的补偿、对基础设施和公共设施建设的承诺等。

6.4.5 治理运作特征

当下的乡村建设热潮中，大型企业资本参与村庄开发的现象具有一定普遍性。鸣村案例典型地反映出此类型村庄建设中企业、村集体以及政府之间的互动关系（图 6-16）。

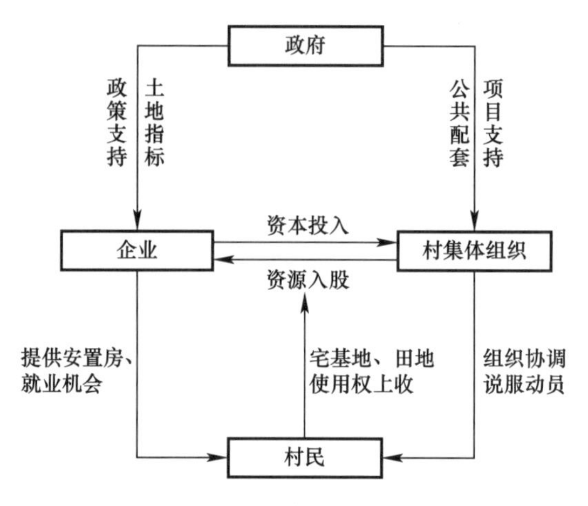

图 6-16　鸣村村庄建设的治理运作结构

首先，企业基于村庄土地等资源的投资性开发，成为村庄改造建设的原动力。开发企业与村庄之间通过资本与资源要素的交易结成利益共同体。企业注入资本，取得村庄土地资源的开发权，通过项目开发和经营获取土地增值收益。村集体获得村庄改造建设的资金，同时以集体资产入股的形式参与开发，作为村级集体经济收入的来源。村民可获得开发的外部性收益，包括居住环境的改善，以及增加新的就业机会。

其次，政府不一定直接参与开发，但是通过政策和公共项目来支持村庄开发建设活动。村庄开发建设的规模越大、成效越显著，对地方政府的政绩提升会带来良好的影响。因此，政府采取了积极的土地政策和资金倾斜，引导和鼓励开发活动的达成。各类政府项目对村庄公共配套建设的支持，可以认为是公共资金注入的一种方式。

最后，村庄内部的组织性和整合度决定了市场资本能否顺利地与村庄资源达成交易。为了促进村庄资源的快速有效整合，村集体组织和政府需要承担社会治理的责任，包括对村民的动员、说服、利益协调以及补偿机制。特别是村集体组织的行动十分关键，它既承担着代表村民表达利益诉求的责任，又是企业与村民关系协调的“中间人”。

从社会治理的角度来看，值得关注的是资本介入后村集体特别是村民面临的“非对称”风险。在资本面前，分散小农的力量是有限的。土地流转以及建筑使用产权转让，使村民基本完全脱离村庄经济发展与管理上的主体角色，村民由原来村庄的主人变成了局外人。在市场化导向的开发下，村民难以实现与村庄的共同发展，可能会加速村庄社区的解体。在本研究期间，鸣村实质性开发建设活动尚未全面展开，可能出现的治理矛盾和问题还没有显现，有待下一步观察和研究。

6.5　外来精英介入型建设案例

6.5.1　建设概况

王村也是尚田镇南部的一个行政村，距市区约 15km，2018 年全村共 243 户、680 人。

村内常住人口仅200人左右，且以60岁以上老人为主，大部分村民在城区、镇区务工或外出经商，村庄老龄化和空心化程度很高。在村村民务农为主，仅耕种一些自留地，村内300多亩缓坡农地早年已外包给苗木公司。村集体经济薄弱，集体收入不足1万元/年，属于尚田镇重点帮扶村之一。

2016年，王村在镇政府帮助下引入了一项3D墙绘项目，希望借此发展乡村旅游项目，由此拉开了村庄建设的序幕（图6-17）。墙绘项目由本地的艺术家团队主持，通过村支书的支持，在村道两侧的农房外墙分批次共绘制了6000多平方米的3D创意壁画彩绘。第一批村庄壁画在当年“十一”期间向市场推出，通过电视、网络、新媒体的宣传，引起了巨大市场反响。仅黄金周期间，王村就陆续接待游客4.8万人次（周思悦，2018）。经由各类媒体平台的宣传发酵，王村瞬间成为奉化小有名气的“网红壁画村”，村庄知名度极大提高，甚至作为乡村发展典型被中央电视台新闻联播、走遍中国等媒体节目报道。

图6-17　王村农房外墙的3D墙绘

资料来源：孙莹 摄

网红效应为王村带来了游客，吸引了更多的市场投资者、社会团体参与村庄开发建设。政府也通过项目输入加大了对村庄改造的投入力度，以提升村庄配套基础设施和公共环境。外部多主体介入村庄开发建设后，因为缺乏有效的协调和整合机制，与村民之间的利益矛盾逐渐显现。随着网红热度渐失，村庄建设后续乏力，陷入停滞困顿的局面。

6.5.2　外来精英：符号化嵌入和社会资本引入

王村村庄建设的起点是3D墙绘项目，以此为触媒，艺术家和设计团队、旅游运营团队、高校师生、投资客等，以各自的方式陆续参与到村庄开发建设中（表 6-7），使王村从一个默默无闻的小村，跃身为奉化区的“明星村庄”。

参与王村建设的主要外来团队　　表 6-7

团队	人员组成	主要建设行动
艺术家团队	记者、画家、设计师	村庄 3D 墙绘、村庄艺术策划、开发项目策划等
旅游运营团队	本土青年创客	旅游活动策划、项目运营、团队旅游组织、农特产品销售等
规划团队	高校规划专业师生	村庄规划设计、公共空间改造、乡土文创产业、民宿改造试验等

首先是艺术家和设计团队对村庄进行符号化的空间生产。王村原本是一个普通的山村，并没有发展乡村旅游的独特景观或人文资源。艺术家和设计团队的介入，通过 3D 墙绘为王村“无中生有”地打造了一个符号化的景观，通过媒体营销迅速地推向市场，瞬间为村庄创造了关注度和旅游热度。艺术家团队对村庄建设进一步的策划思路是将整个村庄包装成具有独特乡村田园景观的“消费性空间”，策划了鲜花种植基地、乡村特色民宿、户外拓展基地、创意空间等多个项目。从这些项目策划案来看，村庄建设的主要目标是吸引怀有乡愁的城市消费群体，以乡村空间消费和乡土文化体验作为村庄经济的新增长点。

随着村庄 3D 墙绘项目知名度的提升，一些从事乡村旅游策划和运营的市场团体也开始进驻村庄。“尚田乡创联盟”是当地一家由政府支持的从事乡村旅游运营、农产品电商等业务的第三方服务机构。他们将王村及周边几个村庄打包，开辟乡俗游线路，结合村庄的符号化景观策划旅游活动项目，为村庄带入团体游客。他们培训村民开展餐饮接待服务，运用自身的市场网络帮助推销村庄的农特产品。旅游运营团队的进驻，为村庄旅游活动注入了更多新鲜丰富的内容，也为村庄提供了更多的连接外部资源和市场的渠道。

其后，在镇政府的引介下，一支高校师生组成的规划专业团队开始驻村进行乡建行动。规划团队主要从公共空间改造入手，帮助实施了村庄入口标志、村民广场、景观节点等公共空间的设计改造和环境提升，希望以场所激活来推动村庄空间再生产。他们还注册成立了乡土文创产业公司，为村庄设计旅游形象标志和文创衍生纪念品，利用线上线下各种活动积极推广营销本地农特产品。团队还身体力行地将一处农房改建成民宿，作为团队长驻的基地，也希望以试验性的示范带动村民发展农家乐和民宿经济。

来自村庄外部的团队和社会精英们，成为推动村庄建设非常重要的社会资本力量。外来精英对乡村价值进行发现、认可和挖掘的行动，能够为当地村民做出积极的示范。更重要的是，他们是村庄与外部资源沟通连接的桥梁，有利于促进人、财、物等更多资源要素注入村庄建设。将 3D 墙绘项目引入王村的发起人是一位当地记者，他利用自身丰富的社会网络资源，积极地帮助招商引资，希望促进市场资本与村庄的联合，来解决村庄项目开发的资金问题。在他的牵线和引介下，陆续有投资商进村考察，洽谈项目投资，如利用村庄空置房屋开发特色民宿、餐饮服务等旅游配套项目。

初期参与王村建设开发的外部团队很多，每一支团队都有自己的目标和行动方案。但总体上缺乏核心组织和统筹，没有形成一致的行动，为持续性的开展建设埋下隐患。

6.5.3 政府项目：公共基础设施配套

突如其来的“网红人气”给王村带来大量游客的同时，也暴露出村庄基础设施配套严重不足的问题。村庄内不仅缺乏场地设施开展一些旅游活动，就连基本的停车、公厕、餐饮等服务配套也无法满足游客需要。王村村集体经济收入微乎其微，只有向上级政府寻求支持，依托美丽乡村建设项目的公共资金投入，开展基础设施建设。

随着村庄关注度越来越高，镇政府也更加积极地支持村庄建设。一方面，帮助村庄向上申报争取市、区级的村庄创建项目，包括美丽乡村“一事一议”项目、3A景区村庄创建等，获得上级财政资金支持；另一方面，镇本级也在资金和项目上直接给予更多帮助，镇政府帮助承担了村庄规划设计的费用，并先后为王村开展前期建设垫资100余万元。在政府的支持下，王村实施了一系列环境整治项目建设，包括村道硬化、绿化、沟渠整治、环境卫生设施改造等，利用村内的废弃场地开展土地整理，修建了停车场、公厕、小广场、小公园等公共设施和活动空间（表6-8）。

王村近年主要公共建设项目　　表6-8

时间	公共建设项目	资金投入	资金来源
2014—2015年	村委办公楼、村文化礼堂	150万元	农村“一事一议”财政补助48万元
			土地整理复垦政策补助35万元
			市交通局援助50万元
			村庄自筹
2016年	3D墙绘	40万元	镇政府补助20万元+村庄自筹
2016—2017年	村庄环境整治（道路硬化、沟渠整理、危旧房拆除等）	—	各类农村环境整治项目补助资金
2018年	村同创广场、村庄公园	40万～50万元	镇政府垫资+村庄自筹，农村项目补助

总体来说，乡镇政府以促进本地发展和提振乡村经济为主要目标，与村庄结成了发展同盟。初期，政府积极地帮助村庄引入外部资源，外来精英和团队最初大都是通过镇政府的“牵线”参与王村的建设行动。当村庄建设显现出一定的市场潜力时，政府更是积极地给予公共资源的支持和倾斜。但是，乡镇政府并没有直接介入村庄建设的决策和项目实施，也不参与具体的建设组织和治理过程，对建设行动的约束和管控相对有限。

6.5.4 村社集体：村庄权威缺失和内部整合失败

王村的经济基础薄弱，村庄集体经济收入几乎为零。村庄300余亩农田，十多年前已全部流转给龙头企业种植花木，村集体没有对集体土地的使用支配权。集体性治理资源的缺失，导致村社公共品供给处于真空状态，开展集体行动的难度很大。村社内部的整合能力不足，面对突如其来的外部资源输入，无法实施有效的对接，村庄开发计划也最终流产。

在对待村庄旅游开发计划的态度和行动上，以村支书为代表的村干部和多数村民之间存在不小的分歧。

1. 与外来精英结盟的村支书

王村的村支书积极主张和支持村庄旅游开发，希望依赖外来精英的智力资源和社会资源实现对村庄的改造建设。从墙绘项目开始，到各类乡建团队入村，村支书始终非常欢迎，积极配合外来团队在村内开展各项建设活动。他邀请外来团队担任村庄发展“总策划师”，自己承担着外联内合的角色。外来精英提出的各类村庄改造方案，也需要借助村支书的力量，协调村内意见、说服村民、落地实施。

> “一开始引入3D墙绘，很多村民都不同意在自己家墙上绘画。村干部一起去做工作，一家一家说服，才有一点成效……游客量上来后，旅游团队组织在村里开展活动，村干部又要组织村民提供餐饮服务、打扫环境卫生等，还要想办法提供活动场地，工作量很大。”
>
> ——王村调研访谈记录

2. 参与和支持度都很低的村民

相比之下，王村大多数村民对村庄开发和建设计划的参与程度很低，缺乏对建设成果的支持和认同。

村庄建设以外来精英为主导，总体思路是围绕乡村艺术、创意经济等开发村庄旅游，这些建设内容距离普通村民太遥远，与村民的日常生活关联不大，大多数村民对村庄旅游建设的态度是“不理解”“不看好”“不感兴趣”。村内老年人居多，对新鲜外来事物的接受度较低，也鲜有年轻人回村参与村庄发展建设。即便村庄网红效应显现、涌入大量游客，大部分村民仍然对村庄旅游开发持观望态度。全村仅有一两户村民参与开设农家乐。

建设活动的实施过程中，村集体动员能力不足，普通村民没有实质性地参与，很难形成认同感。村民没有共同参与开发的诉求，更难以形成支持建设的集体行动力。特别是当项目建设触及村民个体利益时，村民多数不愿配合，村集体的利益整合和协调往往陷入僵局。当持续两年的网红热度逐渐退潮，村庄游客数量下降，原先的开发计划因各种原因受阻停滞，大部分村民更加表示出对建设计划的不信任，认为“这是不现实的，没有给村民带来实际的好处”[①]。

> 王村试图推进一系列村庄公共配套项目落地时，如修建公厕、疏通道路、新建游客中心等，涉及与村民的土地、房屋等权益关系纠纷，往往协调难度很大，实施阻碍重重。在村庄市场效应很好的时期，有投资商希望投资改造村民空置房屋，开发经营民宿、餐饮等项目，都难以与村民协商一致，最终不了了之。“有投资商来谈了很多家，都没有成功。村民不愿意，即使房屋空着也不愿意出租……村民没有长远眼光，只注重眼前的实际利益。”
>
> ——王村调研访谈记录

① 王村调研访谈记录。

3. 村庄内部权威的缺失

王村的村民动员不足，集体资源整合难度大，关键在于村庄内部缺少核心权威。现任村支书是个80后的年轻人，2013年才当选村党支部书记，新官上任，一腔抱负，希望尽快改变村庄落后面貌。村支书年轻，容易接受新鲜事物和理念，因此能够认同外来精英团队提出的种种开发方案并积极支持。但也因为其年纪轻，担任村支书时间短，在村内的权威不足、号召力不够，缺乏治理经验来实现村庄整合。村庄开始实施3D墙绘项目时，一些村民甚至有抵触情绪，认为书记凡事都听外人的。2017年村庄换届选举后，新上任的村委会主任年纪较长、在村时间长、村内权威较高，他在村庄建设上的思路与村支书意见相左，对旅游开发持否定态度，因此村庄开发计划也随之搁浅。

6.5.5 治理运作特征

当前的乡建大潮中，知识分子、城市精英、社会组织或团体下乡参与乡村建设已是较为普遍的现象，王村的案例有相当的代表性。区别于大资本投资的村庄建设，本研究将其称为“外来精英介入型”。外来精英参与乡村建设可能是出于乡村情结、兴趣爱好、社会责任、研究体验等不同原因，他们并不具有雄厚的资本实力，无法像企业一样直接投资开发，但往往能为村庄带来新的知识、信息、技术或是发展的契机，是促进城乡交流的重要载体。

从“无名小村”到“网红村”，最后又归于寂寂，王村的建设并不能算作一个成功的典型，但它却从另一个角度显示了有效的组织机制和治理结构对建设结果的重要性。

王村的经济基础薄弱，村级组织本身缺乏发展性的治理资源，因此必须从外部寻求资源支持。外来精英的介入，是村庄改造的重要契机。外来精英与村庄、政府结成了发展同盟，共同推动村庄建设开发。外来精英需要借助村庄内部权威的领导力或是政府权威，才有可能在村庄内落实其发展设想；村庄需要从外来精英那里获取智力资源和社会关系网络，以引入更多的市场资源和发展机会。政府基于发展预期和政绩要求，投入公共项目支持村庄开发建设，帮助村庄提升经济。这一发展同盟的达成，使村庄在短期内聚集了各类要素资源，触发了乡村建设的启动，并迅速产生一定的成效。

但是，当建设进一步深入，特别是外部要素与村庄内部资源的对接和交换，需要一个有效的治理组织结构来实现资源整合，进一步达成行动共识和各方利益的均衡，才能持续地推进建设。而从王村的实践行动来看，外来精英、村社集体和政府结成的发展同盟是非常松散的，呈现出一种分散的、无中心的结构关系，缺乏主导性的权威。首先，参与王村建设的外部团队不少，有各自的行动主张，却没有整合成一个整体性的建设方案，并由统一的运营团队稳定而持续推进。加之村庄领导内部意见相左，一些团队中途退出或放弃，难以持续地为村庄提供资源支持。其次，政府的支持也仅仅是少部分公共项目和资金，组织性的介入十分有限。更重要的一点，村庄内部权威缺失，村庄组织动员和资源整合失败，难以达成目标一致的集体行动，更无法实现村庄内外部资源要素的交换，阻碍了更多市场资源进入的可能性，最终建设搁浅（图6-18）。

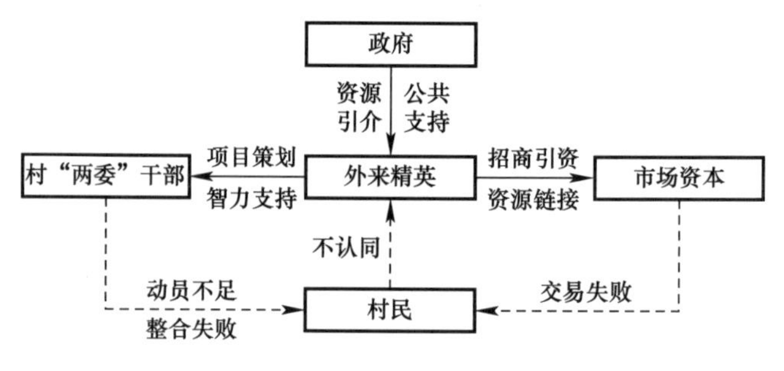

图 6-18　王村村庄建设的治理运作结构

6.6　本章小结

在同样的乡村建设政策环境下，4 个不同的村庄建设过程，由于不同的参与主体在运用政策所提供的规则和资源条件上采取了不同的行动策略或者组织方式，从而在实践层面形成了多元化的治理运作特征，反映出行动主体对治理结构的再塑造，并由此产生出不尽相同的建设结果。

基层政府推动型的建设案例中，乡镇政府居于治理结构的核心。乡镇政府掌握项目决策权，引导项目资源的配置，并且通过下设的政府企业对村庄资源和市场资源进行积极的组织和整合，更好地践行地方发展意图。村集体组织和市场投资者都依附于政府。有发展潜力的重点村庄受到政府青睐，从而获得更多的项目和资金支持，也更具有市场发展机会。外来的市场投资者经由政府引介而下乡，积极配合政府的发展决策，并主要依托政府作为中介达成与村庄资源的交易。

村庄主动型的建设案例中，村集体组织居于治理结构的核心，并且与政府、市场主体之间构成合作伙伴关系。村集体根据自主需求，向上争取政府公共项目资源，并展示出积极的建设成果；政府也乐于将积极的村庄建设成效作为示范榜样，于是倾向性地对村庄进行持续的资金和项目支持；市场投资者通过村干部的引介参与村庄建设，与村集体达成交易契约，共同分享土地和空间的增值收益。在这里，村庄内部权威非常关键，起到外联内合的积极作用。

企业投资型的建设案例中，企业资本是推动建设的核心力量。开发企业通过资本投入，获取村庄资源的开发经营权，与村集体结成利益共同体。村集体获得股份回报，村民也将享受村庄开发的外部收益，包括住宅更新、就业机会等。政府对开发项目在土地指标、公共项目等方面给予支持。这种典型的土地开发式的村庄建设，核心的治理问题在于村民将面临的“非对称”风险，以及村民与企业之间的利益博弈。

外来精英介入型的建设案例中，外来精英是村庄建设的契机和原动力，与村干部、政府结成发展同盟的关系。外来精英的介入连接了村庄与外部市场，各类要素资源汇集有效地推动了村庄建设。但是，在缺乏核心权威和组织机制的情况下，松散的同盟关系脆弱且不稳定。特别是如果不能有效地实现村庄内部动员和集体资源的整合，村庄建设容易受阻停滞。

第 7 章　治理机制与建设效应：四个案例的比较①

乡村建设中各参与主体在行动上的取向差异，产生了不同的治理运作特征，也进一步影响村庄建设的治理效应。本章构建比较框架，进一步对浙江省宁波市奉化区 4 个村庄建设案例的治理运作机制和建设效应进行比较研究，由此系统性探讨影响建设效应的关键性治理要素和微观机制。

7.1　比较框架

1. 治理机制

从已有研究来看，大多数对治理机制或治理模式的分析主要集中在参与主体、治理资源、组织架构与行动规则、利益分配等方面。徐晓全（2014）认为，乡村治理主要包括治理主体的产生方式、组织机构、治理资源的整合以及存在于乡村社会的纵向和横向的权力关系等。德里森等人（Driessen et al.，2012）从政府、市场和市民社会的关系提出过一个治理模式的概念分析框架，包括了利益相关者、制度机制及政策特征。林艳柳等人（Lin et al.，2015）在研究广州、深圳城中村改造的不同治理模式时，提出一个包含 4 个维度的分析框架，即利益相关者特征、制度特征、城市背景和社区背景。陈锐等人（2016）基于治理结构视角对当下一批乡村建设试验进行考察时，主要包括了两个交互的方面：一是治理主体的行为模式，包括建设行为的组织、资源获取和整合、组织机构的管理和协调；二是治理主体与其他相关群体缔结的治理体系，以及基于这一关系所取得的治理效应。

参考已有研究的基础上，本书提出一个对不同案例治理机制的比较分析框架，主要包括治理资源、组织机制和利益格局 3 个方面。

首先是治理资源。田原史起（2012）将乡村治理资源概括为 3 个不同领域，即“公”领域、“共”领域和“私”领域，三者各自代表了不同的资源供给原则：“公”代表着政府以再分配原则为基础划拨的资源，“共”代表着社区以互惠原则为基础筹集的资源，“私”则代表着企业或私人以交换原则为前提供给的资源。当前乡村建设行动中，政府掌握着公共项目和资金的分配，村集体拥有土地资源，村社内部劳动力和资金等集体资源，外来精

① 本章部分内容发表于《城市规划学刊》2021 年第 1 期：
孙莹，张尚武．乡村建设的治理机制及其建设效应研究：基于浙江奉化四个乡村建设案例的比较 [J]．城市规划学刊，2021（1）：44-51.

英和企业拥有乡村建设稀缺的资金和市场资源。建设行动的开展，就是参与主体将各自掌握的资源投入乡村空间生产的过程。不同领域的治理资源在建设中的主导性和支配性，决定了参与主体之间的权力关系。

其次是组织机制。组织机制关系到来自不同领域的治理资源的整合。对不同领域的资源进行动员，以较小的组织成本实现村庄内外部资源要素的转化和交易，是村庄建设得以顺利开展的重要条件。组织机制，包括由谁来组织、以什么方式进行资源整合等，决定了治理的组织成本。它在不同的治理结构中表现不同，也直接影响到建设过程和治理绩效。

最后是利益格局。治理是一个多方参与的过程，相关利益主体的平衡和协调是乡村治理的重点和难点。在这里，利益格局主要是指经由建设产生的乡村资源或资产增值以后的分配关系。不同的利益分配格局，首先涉及公共性或者公平性问题，关系到基层社会的稳定和基本秩序；其次，它涉及未来的发展权，影响乡村建设的持续开展。

2. 建设效应

如何从治理视角来评价乡村建设效应，已有研究鲜有统一的分析框架。研究者根据研究目标不同，构建不同的评价框架。郭正林（2004）针对村民自治的制度效应提出过一个评估框架，包括经济增长、社会分配、公共参与及社会秩序四个方面。郭旭（2019）在对存量建设用地改造的空间治理模式的比较研究中，是以土地增值收益的实现和分配公平作为衡量治理效应的要素。施德浩等人（2019）在比较资本下乡和精英下乡两种治理模式时，采用农业、农民和农村的发展路径来衡量不同治理模式的效应。

本书结合乡村建设中的治理问题来构建对乡村建设效应的评价框架（图 7-1）。当前政府主导开展的乡村建设，包含着两个层面的目标：①改善乡村地区的公共品供给水平；②促进乡村地区经济社会的持续发展。乡村公共品供给的有效性和建设的可持续性，是已有研究中讨论较多的两大议题，也是当前乡村建设中主要的治理难题（折晓叶 等，2011；申明锐 等，2019）。因此，本书从公共供给有效性和建设可持续性两个维度来评价建设效应，并考察其与治理机制的关联性：

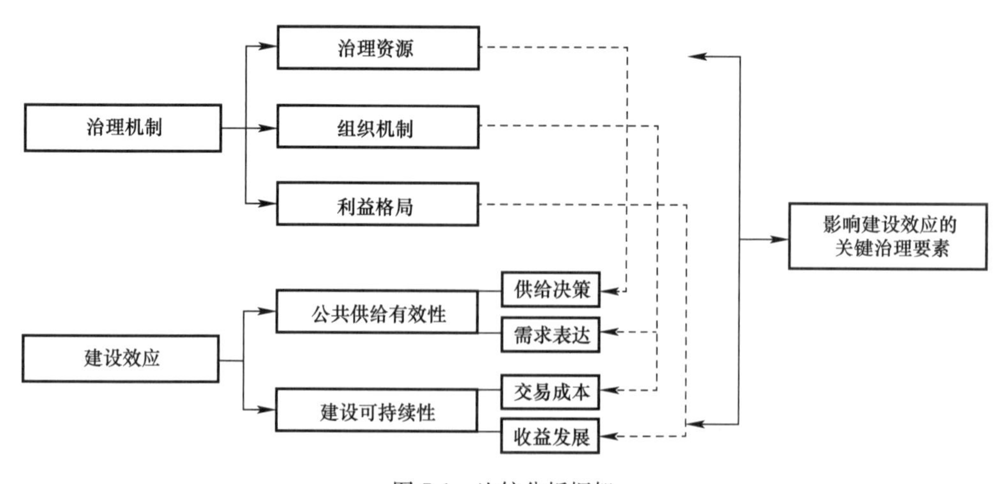

图 7-1　比较分析框架

（1）公共供给有效性，主要是指建设项目与村庄实际需求之间的匹配程度，它取决于供给决策和需求表达两个方面。不同治理结构下，参与主体的权力结构往往决定了建设项目的供给决策，而治理组织机制中是否有实质性的村民参与，则直接关系到村庄实际需求的表达。

（2）建设可持续性，主要指短期的建设投入能否转化为村庄持续发展的能力，它不仅在于资源投入与产出回报的平衡关系，更重要在于是否形成村庄公共品供给的长期机制。它与治理的组织机制和分配格局密切相关。

7.2 治理机制比较

7.2.1 治理资源

本书采用田原史起（2012）对治理资源的分类：基层治理资源主要来自政府、社区和市场，即“公”“私”“共”3个领域。

来自“公”领域的治理资源，主要是各级政府和部门投入乡村建设中的公共财政资金，实践中以项目的形式投放，主要用于乡村地区的空间环境改造、公共基础设施建设等，是政府以再分配的原则进行的乡村公共品的直接供给。对于当前很多村庄来说，政府的公共投入往往是建设发展的起点。公共设施的改善带来乡村空间价值的提升，也为引入市场资源创造了有利的发展环境。

来自“私”领域的治理资源，主要是来自市场投资者的资金和项目资源，参与乡村发展建设，如旅游开发、民宿经营、规模化种植等。市场资源的投入弥补了村庄建设资金的不足，遵循“市场交易”的原则，与村庄土地等资源要素进行交易，并期待相应的市场回报。对于村庄来说，通过建设吸引市场投资项目，完成从村庄建设向村庄经营的转换，不仅是村庄经济发展的需要，也是一种以市场机制来解决乡村公共品供给的途径。

来自“共”领域的治理资源，主要是村社集体性的治理资源，它不仅仅局限于社区资金，还表现为村社内部基于共同体的组织性资源，包括“熟人社会”的关系资本、共同行为的约束规则、基于互惠的集体行动等，这些构成乡村基层治理秩序的关键。对于中国乡村社会而言，较之于“公”领域 和“私”领域，“共”领域历来承担着更为重要和关键的角色。

本书4个建设案例中，都有来自“公”领域、“私”领域、“共”领域的资源，但是不同领域治理资源的主导性和组合关系存在明显差异，由此决定了参与主体之间的权力关系（表7-1）。

4个建设案例的治理资源比较 **表7-1**

类型案例 治理资源	基层政府推动型 （堰镇）	村庄主动型 （金村）	企业资本投资型 （鸣村）	外来精英介入型 （王村）
政府公共投入	上级部门专项资金、村庄创建资金、“三农”补助等	村庄创建资金、土地整理补贴	基础设施投入、土地指标等政策支持	村庄创建资金、基础设施投入

续表

类型案例 治理资源	基层政府推动型（堰镇）	村庄主动型（金村）	企业资本投资型（鸣村）	外来精英介入型（王村）
村级集体投入	几乎无	村民自有资金、村集体收入	村庄资源开发权转让	无
市场社会投资	民宿、旅游项目（乡镇招商）	民宿、休闲农业项目（村级招商）	度假村开发（大型企业投资）	项目未成（外来精英引介）
主体间权威结构	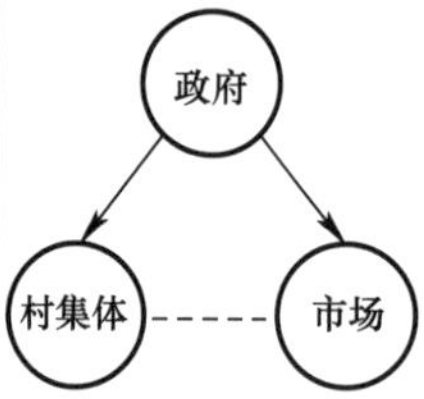 政府→村集体、市场 行政权威	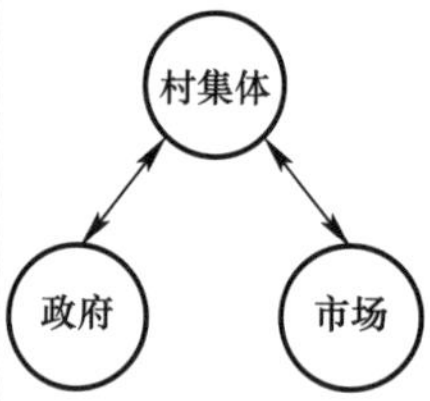 村集体↔政府、市场 村庄权威	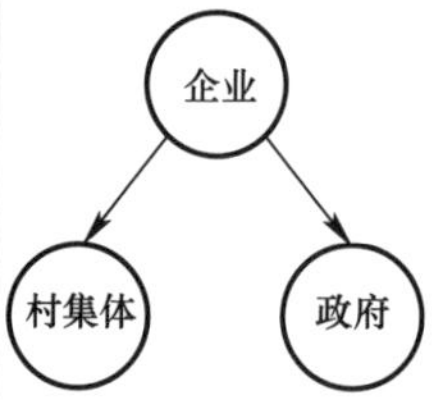 企业→村集体、政府 资本权威	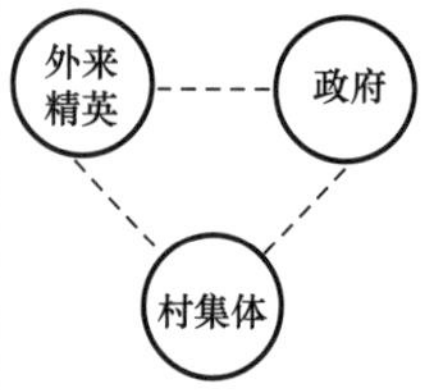 外来精英、政府、村集体 无中心权威

政府推动型的建设案例中，主要的治理资源既有来自政府的公共投入，也有来自市场投资者的资金，其中，来自政府“公”领域的治理资源起主导性作用。乡镇政府积极利用来自上级部门的项目和资金，首先改善了乡村的空间环境和发展条件，为吸引市场资源奠定了有利的基础。基于再分配的原则，乡镇政府有意识地将公共资源投入到重点领域（比如乡村旅游）和重点地区，主导着建设发展方向。市场资源的跟进，是对政府公共治理资源的进一步追随，市场主体选择与政府合作，有意识地将资源投入政府重点导向的村庄和项目。而村社集体因为缺乏治理资源，因而在建设过程中缺少话语权和主体性。因此，基层政府居于治理结构的权力中心，市场主体依附于政府、缺乏治理资源的村集体更加依赖于政府。

村庄主导型的建设案例中，治理资源包括了政府公共项目资金、村社集体资源和资金，以及引入的市场项目投资的三方组合，其中，最重要也是最宝贵的治理资源来自村社“共”领域的部分。它不仅是指村集体所有的物质性资源，比如集体资金和土地等，更重要的是建立在集体关系基础上的一种组织性资源。村社集体资金的投入、村社成员集资入股参与，成为村庄自主开展改造建设的前提和起点，使村集体掌握了建设的主动性和话语权。建设过程中，村庄精英显示了卓越的治理能力，通过内部动员和组织强化了“村社共同体”意识，并进一步转化为村社集体行动的能力，有效地实现了村社内部的资源整合。正是在村社内部资源整合和集体行动的基础上，村集体才有条件对接政府项目和市场投资。同时，村集体的主动谋划和组织运作，将来自“公”领域和“私”领域的资源进一步转化为村社“共”领域的治理资源，满足村庄建设和发展的需求。总体而言，村社“共”领域治理资源的作用，产生了积极和主动的集体行动能力，使村集体在与政府、市场等力量的合作中占据了权力核心的位置，确保了建设发展中的村社自主性，而不是依赖关系。

企业资本投资型的建设案例，治理资源主要来自“私”领域的市场资本，村庄建设由开发企业主导。企业的投资弥补了村庄建设的资金短缺；基于市场交易的原则，村集体将村庄资源的开发权转让给了企业，对于村庄未来的开发建设和经营没有多少话语权；地方政府给予了一定的政策性支持，公共资源的介入是基于市场开发效应的预期，同样受到市场资本力量的影响。因此，资本权威居于主导性地位，无论是村庄的改造程度，还是新的度假项目的开发，都取决于企业的投资力度。

外来精英介入型的建设案例，行动起始的治理资源来自外来精英的市场关系网络和政府公共投入的合作。参与建设行动的外部精英和社会团体，未必是拥有资本的投资者，但他们具有丰富的社会关系网络，能够成为村庄和市场资源的沟通媒介；政府的公共投入主要用于帮助村庄改善发展条件。来自"公"领域和"私"领域治理资源的合作在村庄建设初期发挥了一定的积极作用。但是，外来精英、政府和村社组织之间没有形成权威核心，来自"公"领域和"私"领域的治理资源在与村社"共"领域进行连接和整合时出现了缺失："公"领域的投入没有刺激促进"共"领域的生长，"私"领域的资源没有实现与"共"领域资源的交换，最终建设无法进行下去。

事实上，在当前的乡村建设中，大部分村社"共"领域的治理资源都十分匮乏，村庄建设大多需要依赖外部的政府投入或者市场投资，这是造成当前乡村建设中村社自主性较弱的重要原因。农村土地改革以后，很多村集体经济收入几乎为零，集体性的治理资源严重匮乏，再加上城市化和商品经济的冲击，乡村社会结构原子化、集体组织能力退化，造成村庄治理"中空"。然而，无论是政府公共项目在村庄的落地实施，还是资本投资与村庄资源顺利达成交易，外来的"公"领域或"私"领域的治理资源，要在村庄层面产生积极的效果，都必须依托"共"领域的治理基础。从前述几个案例来看，金村"共"领域的治理资源最强，不仅村社集体资金投入建设，更有强大的集体组织资源，能够有效地将来自"公"领域和"私"领域的治理资源为集体所用；而王村"共"领域的治理基础最弱，即使前期有大量的外部资源进入，最终也难以形成持续的建设成效。

7.2.2 组织机制

来自不同领域的治理资源进入乡村建设的场域，资源的整合和组织是建设行动的前提。良好的治理，意味着尽可能地降低组织成本、提高整合效率。不同的村庄建设过程中，参与主体权力关系和行动策略的不同，决定了资源整合的组织机制也不尽相同（表 7-2）。

4 个建设案例的组织机制比较 **表 7-2**

组织机制	基层政府推动型（堰镇）	村庄主动型（金村）	企业资本投资型（鸣村）	外来精英介入型（王村）
组织层级	乡镇整合	村级整合	村级整合	缺乏整合
组织者	乡镇政府	村庄权威	企业＋村"两委"	缺乏权威
组织手段	行政动员	村级动员	市场规则＋村级动员	缺乏组织

政府推动型的建设案例中，基层政府承担了组织者的角色，采取行政动员的组织方式，在乡镇层面实现资源的整合和统筹。一方面，乡镇政府发挥了地方行政权威的作用，对来自上级部门的公共资源在本地进行再分配和再组织，保证资源投入到乡镇指定的重点

村庄和项目上；另一方面，乡镇政府通过下设的政府企业（旅游公司）代理，将分散的村庄闲置土地、房屋等资源进行统一流转和收储，有目标地寻找市场投资主体，促进市场资源与村庄资源的对接。由此，经由基层政府的行政组织和运作，公共部门的资金、市场投资、村庄资源都汇集到乡镇层面进行统合和配置。它实现了公共资源的精准投放，减少了市场主体与村庄或者村民谈判博弈的中间环节，利于市场资源更有效率地进入乡建领域。但是，政府组织的行政成本是比较高的，特别是对村庄内部的整合，如果不借助村级组织的有效执行，很难实现。

村庄主动型的建设案例，村庄权威是主要的组织者，通过村社自组织的方式，将来自村庄内、外的治理资源在村级层面实现整合统筹。首先，村庄内部资源的整合，包括村民的动员和集体土地资源的再集中。“村社共同体”的基础发挥了非常重要的作用，村社内部基于血缘、地缘关系的社会关系网络，化解了村社内部组织交易成本，是实现高效整合的关键因素。其次，村庄外部资源的运筹。主要是将来自外部的政府项目、市场资源与村庄资源进行对接，转化为有利于村庄发展的积极资源，村庄精英的领导和组织能力发挥了关键作用。基于村社自组织，完成了内部的行动和资源整合，外部主体和资源进入村庄时的成本较低、阻力较小，建设行动才能够顺利有效地开展。

企业资本投资型的建设案例，主要以市场交易的方式进行组织整合，企业和村集体在“资本—资源交换”的基础上达成合作开发。市场组织行为的基础是交易价格的可接受和各方利益的均衡，因此，治理关键就在于村庄与投资企业之间的博弈程度。如果达成双方都认可的协议，建设得以开展；否则，要么是投资主体难以进入村庄，要么是村民利益受损并危害到基层稳定。在这个过程中，企业与村民的交易必须借助村社组织才能实现，村社内部的组织和整合程度是交易关系能否达成的前提。企业投资实质性进入之前，村“两委”对村民进行了充分动员，就土地和房屋征收价格、补偿和分配方案等经由村民内部讨论达成一致意见。这样，企业不是与分散的农户进行个别交易，而是与一个集体组织进行谈判，降低了交易过程的组织成本，也更有利于保护村民个体权益。在这里，村“两委”是否作为村民“保护型经纪人”与企业进行谈判，关系到村庄开发建设中的基层秩序和社会稳定。

外部精英介入型的案例，显示了一个欠缺有效组织机制的不成功的村庄建设。外部精英的介入，没有激活村社内部的自组织能力；村庄权威不足，内部资源无法整合。当需要外部资源进入时，面对的仍然是分散的农户个体，交易组织成本过高。

综合来看，政府的行政组织、村社集体的自组织、基于市场的组织手段，在治理资源的整合中各有作用。所有的治理资源进入村庄，都需要面对与村社内部资源进行交易的组织成本问题，归根结底是对村社内部组织和资源整合能力的考验。村社集体的组织能力越强，资源整合成本越低。农村土地改革以后，村社内部的土地和资产的使用权几乎是分散在农户个体手中。只有将内部分散资源进行有效整合，才能最大限度地减少与外部资源对接的组织成本。而村社内部的资源整合，既建立在村社集体共有的经济关系上，又浸润于

“熟人社会”或“半熟人社会”的组织结构里，只有村社一级组织才能通过内部化的经济关系和社会结构关系，以较低的成本实现有效的整合和动员。因此，如何在外部资源输入的条件下，重建和激发村社集体的组织能力，是乡村建设治理的核心和关键。

7.2.3 利益格局

乡村建设改善了乡村发展的总体环境，也提升了乡村空间价值。多元主体的介入过程，是一个空间资源重组和利益重构的过程。空间增值收益的实现与分配是关系到治理成败的关键（表7-3）。

4个建设案例的利益分配比较 表7-3

利益格局	基层政府推动型（堰镇案例）	村庄主动型（金村案例）	企业资本投资型（鸣村案例）	外部精英介入型（王村案例）
地方政府	治理目标实现，主导资源配置和发展收益分配	治理目标实现，政绩回报	分享开发的政绩回报	—
村庄	环境福利提升、发展权上收到乡镇一级	集体资源的再集中，村级经济提升、村民福利增加	股份合作收益、集体资产减损	公共环境局部改善
市场投资者	共享项目收益	共享项目收益	村庄整体开发权	—

政府推动型的建设案例，基层政府主导空间增值收益的分配关系。在乡镇政府的主导下，以生态旅游为导向的乡村建设带动了地方经济的整体发展，参与建设的市场投资者也分享到相应的投资红利，村庄建设改善了村民的公共福利水平，总体社会效益有所提升。建设过程中，乡镇政府对一些闲置的土地、房屋等资源进行回购和整理，将乡村空间资产的开发权从村一级上收到乡镇一级。资源的集中当然有利于建设效率，但同时它也将收益分配权集中到乡镇政府手中。对于村庄而言，需要经过政府的再分配，才能获得相应的福利，比如村庄空间的改善、公共品的提供等。乡镇政府在有针对性的目标导向建设中容易造成重点村庄与非重点村庄福利供给和发展收益的不均衡。

村庄主动型的建设案例中，村集体、政府与市场投资者形成合作共赢的分配格局，村庄建设的过程强化了村集体的资源配置权，村级经济收益提升显著。村庄发展环境的改善提高了村民的整体福利水平，也完成了政府的治理目标，使地方政府的公共投入获得相应的政绩回报。村集体引入市场主体对村庄改造带来的存量空间进行再开发，与投资者共同分享增值收益，市场主体获得相应的投资回报。在建设中，宅基地腾退和土地整理，使部分土地的使用权从分散的农户手里重新集中到村集体，增强了对村庄资源的统一配置能力，并由此掌握了这部分土地的经营和收益权，进而能持续地提供村庄福利。

企业投资型的建设案例中，企业与村集体进行土地开发权的交易和转让，村庄空间资源全面重组。根据整村改造开发的合约，企业将取得村庄资源的开发权，村集体享有开发项目20%的股份收益权。尽管从当前的收益来看，村庄获得了整体改造更新的机会，村民福利水平提升，但是在未来土地增值收益中，由于一次性地出让了大部分集体土地的所有权和经营权，可能造成村社集体性资产的减损。未来村庄福利供给具有一定的风险性。

精英介入型的建设中，按照原先的开发设想，村集体组织村民成立合作社，与外来投资者共同分享建设收益。但是因为资源整合失败，开发活动停滞，难以进一步讨论彼此的利益分配关系。

7.3 建设效应比较

7.3.1 公共供给有效性

从建设项目的供给决策、村庄需求表达和村民实际参与度3个方面综合评价乡村建设的公共供给有效性：

政府推动型的建设案例中，项目供给取决于政府决策，项目实施和资金使用有严格的管理规程，村庄的操作空间较小。村干部执行政府项目的实施，而一般村民实际上较少参与村庄建设，也缺少表达自身需求的参与途径。在村庄进行申报项目的各个环节，乡镇政府都会介入并授意村庄开展相应的项目申报，村庄基本上是在政府的计划框架内做“选择题”。这就造成了很多入村项目虽然是公益的，但并不是村庄最需要的。项目实施过程有严格的管理流程，下拨的资金须严格执行“专款专用”的规定，从设计、预算、施工到验收等环节，由乡镇联系第三方公司操作，村庄的自由裁量权非常小。以村庄环境整治提升工程为例，每个申报成功的村庄可以获得300万元资金的项目补助，但实际上由村庄实际支配的资金在60万元以内。

> “虽然现在政府项目进村多，但对村里来说，做不了多少实际有用的事。……特别是实行村账镇代理以后，建设工程项目款不经过村里，虽然对上面来说，资金使用规范和安全了，但对村里来说，办不成什么事。比如，我们村民在后山有作物，特别需要做机耕路（建设）进山，但是目前政府没有这方面的项目（计划），争取不到资金。政府鼓励我们做环境整治和旅游项目，只要申报就有项目，给的资金只能用在这两个方面，那我们只好做公园，村里一个公园做几遍，做了又做，但是机耕路始终做不了。”
>
> ——堰镇某村村支书访谈

村庄主动型的建设案例中，建设行动本身是基于村庄自主改造需求开展的，项目的决策权和实施操作权都由村级组织掌握。由于村庄建设包含了村民的资金动员，与村民利益直接相关，因此村民的参与积极性很高。建设过程中，一般重大建设事项，都须经由村民代表大会讨论通过，在“草根民主”的基础上实现了多数村民的全面参与。村民代表还专门成立了“新农村建设领导小组”，自发地对项目建设中的利益分配、施工环节等进行监督管理。尽管金村很多项目和资金也来自上级政府部门，但项目决策和实施并不像堰镇的村庄那么被动，主要归功于村庄精英积极的项目运作能力。金村的公共项目多数是“先建后申报”，即先根据村庄的需求开展自主建设，再将符合政府项目条件的部分打包来申请公共资金支持，掌握建设的主动权。这种对公共项目自上而下输入的反控制手段，实现了公共供给与村庄实际需求的有效结合。

企业资本投资的建设中，项目建设供给和村庄需求的关系主要由企业和村集体通过博弈达成平衡。企业取得村集体土地开发权的代价，是需要为全体村民提供住房更新和村庄公共设施。村民授权村“两委”代表，通过价格和利益博弈实现需求表达，使项目供给与实际需求相匹配。值得注意的是，以土地开发为主要目的的村庄项目未来可能演变成资本控制下的商品化建设，对村庄公共供给的长期有效性构成风险。

外来精英介入型的建设中，村庄建设决策最初主要由外部精英和村干部主持，比如 3D 壁画、特色民宿等。建设内容与村民的日常需求距离较远。虽然从长远角度来看，这些项目有可能为村庄带来经济效益，进而提升村庄总体福利水平，但是由于村民对项目的实际参与意愿很弱，不能将自身的需求与正在开展的项目联系在一起。在没有村庄权威强力推动的情况下，建设项目遭到村民的冷遇甚至抵触，导致供给无效。

对比 4 类建设案例，具有一定的村社自主性且村民参与度较高的金村，在实现项目供给和村庄需求结合方面是一个较成功的典型。对当前大多数的村庄建设来说，因为村级治理资源的匮乏，面对外部的输入式项目，公共供给取决于政府或者市场，村庄的自主权很小。制度设计中如果缺乏村庄意愿的有效表达途径，不能激活村民的实际参与度，村庄建设的公共供给就很难摆脱失效的困境（表 7-4）。

4 个建设案例的公共供给有效性比较 **表 7-4**

供给—需求	政府推动型（堰镇案例）	村庄主动型（金村案例）	企业资本投资型（鸣村案例）	外部精英介入型（王村案例）
供给决策	政府决策	村集体自主决策	投资企业	外部精英+村干部
需求表达	较弱	村民大会+草根民主	村民博弈	较弱
村民实际参与	较少参与	充分参与	部分参与	较少参与
供给有效性	较低	高	不确定	较低

7.3.2 建设可持续性

对建设持续性的判断主要基于两方面：一是建设投入与回报的平衡关系，二是短期的建设投入能否转化为村庄持续运营的发展能力，而后者对村庄长期的发展更关键。

政府推动型的建设案例中，建设投入主要来自政府公共财政，以及在政府引导下跟进的市场投资。公共资源和市场资源的集中投放，短时间内对乡村空间环境的改造成效十分显著，也打开了乡村旅游市场。在村庄层面，公共建设主要依赖一轮又一轮的政府投入和各类涉农补助。特别是重点建设村庄，虽然村庄的总体公共供给和福利水平显著提升，但是村庄必须不断地索取政府项目，才能维持现有的建设水平。在当前的建设模式下，政府项目与市场资源联手，地区总体经济提升，而村庄仅仅是消费空间生产的提供者。政府资源的输入没有激活村庄自主发展和运营的能力，一旦离开了政府投入，大部分村庄的建设和运营都难以为继。对比堰镇核心区重点投入的几个村庄 2013 年和 2016 年的村集体经济收入（表 7-5），这期间堰镇乡村旅游发展形势大好，为乡镇带来了丰富的市场资源和游客量，但各村基本只负责提供场地和接待设施，获得少量的场地租金，对各村集体经济收入的增长没有显著贡献。

堰镇核心区重点建设村庄的村集体收入状况（2013、2016 年） **表 7-5**

村庄	年份	总收入（万元）	总收入细分					除去补助之外的收入（万元）
			经营收入（万元）	发包收入（万元）	投资收益（万元）	补助收入（万元）	其他（万元）	
堰村	2013 年	30.85	14.68	9.33	0	4.41	2.43	26.44
	2016 年	29.08	22.03	3.25	0	2.98	0.82	26.10
畈村	2013 年	7.17	3.66	0.68	0	1.46	1.37	5.71
	2016 年	13.43	5.91	0.85	4.09	2.33	0.25	11.1
溪村	2013 年	23.98	15.15	0.4	5.25	1.0	2.18	22.98
	2016 年	43.59	2.7	0.57	5.25	34.89	0.18	8.70
湖村	2013 年	15.26	0	3.12	0	12.06	0.08	3.2
	2016 年	19.9	1.00	2.52	5.67	10.63	0.08	9.27
常村	2013 年	37.47	21.4	1.3	0	14.2	0.57	23.27
	2016 年	30.37	7.6	0.96	1.83	19.71	0.27	10.66
张村	2013 年	21.8	0.48	0	0	20.48	0.84	1.32
	2016 年	71.6	30.17	1.06	13.44	26.56	0.37	44.67

资料来源：笔者根据奉化区农村经济年报表（2014、2017 年）整理

村庄主动型的建设案例，村庄建设的启动主要依靠村社自筹资金和政府公共资金的投入。随着建设开展，村集体通过宅基地的腾退转换，利用改造后的增量空间引进市场经营项目，以土地租金、物业经营等方式获取集体资产的收益回报。村庄集体经营性收入增加，成为进一步维护村庄公共建设和公共品供给的重要来源。

企业投资型的建设案例，企业全权负担村庄改造建设的投入，企业的回报建立在对土地开发的市场预期上。村集体采取了市场交易机制来解决村庄公共建设和村民公共福利的供给。但是村集体的土地使用权转让是一次性的，未来的村庄公共品维护和供给只能依赖于开发项目约定的股份收益。而村集体在交易中丧失了集体资源的经营权，如果度假村项目的市场效应不佳，村庄公共品的供给机制也将失效。

外来精英介入型的建设案例，在笔者调研期间建设已经处于半停滞状态。主要的原因在于外部资源进入受阻，内外资源无法循环交流并产生实质性的增值收益，加上政府支持有限，村庄建设难以持续。

综合来看，无论是哪一种治理结构类型，建设投入与产出回报要实现平衡，外部资源输入必须能够成功地动员起村社内部资源，形成内外资源要素的交流和交换，使资源投入转化为村集体的增值收益（表 7-6）。需要在收益增值的基础上，进一步建立起村集体公益事业的筹资机制，才能保证乡村建设的可持续。

4 个建设案例的建设持续性比较 表 7-6

建设持续性	政府推动型（堰镇）	村庄主动型（金村）	企业资本投资型（鸣村）	外来精英介入型（王村）
建设投入	政府资金 市场资源	村社资金 政府资金	企业资本	市场资源 政府资金
建设回报	乡镇发展水平提升，村庄收入增长不明显	村庄集体性经营收入增加显著	村集体以开发项目的股份收益为预期	市场回报尚未显现，村集体经济未增长
可持续性	较低（依赖政府持续投入）	较高	市场风险	低

7.4 对影响建设效应的关键性治理要素和机制的认识

在对 4 个研究案例的治理机制与建设效应比较分析的基础上，总结影响建设效应的关键性的治理因素。

7.4.1 供给有效：村社主体性与“共”领域的治理参与

村庄建设供给的有效性取决于村民实质性的参与和村庄实际需求的表达，关键的治理要素在于提高村社主体性和“共”领域的治理参与。

当前乡村建设的治理资源大多来自村社外部的“公”领域或“私”领域，以政府公共项目和企业投资为主，村社“共”领域资源的严重匮乏是造成建设中村庄主体性不足的一个主要原因。而村社“共”领域的治理资源，包括村社内部资金、劳动力等的参与不足，很难对村社成员形成实质性的参与动员，进一步导致了建设供给和实际需求不匹配的情况。在本书的研究案例中，堰镇、鸣村的建设，依靠政府的公共资源、企业的资本投入，建设效率很高，短期内对乡村公共供给的改善也较为明显。但是，缺少与村社成员利益直接相关的“共”领域的资源投入，没有村民的实质性参与，村庄建设的公共性就会受到影响，可能沦为政府意志或商品化建设的结果。相反，金村建设正是因为有村社“共”领域的治理参与，村社主体性较强，村民通过资金参与、决策参与、实施参与等多种途径参与实际建设过程，村庄建设符合了村民的实际需求，确保了建设供给的有效性。

“公”领域、“共”领域和“私”领域的治理资源，三者之间并非互相替代的关系，而是一种互补关系，或者说是相互渗透的关系。在村庄建设中，政府公共项目和市场资源的引入，应该以激活村社“共”领域的治理资源为最终目标，而不是取代或者灭失。例如，政府在对村庄创建采取以奖代补的形式，要求村庄先自筹部分资金进行一定的建设，项目验收合格才予以拨付补助资金。这相当于先动员村社“共”领域的治理资源，动员成功了，再进行“公”领域的再分配。从金村案例中也可以看到，借由政府的公共投入开展的宅基地复耕整理项目，使村庄土地重新集中到村集体手中，进一步强化了村社“共”领域的治理资源。因此，村庄建设能否在外部资源引入的过程中，找到合适的手段适时地激活村社“共”领域的治理，激发村民参与公共治理的热情和能力，就显得尤为重要。只有经过上述过程，才能通过公共品的供给，增进村庄建设的有效性和公共性。

7.4.2 建设有序：村社组织能力与内外部资源的有效整合

村庄建设的有序开展取决于村庄内外部资源的有效整合，关键的治理要素是村社层面的组织和资源整合能力。

乡村建设是一个多元主体共同参与的治理过程，涉及来自不同领域治理资源的整合和交换。村庄内外部资源交换和整合中，各类显性或隐性的交易成本决定了建设能否持续开展，而克服或降低这些交易成本则取决于组织机制。

堰镇、金村和鸣村的不同建设案例，显示了行政组织、村社组织及市场组织等不同机制，在“公”领域、“共”领域以及“私”领域资源整合中的不同表现。王村的建设失序，从反面进一步证明了治理资源的整合和组织对于村庄建设顺利开展的决定性意义。从不同组织机制的对比来看，行政组织的效率很高，但面对分散的市场资源和村庄甚至个体农户资源，需要设置专业部门和机构，组织的行政成本较高；市场组织以资本利益最大化为前提，其间有复杂且大量的博弈过程，博弈失败也可能造成基层社会的不稳定。事实上，无论是依靠行政力量，还是市场力量对村庄内外部资源进行整合时，一旦深入到村庄实践层面，都会遇到与分散农户交易的成本问题。因此，村社层面的组织和资源整合能力是最为关键的，村社集体的组织能力越强，资源整合成本越低。

首先，村社组织能力在村庄内部资源整合中具有不可替代的作用。这既与村社资源集体所有的经济关系有关，更是由乡村内部的秩序规则、文化权力关系等社会性特征所决定的。农村改革以后，土地、资产等村社资源都分散在农户个体手中，当外部主体和资源进入时，交易的组织成本是非常高的，必须依托村社组织进行内部资源的整合。在这个过程中，建立在村落共同体基础上的经济关系、村庄社会中长期“约定俗成”的非正式制度的运用，以及基于亲缘、地缘的信任关系等，能够有效地减少组织的制度成本。村庄内部权威非常关键，是实现集体动员和一致行动的基本保证。对比研究案例中的金村和王村，金村村干部在村内有很高的权威，并形成了良好氛围的组织集体，能够有效地化解内部矛盾、平衡利益关系、说服动员村民，形成强大的集体行动能力，实现村庄内部资源的有效整合，从而能够高效率地与外部资源对接。而王村正是因为内生性权威缺失，难以对村社成员进行有效动员和集体整合，最终外部资源也无法进入和转化。政府部门在选择村庄创建、进行公共资源投入时，非常重要的一项考查因素就是村级组织的工作能力，特别是能干的村庄带头人：“选择村庄创建，非常看中村干部的能力，村班子要有战斗力，才能出成效”①。

其次，积极有效的村社组织，能够充当村庄“保护型经纪人”的角色。村庄建设围绕内外部资源的交易，充斥着大量的利益博弈，分散的小农很难形成表达需求偏好和集体行动的能力。以村社成员共同利益为基础的一个良好的村社组织，能够代表村民与政府、企

① 奉化区农办调研访谈记录。

业积极地交涉沟通，有助于建设过程中形成良性的治理秩序。例如本书研究案例中的鸣村，当大型资本企业进入村庄时，村“两委”为代表的村级组织就是村民与企业的沟通中介和利益协调者，在谈判博弈中会尽可能地为村民争取利益最大化。否则，小农利益受资本侵蚀，很容易威胁到基层社会的稳定。

综上所述，村级组织建设是保障治理有效的关键要素。无论是政府行政力量，还是市场资本力量，当外部主体进入村庄时，都必须尊重村庄内生性的秩序基础，包括村庄规则、社会网络、权力关系、本土性权威等。一个积极有效的村社集体组织，会成为村庄内外部治理资源高效对接和整合的沟通桥梁。

7.4.3 持续发展：集体性治理资源与村级发展赋权

对于村庄而言，政府投入、市场投资都是一种外力干预力量，一旦项目完成，输入型的建设和改造就逐渐失去活力，持续性的建设和日常维护仍然需要由村社集体来负责。村庄公共品长期供给和集体公益事业的筹资机制，是保证村庄建设发展持续性的关键。在建设过程中主要包括两个方面的治理要素：

首先是集体性治理资源的获得。本书案例中，堰镇重点建设的村庄，以及王村的建设，依靠公共资源和市场资源的输入而启动，但是建设成果并没有转化为村庄的集体性治理资源，村级经济收入没有因为村庄空间增值而有所增加，村集体的经营能力也没有得到提升拓展。一旦外力撤离，村庄自身就难以维持现有的建设供给水平。王村建设活动的停滞已经凸显这个问题。相反，金村通过村庄空间改造，积极开展经营性项目建设，将村庄集体资源转化为可经营的资产，进而收获持续性的集体收入，为村庄公共建设的持续维护提供了资金来源。

其次是利益分配中的村级发展权益。对比堰镇、金村和鸣村的案例，三者都在建设中引入了市场经营性项目，乡村资源通过市场回报转化为价值收益，但三者的差异在于空间增值的收益分配关系。堰镇基层政府将村级经营性资产上收到乡镇一级，主导资源配置，村庄福利的供给需经过乡镇的二次分配；鸣村放弃集体资源的经营权而换取股权收益的做法，虽然短期增加了集体经济收入，但具有较高的市场和治理风险；只有金村在引入市场经营者的同时，始终掌握着集体资产的经营和发展权，提供了长期稳定的收益分配，保障了村庄持续开展建设。

因此，乡村公共品持续供给的制度设计中，村级发展赋权十分重要。公共资源的输入应以增加村庄集体性治理资源为目标，通过体制机制创新，鼓励村集体以集体资源和资产为基础开展经营性建设，并且将收益分配留在村庄本级，成为村级公益事业的来源，有助于村庄建设的长期维护和运营。

7.5 本章小结

本章对 4 个村庄建设案例的治理运作机制进行了详细的比较分析，包括治理资源、组织机制、利益格局等要素，并从公共供给的有效性和建设发展的持续性两个方面分析了不同村庄建设的治理效应（表 7-7）。从治理机制与建设效应的关联性分析中，提炼影响建设效应的关键性治理要素。研究认为：

村庄建设供给的有效性，取决于村民实质性的参与和村庄实际需求的表达，关键的治理要素在于提高村社主体性和“共”领域的治理参与。外部资源输入应该以激活村社“共”领域的治理为目标，动员和训练村民参与公共治理的能力，并提供有效的需求表达途径，才能保证村庄建设的有效性和公共性。

村庄建设的有序开展，在于村庄内外部资源的有效整合，关键的治理要素是村社层面的组织和资源整合能力。积极良好的村社组织能力不仅有助于降低资源整合的交易成本，也有助于维持基层社会的稳定秩序。

村庄建设发展的持续性，需要有一个稳定的公共品供给和公益事业的筹资机制，关键的治理要素是集体性治理资源的获得和村级发展赋权。鼓励村集体以村庄空间改造为基础开展经营性项目建设，并且将收益分配留在村庄本级，收获持续性的集体收入，成为村级公益事业的资金来源。

4 个研究案例的治理机制与治理效应比较 **表 7-7**

村庄建设类型	治理机制			建设效应	
	治理资源	组织机制	利益格局	公共供给有效性	建设持续性
基层政府推动型（堰镇）	政府主导，公共资源为主，市场项目为辅	行政动员（整合效率高/成本高）	政府主导资源分配，村级发展权上收到乡镇一级	基层政府决策，村庄参与度较低，实际需求表达不足	依赖政府资源的持续投入
村庄主动型（金村）	村社主导，政府项目+村级资金+市场资源	村社集体动员（整合效率高/成本低）	村庄、政府、投资者合作共赢，村级经济提升	村集体自主决策，村民充分参与，需求与供给有效结合	村集体经营性收入增加，持续性较高
企业资本投资型（鸣村）	资本主导，大型企业投资+政策支持	市场交易机制（价格博弈）	企业主导收益，村集体股份参与	公共供给由企业和村庄博弈决定，村民部分参与	依赖村庄股份预期收益，市场风险大
外来精英介入型（王村）	外来精英引入+政府公共资源	缺乏有效组织（整合效率低/成本高）	合作未达成	精英决策，村民未参与，供给无效	没有产生增值收益，建设停滞

第 8 章　新时期乡村建设行动与治理体系的再认识

本书第 4 章到第 7 章从历史演进、制度政策以及实践行动等不同的角度，在宏观和微观两个层面把握乡村建设的治理特征，包括结构层面的制度性条件以及行动层面的治理机制和要素。本章试图综合研究的基本内容和核心观点，结合城乡关系转型的宏观条件，对构建新时期乡村建设的治理体系做一些趋势性探讨，并分析在建设行动中政府、市场和村社组织各自的角色和其应发挥的作用。最后，从治理的视角重新认识乡村规划的定位和意义，并对其如何更好地发挥积极作用进行策略性讨论。

8.1　城乡关系转型与乡村治理面临的挑战

本书第 4 章的历史分析显示了国家现代化进程和城乡关系的结构性演化对乡村治理变迁的决定性作用，基层治理实践受到来自国家自上而下的制度性安排及其背后资源配置关系的深刻影响。对新时期乡村治理体系的认识，首先需要从国家现代化发展的角度，对当前城乡转型阶段的结构性特征有充分的认识，它们构成了乡村治理的宏观条件和基础。

8.1.1　国家对城乡资源配置关系的结构性调整

国家现代化的过程是城乡关系不断调整和重塑的过程，而其背后的城乡资源配置关系直接决定了乡村治理的资源条件。

中华人民共和国成立到改革开放以后的很长一段时间内，为建立现代化的工业体系、促进城市化快速发展，国家的制度设计不断地强化中国特有的城乡二元体制，造成城乡不平衡发展，是导致乡村地区从物质空间到社会组织基础整体性衰退的重要原因之一。自 21 世纪初开始，国家不断对城乡关系进行改革和调整。从党的十六大提出“统筹城乡经济社会发展”，到党的十七大提出“以工促农、以城带乡”，到党的十八大提出“城乡发展一体化”，再到党的十九大提出“建立健全城乡融合发展的体制机制和政策体系”，国家对于构建新型城乡关系的思路在不断提升（金三林 等，2019）。特别是党的十九大以后，“城乡融合发展”的理念旨在“形成工农互促、城乡互补、全面融合、共同繁荣的新型工农城乡关系”，更加强调平等发展的城乡关系，乡村不再是城市的附属，二者是相互补充、相互促进和相互依赖的关系。对城乡发展关系的价值取向的转变，本质上是国家对城乡资源配置关系的调整。

当前国家工业化基本实现，现代化的国家能力正在逐步提升，已不再需要从农业农村汲取资源来完成现代化建设的任务。相反，乡村发展的滞后会影响国家现代化和城镇化的长期趋势。国家十分必要也有足够的能力来调整城乡资源配置关系，对乡村地区进行资源性反哺和建设。

8.1.2 农业、农民和农村的结构性转型

中国的城镇化进程过半，城乡关系出现了革命性的变化，进入所谓“城乡中国”阶段（刘守英 等，2018a），农业、农民和村庄的结构性新特征正在显现。

首先，农业生产方式和功能形态变化。一是生产要素的投入带来农业发展方式的改变。农业技术发展，机械化的农作方式替代传统小农的生产；土地流转和土地租赁市场的发展，使农业经营规模发生变化；农业经营主体更加多样，除了传统的家庭生产单位，专业合作社、企业以及其他类型的经营主体在增多；二是城乡互动的加深引起农业本身的功能和经济形态变化。城市对乡村的需求更加丰富多样，农业也被重新定义，从单一的粮食种植拓展到健康、生态、休闲、教育等多功能复合发展的模式，为农业经济转型提供新的契机。

其次，农民的分化与代际变动。目前中国的农民大多数已经不再是传统的小农，单纯依靠农业获得收入的农户数量在减少，兼业农户数量不断增加，农户之间的分化程度越来越高。城镇化的发展促使更多的农民及后代离开乡村地区，“农二代”与土地和农业经济活动的关系疏远，生活、工作和消费方式以及文化认同都更加“城市化”，“入城不回村”的倾向也愈发显著（刘守英 等，2018a）。乡村的年轻人去城市，但也出现一些年轻人返乡现象，未来的“农民”可能更多的是一种职业身份认定。农民的分化和劳动力的再配置，对未来的农业、村庄以及整个农村现代化的走向都会产生根本性的影响。

最后，城镇化影响下的村庄分化。农村劳动力外流，村庄的老龄化和空心化加剧。受城镇化影响，村庄之间分化加剧：就地城镇化的“城中村”、城郊“超级村”可能在城市扩张过程中成为城市的一部分；一部分有区位条件、特色产业或历史文化记忆的村庄已经出现活化和复兴的机遇；传统农区的村庄有一些可能成为现代农业发展的基地，而多数村庄可能仍是人走村衰的结果。村庄形态和结构的分化，也使村庄治理面临更加多样化的挑战。

8.1.3 新时期乡村治理的结构性挑战

国家对城乡资源配置关系的调整，使乡村治理的外部环境和基础条件发生了改变；城乡结构转型，乡村社会重组重构，乡村内部的治理规则和秩序也面临新的变化。

1. 国家公共干预和政策供给如何有效回应基层治理需求

国家权力和正式制度不断地深入并改造传统乡土治理秩序，这是城乡现代化发展的必然趋势。从现实情况来看，中国乡村面临的治理问题，是长期城乡不平衡的制度性结果，仅依靠乡村自身是难以克服和解决的，需要国家自上而下地从制度层面予以回应。随着城

乡进一步融合发展，城乡公共服务制度并轨、公共资源配置均衡，意味着乡村公共供给不再游离于国家正式制度之外，也标志着政府公共干预在乡村治理体系中的进一步强化。但公共干预以怎样的形式进入乡村治理，会直接影响治理绩效。近年来各级项目下乡作为政府直接提供改善乡村公共供给的治理形式，取得一定的成效。然而，政府“一统到底”的治理逻辑与乡村基层事务的综合性和复杂性存在一定张力，公共供给的有效性和可持续性值得探讨。乡村治理环境的改善，需要政府更好地发挥公共资源配置的职能，而其核心在于资源配置的制度建设。

2. 城乡要素交流下如何创造多主体共治的新秩序

城乡要素互动交流加快，乡村置于更加开放的城乡统一市场体系，这是现代城乡关系发展的必然结果。新时期随着城乡融合发展的推进，城乡市场流通性、城乡要素交换的活跃度会大大增强。政府、市场企业、社会组织和个人等多元主体介入，乡村治理面对的不再是“村庄—农民”的单一关系，而需要应对更加复杂的利益格局和合作需要。城市要素下乡是否必然带来乡村振兴？并不尽然。多主体多要素的合作，如何能够转化为有效的乡村善治，其关键在于外部要素是否能够与乡村内部要素进行有效整合。外部要素进入乡村之后，如果不能促进既有结构与社会关系的再生产，甚至破坏这些关系，那它们的进入只能导致乡村社会问题的激化。基于“熟人社会”“差序格局”“礼治秩序”的传统秩序趋于瓦解，重新塑造面向多元主体和开放市场体系的治理体系，是一次新的治理规则和传统治理秩序的融合及再创造。

3. 村庄社会关系变动下如何重塑基层组织和治理能力

城镇化冲击下的人口快速流动、“村社共同体”的瓦解、基层集体组织能力弱化，进而导致乡村社会再生产能力的退化，这是当前乡村治理面临的最大挑战。面对未来更加多元的治理主体、更加开放的城乡市场，在乡村社会组织呈现衰败、乡村成员更加分化的状态下，更加需要重视村庄治理中自下而上的组织力量的培育和建设，充分发挥乡村内生的社会资源、地方性秩序以及乡村内部非正式治理规则的积极作用。政策性、社会性、市场性的外生力量只有与乡村社会的内生力量有机结合，才能在乡村社会扎根立足，转化为可持续的建设性力量，达成有效的善治结果。

8.2 治理体系：自上而下与自下而上的双层互动

本书第1章的研究假设提出：乡村治理既是一套结构关系与制度组合，也是一个多主体行动与实践的过程。治理的制度结构是主体展开行动的条件，主体的行动实践也同时塑造着治理的结构形态。

本书第4章至第7章，从不同的角度验证了我国乡村治理这种制度结构与行动实践互为条件、彼此塑造的关系。历史上，现代化进程中国家制度结构的演进引发了乡村治理实践的变迁。在当代的乡村建设实践中，政府基于治理目标的一系列的政策供给，形塑了宏观层面政府主导下“行政推动＋基层动员”的治理机制，并引起了各级政府以及基层村庄和社会主体的行动逻辑的变化。另外，4 个村庄建设案例的研究显示，不同主体对治理资源的运用以及所采取的行动策略的不同，形成对治理结构的再塑造并产生了不同的治理效应。透过对参与主体在微观层面的行动机制的解析，特别是其与结构的交互作用，使我们能够从行动层面去反思当前乡村治理的制度规则、资源配置等结构性问题，并采取更加有效的调整和干预措施。

因此，新时期乡村治理体系的建构是一个双层互动的关系：它既需要自上而下的制度性建设，也需要自下而上的行动能力建设。

8.2.1 自上而下的制度建设

历史上每一次乡村治理的重大变迁都源于国家回应现代化建设的结构性转向和制度安排。乡村治理的基本制度和实践均受到不同时期国家治理目标和能力、城乡资源配置关系、乡村社会经济发展等结构性条件的约束。在城乡发展转型调整的新时期，乡村地区面临的一系列结构性问题也给乡村治理带来新的挑战。包括：生产要素长期单向流出造成的乡村地区物质性衰退，不平衡的城乡发展结果影响到乡村基层治理秩序的稳定；城镇化冲击下乡村人口和村庄结构性巨变，传统乡村治理的组织和社会基础正在削弱；城乡互动加快带来乡村要素变化，乡村治理的利益结构更加复杂化等。

乡村治理面临的结构性矛盾和问题，需要国家自上而下地从制度层面予以回应。包括：通过乡村公共供给和公共服务体系的制度化建设，形成可持续的乡村公共供给机制；通过城乡要素市场一体化的体制机制创新，促进生产要素的双向流动、增加乡村发展机会；通过健全完善城乡要素交换的市场规则和制度机制，来保障和维护乡村公共利益和村庄集体权益；通过公共政策的激励和组织引导，来加强新时期乡村基层组织和治理能力建设等。

乡村治理的制度构建，是国家现代化治理体系的重要组成，体现了国家现代化治理能力的发展。它涉及两个方面：①公共资源的配置。在城乡融合发展的理念下，国家对城乡公共资源配置的制度性调整，有助于改善当前乡村公共供给不足的状态，引导生产要素在城乡之间更加均衡的分布，为乡村治理提供稳定而持续的基础条件和外部环境；②公共规则的建立。在乡村“熟人社会”的传统治理秩序逐渐消解的状态下，更加需要国家制度层面的引导和组织，建立适应新时期乡村社会结构和开放市场的新的治理规则。它是政府、村社集体、市场和社会组织等多元主体参与建设的共同行动准则，通过政策工具实现对政府定位、乡村组织、市场行为的界定。

8.2.2 自下而上的行动能力建设

自上而下的制度建构决定乡村治理的条件和基础，而治理的内在机制和绩效很大程度上取决于参与主体的行动能力。

乡村治理的实践，不完全是政府行动或体制、制度与政策单方面实施的进程，而是各种行动者在实践活动中对此做出回应的进程。在对乡村建设的政策供给和实施过程的研究中发现，以改善乡村人居环境为治理目标而提供公共项目的政策导向，施行中却可能出现“供给无效”的“制度之意外后果”，说明具体的制度逻辑与日常生活的行动逻辑之间存在一定的张力。案例研究更进一步显示，4个不同的村庄在同样的制度结构和政策环境里，产生了完全不同的建设效应。究其原因不在于制度供给条件的差异，而在于行动者对治理资源和规则的运用能力。制度与行为之间如何发生作用，即发生作用的中间机制，最终决定了治理结果。由此看来，制度以外的“意外结果”的产生，并不是偶然的随机现象，而是多种主体行为与机会结构互动作用机制的结果，即所谓的“行动建构制度”。因此，乡村治理体系的建构，更应该重视自下而上的行动能力建设。

那么从治理绩效出发，怎样的行动能力和治理机制会更有助于乡村建设和发展？本书通过不同村庄建设案例的治理机制和治理效应的比较分析认为，尽管当前建设的资源和制度条件主要来自村庄外部，但是村庄的主体性、村社组织能力以及运营发展能力，是关系村庄建设有效和可持续发展的关键性的治理要素。乡村建设可以看作一个来自不同领域的治理资源在乡村场域交换、整合并创造新的价值的过程，村社内部的有效组织和集体整合，能够更高效地对接外部资源，也有助于维护村民的公共权益。正如贺雪峰（2019a，2019b）所指出的，当代乡村振兴的前提是要将农民组织起来、形成以农民为主体的集体行动。缺少组织的一家一户式个体农民不可能成为振兴乡村的主体，在当前农村人口流出、进城务工经商的背景下，更加需要通过制度和资源来加强村社组织建设。

梁漱溟先生曾指出民国乡村建设运动未能成功的原因之一在于“乡村运动而乡村不动”，可见自下而上的行动能力建设在乡村建设中的重要性。笔者认为，自下而上的行动能力建设关键在于两个方面：一是对基层社会的动员和组织；二是对基层主体的发展赋权。从长期来看，政府公共资源不应该是乡村建设发展的一种依赖性资源，而应该转化为一种动员和激励机制，其目的在于激活村庄的主体性，以及训练村民参与公共事务的治理能力。在自下而上的行动能力建设中，既要尊重并充分发挥村庄内生性的组织力量，包括村庄精英、乡村人才、乡村社会资本以及地方性秩序和规则的积极作用；也要通过农村土地、集体产权改革的体制机制创新，对村社集体进行发展赋权，使村社真正成为具有集体治理资源和发展能力的一级主体，才能更好地发挥其在乡村公共供给和基层治理中的作用。

8.3 治理机制：“国家—村社—市场”的作用与关系

治理主体之间的相互作用和结构关系，体现了治理实际运作机制，并最终决定治理的结果和成效。结合前述研究，对新时期乡村治理体系中，国家（政府）、村社组织和市场的作用及互动关系，本书提出以下观点。

8.3.1 国家权力：制度建设

中国乡村发展向来不是以个体理性和市场机制来完成的自发性发展，长期以来国家推动的强制性变迁构成了乡村发展的基本规律，国家系统的组织与动员是制度变迁的核心。

乡村治理中政府组织的参与，代表了国家权力对乡村社会的整合，是国家治理能力的一种体现。国家通过正式机构下沉、权力延伸至社会内部，逐步强化对社会资源的控制和统合能力，是从传统向现代国家转型的必然结果，也是国家现代化进程的一部分。伴随国家现代能力的增长，国家权力对乡村社会的整合，不再表现为权力扩张和资源汲取，而必须通过“为特定目标恰当地分配资源、规制人们的日常行为”来实现。这意味着国家（政府）的角色变化，以及与此相关的各种制度和治理方式的改变：国家要成为一个提供公共产品、管理公共财务、为公共社会服务的组织，并建立一系列相应的制度设置来巩固这种公共职能的性质（张静，2001）。

在本书第4章的历史研究看到，国家的权力介入和组织动员是中国乡村治理制度变迁的主导力量。从近代国家政权下乡开始，到集体化时期人民公社体制的确立，国家不断地强化对乡村社会资源的统合能力，打破了以乡绅、宗族为基础的传统乡土治理秩序，建设起国家对乡村社会的“总体治理”体系。农村改革以后“乡政村治”的确立，是国家力量后撤的结果。当日益失衡的城乡关系影响到国家现代化进程的时候，国家通过城乡统筹、资源下乡等方式再次介入乡村治理。项目制的“直达式”治理手段，显示出全能型政府强大的行政治理效率，也重构了基层社会治理的行动逻辑。

当代政府主导并推动的乡村建设行动，本质上是国家以政府项目输入的形式对乡村地区的公共供给，它反映了政府公共供给和服务能力的提升，也体现了国家与乡村社会之间治理关系的重大转变。而如果深入到基层治理层面，国家现代化的治理能力则不仅在于政府职能和角色的转型，更关键的在于国家介入乡村治理的方式，即政府应该以什么样的角色和行动参与到乡村治理实践中。

基于本书的研究，笔者认为，政府职能的核心在于制度建设，政府在基层治理中的参与行动应该从一个资源直接供给者逐步转向以资源配置、制度激励为主的组织者和引导者。

首先，政府应继续强化作为公共服务者的角色，发挥对公共资源配置的积极作用，加强对乡村公共品供给的制度性建设。长期以来，乡村公共品供给一直游离于政府正式的财政体制之外。城乡统筹以来，政府通过集中式的乡村基础设施和公共环境改造建设，来弥补长期公共投入不足的历史欠账，但仍然欠缺长远的制度化的设计。从城乡一体化的理念出发，政府除了需要加大对乡村地区的公共资源投入，更需要逐步建立起针对乡村社区基本公共供给的财税体系，健全乡村基本公共服务经费的保障机制，明确各级政府的财政事权和责任，通过制度性的建设来保障政府公共服务能力的常态化和持久性。

其次，政府应当成为积极的组织者和动员者，通过制度激励，促进多方参与的共同治理。依靠政府行政组织和直接管理的模式，解决不了村社内部的公共规则和自主需求的问题，现代化的乡村治理体系仍然有赖于培育良好的村社内部组织力量。因此，政府应将直接的资源供给模式，适时地转化为对村庄社会的动员机制，激活村民广泛参与的热情，强化村社内部的组织建设和治理能力的培育，这对于村庄社会的整合更为重要。此外，政府还应通过创新城乡要素流动的体制机制，为市场企业、社会组织共同参与乡村建设提供平台和制度保障。

最后，政府也是基本规则的制定者和协调者，应从保障基本公共利益的角度，监督、规范和引导各参与主体的行为。新时期乡村治理主体多元化、利益复杂化，更加需要公共、透明的制度约束。特别是对于市场主体的参与，政府既要引导市场规则和要素在乡村治理中发挥积极作用，更要加强行动规范和监督，防范逐利的资本行为对乡村公共利益的侵害，维护基本的治理秩序。

此外，还要特别重视政府治理目标的动态调整和政策的因地制宜。不同的阶段、不同的村庄面对的治理问题不尽相同，村庄主体对政策的运用能力也有差异。例如，对于资源基础特别薄弱的村庄地区，加大公共供给和投入是对村庄的基础性保障；对于发展基础尚可而缺乏有效组织的村庄地区，需要政府的制度激励和组织建设；对于有强烈市场需求和发展冲动的村庄地区，政府除了配套服务以外，更需要谨慎地引导和规范村庄资源的市场配置行为，保障公共利益。尊重村庄特征、发展阶段、行动主体的差异性，因时因地调整治理目标和政策手段，才能取得更好的治理效果。

8.3.2 村社组织：基层主体

无论是国家权力介入乡村社会的治理，还是市场要素进入乡村进行资源要素的交换，从组织成本的角度，都必须借助一种基层社会的组织力量，才能有效地实现权力和资源的对接。而从村庄的角度，提高农民的组织化程度，不仅有利于村民需求的表达，也有利于在开放市场体系中更好地保护农民的权益。因此，村社组织是基层乡村治理中最关键的核心主体。

历史上，无论乡村治理制度如何变迁，村社组织对于稳定的乡村社会秩序都发挥着关键作用。传统乡土社会里，以宗族（家族）为基础的“村社共同体”，是村庄公共供给和服务的基本组织单位，也是乡村自治的基本单元。中华人民共和国成立以后，国家正是依靠“三级所有、队为基础”的农村基层组织体系，将农民高强度地动员和组织起来，才得以迅速完成工业化积累。改革以后，村庄内部分化，村社集体组织能力逐步消解，是造成乡村基层治理失序的重要原因之一。税费改革以后，尽管国家不断加大对乡村公共品的直接供给，但是由于村级组织弱化的问题没有得到有效改善，常常造成乡村公共供给与需求错位，影响到乡村治理的有效性。

本书中的村庄案例和对比研究，在微观实践层面证明了村庄内部的组织机制和治理能力对乡村建设效应的直接影响。乡村建设是一个内外部资源整合交易的过程，建设项目的落地实施，必然涉及村社成员的利益分配。如果村级组织治理能力强，就能够有效地化解矛盾纠纷，促进村社集体行动的达成；反之，村庄资源难以整合，也会阻碍外部资源的引入和对接。并且，村级组织是最适合表达村民公共品需求的基本单位。在村社集体组织的引导和组织下，村民的利益需求能够在建设过程中更好地被反映，也更好地促进村庄建设的持续发展。

而当前乡村治理的一个突出问题就是村庄主体性的弱化，它与长期农村人口外出导致的村庄社会结构原子化、村庄组织衰退有密切关系，同时也与当前项目制“一管到底”的技术治理手段有直接关联。因此，通过治理资源和规则的适度调整，加强村社基层组织和治理能力，应是当务之急。基于本研究，笔者认为，重塑村社组织体系、发挥村社集体对乡村建设和治理的核心主体作用，应包括以下 3 个方面。

（1）明确村社组织在乡村治理中的主体性地位，加强村社集体性治理资源的获得，增强村社组织的资源动员能力。村社组织要实现对村民组织和动员，首要条件是村社组织需要掌握一定的治理资源，即要有钱做事、有事可做。现实情况是农村分产到户以后，很多村庄集体性的资产所剩无几，没有集体性经济收入甚至负债，村级组织的正常运转都难以保证，更不用说对村民进行组织和动员。当前，政府在对乡村地区进行公共资源输入的转移支付时，出于防止腐败现象、规避资金不当使用等目的，大多采用自上而下直达式的项目程序式管理，在资源使用的决策和资金管理上都绕开乡村基层组织。这对于本身就缺乏公共治理资源的村社集体来说，进一步削弱了其在村庄建设中的话语权和主体性。因此，乡村建设的资源输入，在资金整合、土地资源整合的相应环节，应该通过机制设计来增强村社集体性治理资源的获得。只有村社组织掌握一定公共资源的使用和分配权，基于共同的利益关系，村民才有积极性参与对村庄资源使用的讨论，并表达出对公共品需求的偏好，国家自上而下的转移支付才能最大限度地发挥作用。

（2）重视和发挥村社内生性的社会关系资本的积极作用，增强村庄社会整合度，提高村庄治理能力，促进村庄公共性的发展。尽管传统村庄社会的“礼治秩序”“差序格局”已经在现代化冲击下发生了很大的变化，“村社共同体”的意识也在不断流失，但是根植于乡村传统文化价值理念，家庭之上仍然存在一些基本的“认同和行动单位”（贺雪峰，2019a）。建立在这些基本认同和行动单位上的社会关系资本，对于乡村社会的稳定和整合具有积极意义。乡村社会的内生秩序和地方性共识，仍然是构成现代乡村治理体系的重要组成部分。一方面，在当代的乡村建设中，要充分运用村庄内生秩序和社会关系资本的力量，发挥村庄权威、能人、乡贤等在村庄整合和组织中的积极作用，充分调动村庄既有的社会性资源，增强村庄的“整合度”和“集体力”；另一方面，完善和创新村民自治机制，在村庄公共事务和公益事业建设中，为扩大村民参与提供制度化的渠道；通过“共同缔造”“社区营造”等创新的实践行动引导，训练村民对公共事务的参与能力；规范村社行为和制度，促进村庄公共性的建立。

（3）对村社发展积极赋权，拓宽村级经济发展渠道，增强村级集体资源资产的经济收益权。可持续的村庄建设和维护不能一直依赖上级政府持续的资源“输入”，而必须改善村级集体经济的发展能力。当前的建设过程中，可能出于发展效率的考虑，地方政府往往替代村级组织实施资源整合，将村庄集体资源或者资产的发展权上收到乡镇一级，这进一步限制了村级集体经济收入增长的可能性。如果村级组织要在村社公共供给中发挥主体作用，必须要有稳定而持续的集体经济收入来源。因此，需要在土地、资金等制度上，对村社进行积极的发展赋权，尽可能保障集体性资源的发展和收益权留在村本级，帮助村庄提升建设后续的经营发展能力。

8.3.3 市场和社会力量：合作共治

伴随城乡要素的进一步自由流动，资本下乡、各类社会团体或个人参与乡村建设，是不可逆的趋势。外部主体的介入，能够带来新的经济要素和市场机会，弥补乡村生产要素不足的缺陷。市场化和城市化体系下新的治理规则，也会伴随要素下乡，改变乡村社会原有的治理结构关系。

从本书的案例来看，市场主体参与乡村建设已经是一个普遍的现象，既包括大型资本企业，也有小的投资客，还包括一些乡建专业团体或返乡青年。目前的主要参与形式是市场主体与乡镇政府或村级组织合作，通过城市资本、知识、信息等与乡村土地、空间要素的结合，开发新的乡村产业形态、塑造新的乡村消费空间，获取资本增值空间。乡镇或村庄通过与市场主体的合作将资源转化为资产，获得相应回报。然而，对不同案例进行比较发现，并不是所有的市场或社会主体与乡村主体都能顺利合作，这不仅取决于双方的合作意愿，还在于资源对接时的组织机制和村庄内部的治理关系。

进入乡村中间的人和各种资源主体是否跟村庄之间发生有效关联，对于乡村的发展和治理极其重要。笔者认为，既要充分肯定城乡要素流动对于乡村建设和发展的积极意义，也要通过制度规范和体制创新，对来自外部的市场和社会主体的参与行动进行积极的引导，主要有以下几个方面。

首先，完善和创新城乡要素配置的体制机制，实现市场主体和村社成员发展收益上的共创共享。外部新的主体进入，与村社集体之间进行资源要素的交换和合作，最突出的问题在于权益的保障。既要在制度设计上进一步保障市场主体参与的合法性，有利于促进更多的生产要素流向乡村参与建设，也要从制度上对市场行为进行一定的规范和约束，保障村社成员的收益权，防止市场资本对村民利益的侵害。例如，当前开展的农村承包地和宅基地的“三权分置”改革，为新主体进入和发展提供了有利条件，顺应了乡村建设发展的需求。在放活土地经营权（使用权）的同时，如何进一步促进村集体和村民通过所有权、承包权（资格权）共享建设收益，需要进一步探索机制创新。

其次，发挥专业团体和社会服务组织的积极作用，激活乡村内生组织力量，促进外部组织与在地力量的发展结合。除了市场投资主体以外，还有越来越多的第三方社会机构、社会组织、知识分子等也积极投身到当前的乡村建设大潮中。他们的参与并不以盈利为主要目标，而带有更多社会服务的意义，包括对乡村传统文化价值的挖掘、对村民的在地培训和教育、促进城乡活动交流等。对于这类乡村发展组织或机构，政府应该给予充分的政策扶持，支持社会力量进入乡村开展服务性的实践。这些社会团体对乡村价值进行发现、认可和挖掘的服务实践，能够为当地村民做出积极的示范，也有助于激发村民和乡村社区自我发展的行为。另外，外部社会组织和团体进入村庄社会，也要注意尊重村庄的文化权力关系和内部秩序规则，在实践中习得地方性知识，融入乡村的既有结构和社会关系中，更好地与在地力量结合，才能真正促进乡村社会关系的再生产。

最后，推动村社内部的组织结构创新，引导市场和社会力量与村社集体建立合作共赢的经济关系，发展壮大村集体经济。村社内部的组织机制和治理，直接影响到外部资源进入的交易成本，也关系到合作中的组织成本。顺应要素流动和合作的新的发展形势，应该鼓励村级合作经济组织的建立和完善，加强与外部主体的合作经济，更积极主动地参与到与市场资源的交流和对接中，不仅有助于减少外部主体进入的摩擦成本，也能够更大限度地保护和争取村集体权益。只有解决了组织机制的问题，市场主体才能更顺畅地参与乡村建设。

8.3.4 政府、市场与村社组织的互动关系

新时期乡村治理必然是一个多元主体共同参与的过程，而善治的达成有赖于政府、村社组织和市场（社会）力量等主体之间相互关系和作用机制，需要各自发挥作用又彼此相互联结。综合前文论述，本研究提出新时期乡村治理，应该努力构建“以村社组织为主体、政府和市场（社会）力量为支援”多方参与、共同治理的结构模式（图 8-1）。

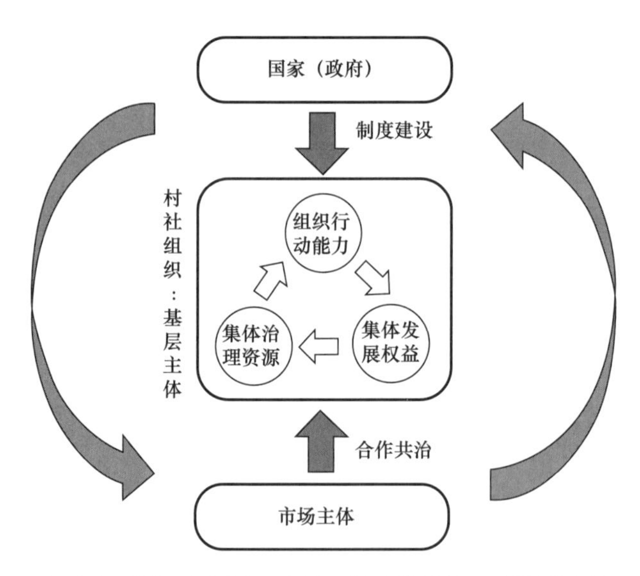

图 8-1 国家（政府）、市场、村社组织的互动关系示意

村社组织是乡村治理的主体，是村民集体行动和利益表达的组织者，是乡村内外部治理资源的组织载体，也是基层社会秩序稳定的基础维护者。在当前村社主体性渐弱的治理

困境中，更应该通过集体治理资源的动员整合以及村社发展赋权，加强村社组织能力建设，提高农民的组织化程度和参与能力，培育和加强村社内部治理的公共性。

政府作为公共资源配置的引导者，通过制度建设来加强对基层社会的动员组织和激励，规范和引导参与主体的行为。市场及社会组织是城乡要素互动的重要载体，对于引入市场资源参与乡村建设、提升乡村价值具有积极的意义。当然，市场化的行为应该受到制度规则的约束，以保障基本公共利益的实现。

8.4 对乡村规划的再认识

对乡村建设的治理机制研究，有助于从治理的视角重新审视乡村规划的实践行动，由此进一步讨论乡村振兴背景下乡村规划的定位，以及在具体实践中如何更好地发挥积极作用。

8.4.1 乡村规划作为公共干预

现代城乡规划的产生，源自解决城镇化发展过程中因市场失效而产生的各类问题。改革开放以后城乡发展差距加大以至出现严重的乡村衰退，它不仅是城乡二元制度的结果，更是市场经济的产物（折晓叶 等，2014）。如果不加干涉，极度不平衡的城乡发展最终可能威胁到国家现代化与城镇化的可持续趋势。于是，国家以调整城乡关系为目标，推动乡村建设来改善乡村长期滞后的状态。在这个意义上，乡村规划是一种自上而下的外部干预，是应对乡村可持续发展问题的公共干预，也是国家推进乡村治理现代化的重要工具。从治理的角度看，乡村规划的基本出发点应是在城镇化过程中维护乡村地区的稳定和健康发展、重塑乡村社会可持续的活力，这是乡村规划的必要性和价值所在。

从这个意义出发，乡村规划应该定位于空间治理的公共政策体系，覆盖乡村全地域全要素空间资源，对生产、生活、生态等各类功能进行合理的空间配置，实现乡村地域的系统全面优化和秩序整体构建。具体包括：

一是注重乡村发展的系统性和协同性。乡村具有自然、农业和文化等多重属性，是生产、生活、生态功能高度复合的地域空间。乡村的可持续发展涉及产业经济、居民生活、生态环境、基础设施、公共服务等多个子系统的协同，乡村规划的目标应该是乡村空间、生态、社会和经济的协同发展，实现系统全面优化和秩序整体构建。物质空间建设仅仅是乡村规划的切入点，更要关注空间背后的经济、社会、文化和治理问题，统筹乡村发展的物质性和社会性。

二是覆盖乡村全地域和多层次空间。要实现乡村综合发展的治理目标，乡村规划就不能仅仅是对乡村居民点的空间布局，而是应该覆盖乡村全地域全要素空间资源，对农业生产、居民生活、生态等不同功能进行合理的空间配置。它应该包括不同的空间层次：国家、省、市层面对乡村地域发展的宏观政策指引，县域、乡镇层面对乡村空间和土地用途的管制，村庄层面的建设空间安排。

三是提倡多部门的“多规合一”。在当前部门条线管理模式下，乡村规划建设大多演变为多部门的项目规划，如农业部门管农田水利、环保部门管环境集中整治、交通部门管公路建设、建设部门管农村居民点撤并等。不同部门运行规则不同，常常造成项目缺乏衔接或者重复建设，难以实现综合的治理目标，需要通过“多规合一”实现多部门的统筹协调。乡村规划也应更加强调多学科的交叉，需要规划、建筑、景观、生态、产业、社会等各个相关学科的介入和合作。

四是注重治理目标的动态调整和地域差异。乡村规划着眼于乡村发展的实际问题和实际需求。随着城乡关系的不断发展，乡村的产业、人口和社会结构都在不断变化。规划作为一种发展干预的政策工具，必须注意结构发展的动态性，适时地对规划政策进行评估和反馈、不断地调整治理目标。此外，乡村发展具有很强的地域差异性，它不仅由自然环境、人地关系等基础条件决定，城乡转型的过程也加剧了乡村发展分化的现象（见本书8.1.2节）。对应农村、农业、农民关系，不同类型乡村地区面临的治理问题也不尽相同。因此，乡村规划必须置于城乡转型的地域性环境中寻求应对方案，因地制宜地探索乡村振兴的实现路径。

8.4.2 乡村规划作为治理过程

乡村建设不仅是空间建设，更是对乡村社会关系的重建。传统乡村社会的自组织机制经历了近代化和集体化之后逐步瓦解。20世纪80年代以后实现村民自治，然而，受到城镇化和市场化的冲击，乡村人口流动和结构变动导致乡村社会关系和组织资源衰退，乡村社区生产生活组织和集体行动能力更加弱化。作为推进乡村治理现代化的工具，乡村规划的意义不仅在于对乡村空间的现代化改造，更应该是一个治理过程，通过公共资源的投入和行动干预来实现基层社会的动员和治理能力建设，这是乡村规划非常重要的社会意义所在。

与城市系统不同，乡村社会有其自身的运作逻辑和治理秩序。规划是一种自上而下的干预，它如何与乡村社会自组织的特征协调，进而促进乡村社会关系的再生产，是乡村规划需要面对的难题和挑战。它决定了乡村规划在工作机制、工作方式和方法上都与传统的城市规划有很大的不同，需要理论和实践的探索与创新。

首先，通过规划过程的共同参与来达成发展共识，为多元主体利益协调搭建治理平台。当代乡村建设是政府、企业、社会组织或个人、村集体和村民等多元主体共同参与的过程，涉及对乡村空间资源的重构和再分配。在这个过程中，乡村规划是多方参与下对乡村未来发展特别是资源配置、利益分配等形成的共同认识，是政府、市场和村社组织共同遵守和执行的公共契约。因此，乡村规划在组织方式上要特别强调“参与”。采用“共同缔造”等参与式规划的工作方式，积极地搭建不同利益群体表达主张、共同推进规划建设活动的平台。规划本身成为一个社区共同体构建的过程，“以过程之共识促进结果之共识”，最终达成善治。

其次，发挥乡村规划作为社会动员的作用，通过对村民参与的组织和积极引导，增强村社主体性和基层治理能力。本书7.4节指出，乡村建设中村社主体性和村民的集体参与，是影响治理效应关键性的要素。现实中，对多数村庄来说，村民对村庄公共事务的参与程度很低，也缺乏有效的参与工具和参与能力。乡村规划需要积极地探索村民参与的组织方式和机制，扩大村民参与空间、训练村民参与公共事务的能力，进而增强村民的主体意识和村社集体的组织建设能力。

最后，乡村规划必须与乡村内生性治理秩序相结合。尽管传统乡村“熟人社会”的治理规则在现代化冲击下已经发生很大变化，但是乡村治理中乡村精英、乡村社会网络、地方性秩序等影响仍然存在，并且在乡村建设中对于村民组织和社会稳定起到关键性的作用。乡村规划在编制、实施和管理的整个环节，都需要将这些内生的、自下而上的治理要素和影响考虑进来，充分发挥村庄权威、村民自治组织、村规民约等的作用，才能保证规划的有效实施。这对于规划技术人员的专业技能也提出了更高的要求，它需要规划师快速地学习地方性知识，具备更好的沟通技巧，快速且充分融入地方社区。

第9章 结 语

9.1 主要研究结论

2017年党中央提出乡村振兴战略以来，乡村建设行动成为各地实施乡村振兴战略的重要抓手。党的十九届五中全会做出实施乡村建设行动的重大部署，将乡村建设行动提升至社会主义现代化建设的重要位置。在如火如荼的乡建热潮中，国家资源的输入、市场资源的跟进，引起从中央、地方政府到乡村各级组织的制度逻辑、行动策略的变化，重塑了国家和乡村治理体系的新格局，乡村治理面临的新问题也引起了广泛的关注。在这个过程中，乡村建设不再只是一个空间改善的工程问题，更涉及乡村社会关系再生产和基层秩序重构，是一个乡村再组织的治理问题。因此，认识和理解当前乡村建设中的治理结构特征，探索有助于乡村可持续发展的治理机制，是关系到乡村振兴和国家治理能力现代化的重要课题。这成为本研究的基本出发点。

本研究的核心目标是基于乡村建设中政府、村社组织和市场等多元参与主体的行动关系，对当代乡村建设的治理结构特征进行解析，分析探讨影响建设效应的治理机制和关键性的治理要素。

基于研究目标，以吉登斯的结构化理论为基础，构建了“结构—制度”和“行动—绩效”的分析框架，提出从结构和行动两个层面来认识乡村建设的治理特征；并从治理主体的角度，将“国家—村社—市场”主体关系和互动机制的分析嵌入其中。

研究内容安排上，首先，从结构层面把握乡村治理的外在制度性条件，包括：从历史纵向考察国家的总体性结构变迁对乡村治理制度的影响；结合当代浙江的乡村建设实践，剖析政府的制度安排和政策供给如何影响并形塑了基层主体的治理行动。其次，从行动层面把握乡村治理的内在机制和关键要素。通过对4类代表性村庄建设的案例研究，呈现不同主体的行动策略和组织机制对治理结构的再塑造过程；基于治理机制和建设效应的关联性比较，揭示影响建设效应的关键性的治理要素。

主要研究结论包括：

1. 从结构层面认识乡村治理的外在制度性条件

对历史纵向的研究表明，国家的制度安排和总体性结构构成了乡村治理外在的制度约束条件。国家现代化进程的总体结构性演化引起了乡村治理制度的变迁，基层治理实践受到来自国家自上而下的制度性安排及其背后资源配置关系的深刻影响。乡村治理嵌入在特定的城乡社会结构之中。

对当代乡村建设政策研究显示，政府的政策供给自上而下地影响和约束着基层治理主体的行动。当代乡村建设，政府基于特定治理目标的政策供给，形塑出“行政推动+基层动员”的治理机制，引发了各级政府以及基层村庄和社会主体的行动变化。一方面，政府依托行政科层体系推动治理目标自上而下地执行，通过资金动员、机构设置等制度安排，实现各层级政府的动员和部门整合；另一方面，带有竞争性和示范性的村庄创建项目，调动起村庄自下而上的参与；相应的组织制度和人才政策等，对更广泛的市场和社会资源进行动员。同时也注意到，政府完全主导的模式，也会导致村庄公共供给失效、不可持续等治理问题出现。

2. 从行动层面把握乡村治理内在机制和关键要素

4类村庄建设案例的研究显示，治理实践中政府、企业、村社组织等不同主体对治理资源的运用策略、组织方式和权力配置关系等的差异，呈现了复杂而多样化的治理结构形态，产生出不同的治理效应，体现出主体的行动能力对治理结构的再生产和再塑造。

进一步对治理机制和建设效应的比较分析表明，建设绩效取决于对治理资源的整合程度和组织成本，关键在于主体行为与机会结构的作用机制。因此，尽管外部的政策和资源供给是治理的结构性条件，而村庄主体性、村社组织能力以及集体性的运营发展权益，才是关系到治理有效和可持续发展的内在关键治理要素。

3. 新时期乡村治理体系以及“国家—村社—市场”关系的探讨与建构

本书将国家、村社组织与市场要素置于乡村治理的统一框架内，国家权力、市场要素构成了乡村治理的基本制度和资源条件。当它们进入乡村场域，需要与村社内部的规则和资源相结合才能发挥作用。村社集体的组织和整合能力是乡村治理的内在机制，它关系到外部制度和资源进入及转化的实效性，也是村民集体行动和表达公共需求偏好的组织载体。

面对新时期城乡关系转型和乡村建设的要求，研究提出乡村治理体系的建构既需要自上而下的制度性建设，也需要自下而上的行动能力建设，促进形成“以村社组织为主体、政府和市场/社会力量为支援”多方参与、共同治理的可持续的治理模式。其中，村社组织是乡村治理的主体，应加强村社组织能力建设、集体治理资源的动员以及村社发展赋权，提高农民的组织化程度和参与能力；政府是公共资源配置的引导者，通过制度建设实现对基层社会的动员组织、行为规范和引导；市场及社会主体是城乡要素交流的载体，对增进乡村治理资源具有积极意义，但需要制度约束和规范市场行为，以保障公共利益。

9.2 研究创新点

1. 研究视角的创新

本研究采用治理机制与建设效应相关联的研究视角。

乡村规划建设领域对治理问题的研究，较多地讨论政府、村集体或者市场主体各自对乡村建设的作用和影响，较少将多元主体的组织结构特征与乡村建设绩效关联起来。本研究在不同建设案例的比较中，从治理结构的视角对可持续乡村建设效应进行评价分析，揭示出治理结构和组织机制对于建设可持续性的重要意义。在此基础上，从治理视角认识乡村规划作为公共干预和治理过程的定位及作用，不仅拓展和丰富了乡村规划建设的理论内涵，对规划建设实践也有一定的参考价值。

2. 研究框架的创新

本研究整合“自上而下”和“自下而上”的视角，构建了“结构—制度”与“行动—绩效”的双层分析框架，对乡村建设的治理特征进行整体性认知。

“结构—制度分析”与“行动—策略分析”是政治社会学领域的两类研究路径。本研究基于结构与行动互为条件、互为建构的关系，将以上两类研究路径统一在一个分析框架内，对乡村治理结构特征进行整体性的认识和理解：既从结构层面，认识国家制度与政策供给对治理行动机制的影响，又从行动层面，通过治理机制和绩效比较揭示关键性的治理结构要素。

3. 理论认识的创新

本研究针对我国城乡结构变迁和当前城乡要素流动加快的特征，在传统“国家—村庄”的分析思路上，提出“国家—村社—市场”三元主体分析路径，来认识政府、村社组织、市场主体在乡村治理中的作用和结构关系。

乡村治理研究领域的主流分析范式是“国家—社会”的二元框架。近年来随着城乡互动加深，市场要素特别是资本下乡现象逐渐受到关注。事实上，国家、市场、村社是三个不同的领域，在当前的乡村治理中呈现不同的作用。本研究尝试提出了“国家—村社—市场”三元主体的分析路径，并嵌入“结构—制度”与“行动—绩效”的整体分析框架内。宏观结构层面，讨论了国家制度安排、乡村内部组织结构及外部市场要素作用在乡村治理制度变迁中的相互作用关系；分析了当代乡村建设中代表国家权力的政府组织和政策制度对基层村庄和市场、社会参与行动的作用机制。微观行动层面，基于政府、村社集体、企业和社会团体等主体特征区分不同建设类型，并讨论“政府—村社集体—市场主体”的互动关系和行动策略。

9.3 有待深化的研究

乡村建设和乡村治理的关联研究是一个持续而有意义的主题，更因为其本身具有的强烈的实践性特征，需要长期持久的跟踪研究。本书所呈现的内容是笔者于2016—2021年进入该研究领域的初步成果，在研究过程中也发现有越来越多可值得深入探讨的话题，有待进一步研究。

首先，本研究基于不同主体在乡村建设中的主导性、组织机制的不同，以个案为代表总结了不同的治理类型，希望以不同类型的呈现和比较，总结当代乡村建设的治理结构的整体特征。然而，在田野调查和实际研究过程中笔者发现，主体行为特征的丰富性，带来治理形态的差异性、动态性和复杂性。例如，同样是由企业投资主导的村庄建设，可能因为不同基层政府的参与程度不同，或者是不同村集体的博弈能力不同，就会产生完全不同的建设和治理结果。因此，如何对建设实践中发生的丰富的治理形态进行类型归纳、比较分析和理论总结，是进一步研究的挑战。

其次，本研究对治理主体的分析，重点围绕政府、村社集体、市场和社会力量之间的互动关系展开，而对同一主体内部关系讨论较少。例如，不同层级政府之间的控制与反控制，村庄内部不同利益团体之间的权力角逐，也是分析治理结构和机制的重要维度，并会对建设效应产生影响。

最后，尽管浙江作为当代乡村建设的典型代表，研究素材的丰富性、案例的代表性较充分，但仍然具有一定局限性。全国不同地区的乡村基础条件、经济发展水平迥异，特别是处于不同的城乡关系阶段，乡村建设的内容、其背后的治理结构和治理机制不尽相同。无论是乡村建设，还是乡村治理的研究都应特别注意地域差异性。针对不同地区，在不同的城乡发展阶段、不同的政策制度条件、不同的乡村文化和内在秩序等条件下，对乡村建设的治理机制进行比较研究，也将是十分有趣并有意义的课题。

参考文献

[1] 边防，赵鹏军，张衔春，等，2015. 新时期我国乡村规划农民公众参与模式研究 [J]. 现代城市研究（4）：27-34.

[2] 陈柏峰，2009. 土地流转对农民阶层分化的影响：基于湖北省京山县调研的分析 [J]. 中国农村观察（4）：57-64，97.

[3] 陈定洋，2009. 中国农村公共产品供给制度变迁研究 [D]. 西安：西北农林科技大学.

[4] 陈芳芳，罗震东，何鹤鸣，2016. 电子商务驱动下的乡村治理多元化重构研究：基于山东省曹县大集镇的实证 [J]. 现代城市研究（10）：22-29.

[5] 陈锋，2015. 分利秩序与基层治理内卷化：资源输入背景下的乡村治理逻辑 [J]. 社会，35（3）：95-120.

[6] 陈洪生，2006. 传统乡村治理的历史视阈：政府主导与乡村社会力量的对垒 [J]. 江西师范大学学报（3）：20-25.

[7] 陈家建，2013. 项目制与基层政府动员：对社会管理项目化运作的社会学考察 [J]. 中国社会科学（2）：64-79，205.

[8] 陈靖，2013. 进入与退出："资本下乡"为何逃离种植环节 [J]. 华中农业大学学报（社会科学版）（2）：31-37.

[9] 陈锐，王红扬，钱慧，2016. 治理结构视角的"乡村建设实验"特征考察 [J]. 现代城市研究（10）：9-15.

[10] 陈肖生，2008. 20世纪90年代以来关于乡村精英与村民自治研究的文献综述 [J]. 理论与改革（2）：158-160.

[11] 陈义媛，2013. 遭遇资本下乡的家庭农业 [J]. 南京农业大学学报（社会科学版），13（6）：24-26.

[12] 陈义媛，2019. 资本下乡的社会困境与化解策略：资本对村庄社会资源的动员 [J]. 中国农村经济（8）：128-144.

[13] 戴帅，陆化普，程颖，2010. 上下结合的乡村规划模式研究 [J]. 规划师（1）：16-20.

[14] 狄金华，钟涨宝，2014. 从主体到规则的转向：中国传统农村的基层治理研究 [J]. 社会学研究，29（5）：73-97，242.

[15] 丁国胜，王伟强，2014. 现代国家建构视野下乡村建设变迁特征考察 [J]. 城市发展研究，21（10）：107-113.

[16] 丁奇，张静，2009. 新农村规划建设实施后的动态述评：以北京市远郊区村庄为例 [J]. 安徽农业科学（20）：9779-9781.

[17] 杜润生，2005. 杜润生自述：中国农村体制变革重大决策纪实 [M]. 北京：人民出版社.

[18] 段德罡，桂春琼，黄梅，2016. 村庄"参与式规划"的路径探索：岜扒的实践与反思 [J]. 上海城市规划（4）：35-41.

[19] 费孝通，1985. 乡土中国 [M]. 北京：生活·读书·新知三联书店.

[20] 冯小，2014. 资本下乡的策略选择与资源动用：基于湖北省S镇土地流转的个案分析 [J]. 南京农业大学学报（社会科学版），14（1）：36-42.

[21] 葛丹东，华晨，2010. 城乡统筹发展中的乡村规划新方向 [J]. 浙江大学学报（人文社会科学版）（3）：148-155.

[22] 顾益康，潘伟光，2018. 从“千万工程”到乡村振兴战略 [N]. 浙江日报，2018-07-21（3）.

[23] 桂华，2014. 项目制与农村公共品供给体制分析：以农地整治为例 [J]. 政治学研究（4）：50-62.

[24] 桂华，刘燕舞，2009. 村庄政治分层：理解“富人治村”的视角：基于浙江甬村的政治社会学分析 [J]. 中国研究（2）：147-160，259.

[25] 国家统计局农村社会经济调查司编，2013. 中国农村统计年鉴2013 [M]. 北京：中国统计出版社.

[26] 郭剑鸣，2010. 浙江“富人治村”现象剖析：基于浙江金台温三市7个村的调查研究 [J]. 理论与改革（5）：145-148.

[27] 郭旭，2019. 减量化背景下存量建设用地治理研究：以上海市松江区为例 [D]. 上海：同济大学.

[28] 郭正林，2003. 卷入民主化的农村精英：案例研究 [J]. 中国农村观察（1）：66-74，81.

[29] 郭正林，2004. 乡村治理及其制度绩效评估：学理性案例分析 [J]. 华中师范大学学报（人文社会科学版）（4）：24-31.

[30] 韩俊，2018. 谱写新时代农业农村现代化新篇章 [N]. 人民日报，2018-11-05（007）.

[31] 韩鹏云，2012. 农村社区公共品供给：国家与村庄的链接 [D]. 南京：南京农业大学.

[32] 韩鹏云，2017. 富人治村的内在逻辑与建设方向 [J]. 中国农业大学学报（社会科学版），34（4）：77-83.

[33] 韩鹏云，2018. 国家整合乡村的运行逻辑与路径重塑 [J]. 南京农业大学学报（社会科学版），18（4）：17-26，156.

[34] 贺雪峰，2007. 试论20世纪中国乡村治理的逻辑 [M] //黄宗智. 中国乡村研究（第五辑）. 福州：福建教育出版社，157-173.

[35] 贺雪峰，2010. 地权的逻辑：中国农村土地制度向何处去 [M]. 北京：中国政法大学出版社.

[36] 贺雪峰，2014. 工商资本下乡的隐患分析 [J]. 中国乡村发现（3）：125-131.

[37] 贺雪峰，2017. 最后一公里村庄 [M]. 北京：中信出版社.

[38] 贺雪峰，2019a. 农民组织化与再造村社集体 [J]. 开放时代（3）：186-196，9.

[39] 贺雪峰，2019b. 乡村振兴与农村集体经济 [J]. 武汉大学学报：哲学社会科学版，72（4）：185-192.

[40] 胡鞍钢，吴群刚，2001. 农业企业化：中国农村现代化的重要途径 [J]. 农业经济问题（1）：9-21.

[41] 胡鹏辉，高继波，2017. 新乡贤：内涵、作用与偏误规避 [J]. 南京农业大学学报（社会科学版），17（1）：20-29，144-145.

[42] 华农心，1997. 一个应引起重视的政治现象：中国农村能人政治分析 [J]. 前进（3）：22-24，32.

[43] 华农心，1998. 中国新的政治现象：农村能人政治（上） [J]. 中国国情国力（5）：12-13；（6）：18-19.

[44] 黄辉祥，2007. 村民自治的生长：国家建构与社会发育 [D]. 武汉：华中师范大学.

[45] 黄耀福，郎嵬，陈婷婷，等，2015. 共同缔造工作坊：参与式社区规划的新模式 [J]. 规划师，31（10）：38-42.

[46] 黄宗智，1999. 中国的“公共领域”与“市民社会”?：国家与社会间的第三领域 [M] //邓正来，J. 亚历山大. 国家与社会：一种社会理论的研究路径. 北京：中央编译出版社：421-443.

[47] 黄宗智，2000. 华北的小农经济与社会变迁 [M]. 北京：中华书局.
[48] 黄宗智，2007. 集权的简约治理：中国以准官员和纠纷解决为主的半正式基层行政 [M] //黄宗智. 中国乡村研究（第五辑）. 福州：福建教育出版社：1-23.
[49] 黄宗智，龚为纲，高原，2014. “项目制”的运作机制和效果是“合理化”吗？ [J]. 开放时代（5）：143-159，8.
[50] 焦长权，2013. 资本进村与村庄公司主义 [J]. 文化纵横（1）：99-103.
[51] 焦长权，周飞舟，2016. “资本下乡”与村庄的再造 [J]. 中国社会科学（1）：100-116.
[52] 金三林，曹丹丘，林晓莉，2019. 从城乡二元到城乡融合：新中国成立 70 年来城乡关系的演进及启示 [J]. 经济纵横（8）：13-19.
[53] 郐艳丽，2017. 乡村管理走向乡村治理 [M]. 北京：中国建筑工业出版社.
[54] 郎友兴，张品，肖可扬，2017. 新乡贤与农村治理的有效性：基于浙江省德清县洛舍镇东衡村的经验 [J]. 中共浙江省委党校学报，33（4）：16-24.
[55] 李芬芬，陈稀奏，2018. 新乡贤研究的文献综述 [J]. 衡阳师范学院学报，39（4）：149-155.
[56] 李国庆，2005. 关于中国村落共同体的论战：以“戒能-平野论战”为核心 [J]. 社会学研究（6）：194-213.
[57] 李郇，2008. 自下而上：社会主义新农村建设规划的新特点 [J]. 城市规划（12）：65-67.
[58] 李郇，彭惠雯，黄耀福，2018. 参与式规划：美好环境与和谐社会共同缔造 [J]. 城市规划学刊（1）：24-30.
[59] 李建兴，2015. 乡村变革与乡贤治理的回归 [J]. 浙江社会科学（7）：82-87.
[60] 李开猛，王锋，李晓军，2014. 村庄规划中全方位村民参与方法研究：来自广州市美丽乡村规划实践 [J]. 城市规划（12）：34-42.
[61] 李猛，1995. 从“士绅”到“地方精英” [J]. 中国书评（5）：93-107.
[62] 李青儒，罗德胤，2019. “陪伴式”乡村规划设计探索：以贵州省黄岗村为例 [J]. 城市住宅，26（12）：35-40.
[63] 李祖佩，2013. 项目进村与乡村治理重构：一项基于村庄本位的考察 [J]. 中国农村观察（4）：2-13，94.
[64] 李祖佩，2016. “新代理人”：项目进村中的村治主体研究 [J]. 社会，36（3）：167-191.
[65] 李祖佩，2017. 乡村治理领域中的“内卷化”问题省思 [J]. 中国农村观察（6）：116-129.
[66] 梁漱溟，2018. 乡村建设理论 [M]. 北京：中华书局.
[67] 刘金志，申端锋，2009. 乡村政治研究评述：回顾与前瞻 [J]. 开放时代（10）：133-143.
[68] 刘锐，2013. 土地流转、阶层分化与乡村治理转型：基于湖北省京山 J 村的调查 [J]. 南京农业大学学报：社会科学版，13（2）：92-100.
[69] 刘守英，龙婷玉，2020. 城乡转型的政治经济学 [J]. 政治经济学评论，11（1）：97-115.
[70] 刘守英，王一鸽，2018a. 从乡土中国到城乡中国：中国转型的乡村变迁视角 [J]. 管理世界（10）：128-146.
[71] 刘守英，熊雪锋，2018b. 中国乡村治理的制度与秩序演变：一个国家治理视角的回顾与评论 [J]. 农业经济问题（9）：10-23.
[72] 刘智睿，申明锐，张京祥，2018. 项目制驱动下的临时代理人模式及其治理困境：基于南京市杨柳村的观察 [J]. 现代城市研究（12）：119-124，132.

[73] 龙元，2004. 交往型规划与公众参与 [J]. 城市规划 (1)：73-78.
[74] 卢福营，2006. 个私业主主政的村庄治理：以浙江永康市为例 [D]. 武汉：华中师范大学.
[75] 陆文荣，卢汉龙，2013. 部门下乡、资本下乡与农户再合作：基于村社自主性的视角 [J]. 中国农村观察 (2)：44-56，94-95.
[76] 吕德文，2019. 乡村治理 70 年：国家治理现代化的视角 [J]. 南京农业大学学报：社会科学版，19 (4)：11-21.
[77] 罗瑞卿. 1958. 关于中华人民共和国户口登记条例草案的说明 [N]. 人民日报，1958-01-10.
[78] 马良灿，2016. 组织治理抑或村庄治理：系统论视域下项目进村研究的学术理路及其拓展 [J]. 南京农业大学学报：社会科学版，16 (3)：37-46，157.
[79] 欧阳静，2010. 策略主义与维控型政权：官僚化与乡土性之间的乡镇 [D]. 武汉：华中科技大学.
[80] 彭勃，2002. 乡村治理：国家介入与体制选择 [M]. 北京：中国社会出版社.
[81] 乔路，李京生，2015. 论乡村规划中的村民意愿 [J]. 城市规划学刊 (2)：72-76.
[82] 渠敬东，2012. 项目制：一种新的国家治理体制 [J]. 中国社会科学 (5)：113-130.
[83] 渠敬东，周飞舟，应星，2009. 从总体支配到技术治理：基于中国 30 年改革经验的社会学分析 [J]. 中国社会科学 (6)：104-127.
[84] 申明锐，2015. 乡村项目与规划驱动下的乡村治理：基于南京江宁的实证 [J]. 城市规划，39 (10)：83-90.
[85] 申明锐，张京祥，2017. 政府项目与乡村善治：基于不同治理类型与效应的比较 [J]. 现代城市研究 (1)：2-5.
[86] 申明锐，张京祥，2019. 政府主导型乡村建设中的公共产品供给问题与可持续乡村治理 [J]. 国际城市规划，34 (1)：1-7.
[87] 沈延生，2003. 中国乡治的回顾与展望 [J]. 战略与管理 (1)：52-66.
[88] 施德浩，陈浩，于涛，2019. 城市要素下乡与乡村治理变迁：乡村振兴的路径之辩 [J]. 城市规划学刊 (6)：107-113.
[89] 石坚，文剑钢，2016. “多方参与”的乡村规划建设模式探析：以“北京绿十字”乡村建设实践为例 [J]. 现代城市研究 (10)：30-37.
[90] 宿胜军，2002. 从“保护人”到“承包人” [M] //杨善华，王思斌. 社会转型：北京大学青年学者的探索. 北京：社会科学文献出版：111-126.
[91] 孙立平，2000. “过程事件分析”与当代中国国家—农民关系的实践形态 [M] //清华大学社会学系. 清华社会学评论（特辑 1). 福建：鹭江出版社.
[92] 孙施文，2002. 关于城市治理的解读 [J]. 国外城市规划 (1)：1-2.
[93] 孙新华，2013. 农业经营主体：类型比较与路径选择 [J]. 经济与管理研究 (12)：59-66.
[94] 孙莹，2018. 以“参与”促“善治”：治理视角下参与式乡村规划的影响效应研究 [J]. 城市规划，42 (2)：70-77.
[95] 唐军，钱慧逸，2015. 谁的乡愁？谁的乡村？—乡村建设热潮和一个县域样本的观察与思考 [J]. 新建筑 (1)：12-16.
[96] 唐燕，赵文宁，顾朝林，2015. 我国乡村治理体系的形成及其对乡村规划的启示 [J]. 现代城市研究 (4)：2-7.
[97] 田先红，2012. 治理基层中国：桥镇信访博弈的叙事，1995—2009 [M]. 北京：社会科学文献出

版社.
[98] 仝志辉，温铁军，2009. 资本和部门下乡与小农户经济的组织化道路：兼对专业合作社道路提出质疑 [J]. 开放时代 (4)：5-26.
[99] 涂圣伟，2014. 工商资本下乡的适宜领域及其困境摆脱 [J]. 改革 (9)：73-82.
[100] 万涛，2016. 权力的文化网络视角下的新乡贤返乡困境及对策：基于 H 省 G 村的调查和实验 [J]. 城市规划，40 (11)：21-29.
[101] 王德福，桂华，2011. 大规模农地流转的经济与社会后果分析：基于皖南林村的考察 [J]. 华南农业大学学报 (社会科学版)，10 (2)：13-22.
[102] 王国勤，2009. 先富参政与民主恳谈的治理逻辑：乡村治理的结构与绩效研究 [J]. 甘肃行政学院学报 (5)：4-13，125.
[103] 王海娟，2015. 资本下乡的政治逻辑与治理逻辑 [J]. 西南大学学报 (社会科学版)，41 (4)：47-55.
[104] 王海娟，贺雪峰，2015. 资源下乡与分利秩序的形成 [J]. 学习与探索 (2)：56-63.
[105] 王景新，2006. 我国新农村建设的形态、范例、区域差异及应讨论的问题 [J]. 小城镇建设 (3)：75-79.
[106] 王绍光，2018. 治理研究：正本清源 [J]. 开放时代 (2)：153-176，9.
[107] 王诗宗，2009. 治理理论及其中国适用性：基于公共行政学的视角 [D]. 杭州：浙江大学.
[108] 王曙光，2007. 村庄信任、关系共同体与农村民间金融演进：兼评胡必亮等著《农村金融与村庄发展》[J]. 中国农村观察 (4)：75-79.
[109] 王思斌，1991. 村干部的边际地位与行为分析 [J]. 社会学研究 (4)：46-51.
[110] 王先明，1995. 中国乡村建设思想的百年演进 (论纲) [J]. 南开学报 (哲学社会科学版) (6)：96-102.
[111] 王旭，黄亚平，陈振光，等，2017. 乡村社会关系网络与中国村庄规划范式的探讨 [J]. 城市规划，41 (7)：9-15，41.
[112] 温铁军，2013. 农民专业合作社发展的困境与出路 [J]. 湖南农业大学学报 (社会科学版)，14 (4)：4-6.
[113] 吴晗，费孝通，1988. 皇权与绅权 [M]. 天津：天津人民出版社.
[114] 吴金镛，2013. 台湾的空间规划与民众参与：以溪洲阿美族家园参与式规划设计为例 [J]. 国际城市规划 (4)：18-26.
[115] 吴理财，2002. 村民自治与国家政权建设 [J]. 学习与探索 (1)：24-29.
[116] 吴毅，2001. “双重角色”、“经纪模式”与“守夜人”和“撞钟者”：来自田野的学术札记 [J]. 开放时代 (12)：114-117.
[117] 吴毅，2002a. 村治变迁中的权威与秩序 [D]. 武汉：华中师范大学.
[118] 吴毅，2002b. 双重边缘化：村干部角色与行为的类型学分析 [J]. 管理世界 (11)：78-85.
[119] 武前波，俞霞颖，陈前虎，2017. 新时期浙江省乡村建设的发展历程及其政策供给 [J]. 城市规划学刊 (6)：76-86.
[120] 项继权，2005. 20 世纪晚期中国乡村治理的改革与变迁 [J]. 浙江师范大学学报 (5)：1-7.
[121] 徐瑾，万涛，2017. 由“村外人”到“新乡贤”的乡村治理新模式：以 H 省 G 村为例 [J]. 城市规划，41 (12)：65-72.

[122] 徐祥临，2001. 关于重建农村合作经济组织的思考 [J]. 农村合作经济经营管理 (1)：15-18.
[123] 徐晓全，2014. 当代中国乡村治理结构研究：现状与评析 [J]. 领导科学 (8)：4-7.
[124] 徐勇，1996. 由能人到法治：中国农村基层治理模式转换：以若干个案为例兼析能人政治现象 [J]. 华中师范大学学报（哲学社会科学版）(4)：1-8.
[125] 徐勇，1997a. 中国农村村民自治 [M]. 武汉：华中师范大学出版社.
[126] 徐勇，1997b. 村干部的双重角色：代理人与当家人 [J]. 二十一世纪 (8)：11-21.
[127] 徐勇，1999. 权力重组：能人权威的崛起与转换：广东省万丰村先行一步的放权改革及启示 [J]. 政治学研究 (1)：45-50.
[128] 徐勇，2003. 乡村治理与中国政治 [M]. 北京：中国社会出版社.
[129] 徐勇，2006a. "回归国家"与现代国家的建构 [J]. 东南学术 (4)：18-27.
[130] 徐勇，2006b. 现代国家的建构与村民自治的成长：对中国村民自治发生与发展的一种阐释 [J]. 学习与探索 (6)：50-58.
[131] 徐勇，2007a. 政权下乡：现代国家对乡土社会的整合 [J]. 贵州社会科学 (11)：4-9.
[132] 徐勇，2007b. "政党下乡"：现代国家对乡土的整合 [J]. 学术月刊 (8)：13-20.
[133] 许世光，魏建平，曹轶，等，2012. 珠江三角洲村庄规划公众参与的形式选择与实践 [J]. 城市规划 (2)：58-65.
[134] 杨槿，陈雯，2017. 我国乡村社区营造的规划师等第三方主体的行为策略：以江苏省句容市茅山陈庄为例 [J]. 现代城市研究 (1)：18-22.
[135] 杨善华，2000. 家族政治与农村基层政治精英的选拔、角色定位和精英更替：一个分析框架 [J]. 社会学研究 (3)：101-108.
[136] 杨团，2018. 此集体非彼集体：为社区性、综合性乡村合作组织探路 [M] //黄宗智. 中国乡村研究（第十四辑）. 福州：福建教育出版社：394-424.
[137] 应星，2014. 农户、集体与国家：国家与农民关系的六十年变迁. 北京：中国社会科学出版社.
[138] 应星，晋军，2000. 集体上访的"问题化"过程：西南一个水电站的移民的故事 [M] //清华大学社会学系. 清华社会学评论（特辑 1）. 福建：鹭江出版社.
[139] 俞可平，1999. 治理和善治引论 [J]. 马克思主义与现实 (5)：37-41.
[140] 袁松，2012. 富人治村：浙中吴镇的权力实践（1996—2011）[D]. 武汉：华中科技大学.
[141] 张京祥，姜克芳，2016. 解析中国当前乡建热潮背后的资本逻辑 [J]. 现代城市研究 (10)：2-8.
[142] 张静，1993. 社会结构：概念的进展及限制 [J]. 社会学研究 (6)：34-40.
[143] 张静，1998. 国家与社会 [M]. 杭州：浙江人民出版社.
[144] 张静，2001. 国家政权建设与乡村自治单位：问题与回顾 [J]. 开放时代 (9)：5-13.
[145] 张静，2003. 村庄自治与国家政权建设：华北西村案例分析 [M] //黄宗智. 中国乡村研究（第一辑）. 北京：商务印书馆：186-217.
[146] 张静，2006. 现代公共规划与乡村社会 [M]. 上海：上海书店出版社.
[147] 张良，2016. "资本下乡"背景下的乡村治理公共性建构 [J]. 中国农村观察 (3)：16-26.
[148] 张尚武，2014. 乡村规划：特点与难点 [J]. 城市规划 (2)：17-21.
[149] 张晓山，2017. 解决"三农"问题的行动纲领 [J]. 中国人大 (23)：34-36.
[150] 张仲礼，1991. 中国绅士 [M]. 上海：上海社会科学出版社.
[151] 章凌志，杨介榜，2007. 村庄规划可实施性的反思与对策 [J]. 规划师 (2)：15-17.

[152] 折晓叶，艾云，2014. 城乡关系演变的研究路径：一种社会学研究思路和分析框架 [J]. 社会发展研究，1 (2)：1-41.

[153] 折晓叶，陈婴婴，2011. 项目制的分级运作机制和治理逻辑：对“项目进村”案例的社会学分析 [J]. 中国社会科学 (4)：126-148.

[154] 郑大华，2000. 民国乡村建设运动 [M]. 北京：社会科学文献出版.

[155] 郑卫东，2005. “国家与社会”框架下的中国乡村研究综述 [J]. 中国农村观察 (2)：72-79，81.

[156] 周飞舟，2006a. 从汲取型政权到“悬浮型”政权：税费改革对国家与农民关系之影响 [J]. 社会学研究 (3)：1-38.

[157] 周飞舟，2006b. 分税制十年：制度及其影响 [J]. 中国社会科学 (6)：100-115，205.

[158] 周飞舟，2012. 财政资金的专项化及其问题：兼论“项目治国” [J]. 社会，32 (1)：1-37.

[159] 周飞舟，王绍琛，2015. 农民上楼与资本下乡：城镇化的社会学研究 [J]. 中国社会科学 (1)：66-83.

[160] 周其仁，1995. 中国农村改革：国家和土地所有权关系的变化：一个经济制度变迁史的回顾（下） [J]. 管理世界，1995，(04)：147-155.

[161] 周锐波，甄永平，李郇，2011. 广东省村庄规划编制实施机制研究：基于公共治理的分析视角 [J]. 规划师 (10)：76-80.

[162] 周思悦，2018. 宁波市王家岭村乡村建设规划 [D]. 南京：南京大学.

[163] 朱德米，2004. 网络状公共治理：合作与共治 [J]. 华中师范大学学报（人文社会科学版），43 (2)：5-14.

[164] 德·阿尔坎塔拉，1999. “治理”概念的运用与滥用 [J]. 黄语生，译. 国际社会科学杂志（中文版）(1)：105-113.

[165] 蒂利，2007. 强制、资本与欧洲国家：公元 990—1992 年 [M]. 魏洪钟，译. 上海：上海人民出版社.

[166] 杜赞奇，2003. 文化、权力与国家：1900—1942 年的华北农村 [M]. 王福明，译. 南京：江苏人民出版社.

[167] 黄树民，2002. 林村的故事 [M]. 素兰，纳日碧力戈，译. 北京：生活·读书·新知三联书店.

[168] 麦克法夸尔，费正清，1990. 剑桥中华人民共和国史（1949—1965） [M]. 王建朗，译. 上海：上海人民出版社.

[169] 米格代尔，2009. 强社会与弱国家：第三世界的国家社会关系及国家能力 [M]. 张长东，朱海雷，隋春波，等译. 南京：江苏人民出版社.

[170] 瞿同祖，2011. 清代地方政府（修订译本）[M]. 忠信，何鹏，晏锋，译. 北京：法律出版社.

[171] 田原史起，2012. 日本视野中的中国农村精英：关系、团结、三农政治 [M]. 济南：山东人民出版社.

[172] 萧公权，2014. 中国乡村：论 19 世纪的帝国控制 [M]. 张皓，张升，译. 台北：联经出版公司.

[173] ARNSTEIN S R，1969. A ladder of citizen participation [J]. Journal of the American Institute of Planners，35 (4)：216-224.

[174] BRYDEN J，WATSON D，STOREY C，et al.，1997. Community involvement and rural policy [R]. Edinburgh：Scottish Office Central Research Unit.

[175] DAY G，1998. Working with the grain? Towards sustainable rural and community development

[J]. Journal of Rural Studies, 14 (1): 89-105.

[176] DoE (Department of the Environment), 1995. A nation committed to a living countryside [R]. London: Her Majesty's Stationery Office.

[177] DRIESSEN P P J, DIEPERINK C, LAERHOVEN F, et al., 2012. Towards a conceptual framework for the study of shifts in modes of environmental governance - experiences from The Netherlands [J]. Environmental Policy and Governance, 22 (3): 143-160.

[178] EDWARDS B, 1998. Charting the discourse of community action: perspectives from practice in rural Wales [J]. Journal of rural studies, 14 (1): 63-77.

[179] EDWARDS B, GOODWIN M, PEMBERTON S, et al., 2001. Partnerships, power, and scale in rural governance [J]. Environment and Planning C: Government and Policy, 19 (2): 289 -310.

[180] GIDDENS A, 1984. The constitution of society: outline of the theory of structure [M]. Oxford: Policy Press.

[181] GOODWIN M, 1998. The governance of rural areas: some emerging research issues and agendas [J]. Journal of Rural Studies, 14 (1): 5-12.

[182] HEALEY P, 1992. Planning through debate: the communicative turn in planning theory [J]. Town Planning Review, 63: 143-163.

[183] HIRST P, 2000. Democracy and governance [M] // PIERRE J. Debating governance: authority, steering, and democracy. Oxford: Oxford University Press.

[184] JESSOP B, 1997. A Neo-gramscian approach to the regulation of urban regimes: accumulation strategies, hegemonic projects and governance [M] //LAURIA M. Reconstructing urban Regime Theory: Regulating Urban Politics in a Global Economy. London: Sage: 51-74.

[185] JONES O, LITTLE J, 2000. Rural Challenge (s): partnership and new rural governance [J]. Journal of Rural Studies, 16 (2): 171-183.

[186] KOOIMAN J, 1999. Social-political governance: overview, reflection and design [J]. Public Management, 1 (1): 67-92.

[187] LIN Y L, HAO P, GEERTMAN S, 2015. A conceptual framework on modes of governance for the regeneration of Chinese 'villages in the city' [J]. Urban Studies, 52 (10): 1774-1790.

[188] LITTLE J, 2001. New rural governance? Progress in Human Geography [J]. Progress in Human Geograph, 25 (1): 97-102.

[189] LOWNDES V, NANTON P, MCCABE A, et al., 1997. Networks, partnerships and urban regeneration [J]. Local Economy, 11: 333-342.

[190] MACKINTOSH M, 1992. Partnership: issues of policy and negotiation [J]. Local Economy, 7: 210-224.

[191] MARSDEN T, 1998. New rural territories: regulating the differentiated rural spaces [J]. Journal of Rural Studies, 14 (1): 107-117.

[192] MARSDEN T, MURDOCH J, 1998. Editorial: the shifting nature of rural governance and community participation [J]. Journal of Rural Studies, 14 (1): 1-4.

[193] MURDOCH J, ABRAM S, 1998. Defining the limits of community governance [J]. Journal of Rural Studies, 14 (1): 41-50.

[194] MURDOCH J，MARSDEN T K，1996. Reconstituting rurality：class，community and power in the development process [J]. The Geographical Journal，162：115.

[195] MURDOCH J，1997. The shifting territory of government：some insights from the rural white paper [J]. Area，29 (2)：109-118.

[196] OSTROM E，1990. Governing the commons：the evolution of institutions for collective actions [M]. Cambridge：Cambridge University Press.

[197] RHODES R A W，1996. The new governance：governing without government [J]. Political Studies，44 (4)：652-667.

[198] ROSENAU J N，1995. Governance in the Twenty-first Century [J]. Global Governance，1 (1)：13-43.

[199] Scottish Office，1995. Rural Scotland：people，prosperity and partnership：the government's policies for the rural communities of Scotland [R]. London：Her Majesty's Stationery Office.

[200] SHEN M R，SHEN J F，2018. Governing the countryside through state-led programmes：a case study of Jiangning District in Nanjing，China [J]. Urban Studites，55 (7)：1439-1459.

[201] STOKER G，1998. Governance as theory：five propositions [J]. International Social Science Journal，50：17-28.

[202] SUI H F，1989. Agents and victims in South China：accomplices in rural revolution [M]. New Haven：Yale University Press.

[203] TEWDWR-JONES M，1998. Rural government and community participation：the planning role of community councils [J]. Journal of Rural Studies，14 (1)：51-62.

[204] WARD N，MCNICHOLAS K，1998. Reconfiguring rural development in the UK：objective 5b and the new rural governance [J]. Journal of Rural Studies，14 (1)：27-39.

[205] Welsh Office，1996. A working countryside for Wales [R]. London：The Stationery Office.

[206] WOODS M，1998. Advocating rurality? The changing position of rural local government [J]. Journal of Rural Studies，14 (1)：13-26.

[207] Worll Bank，1989. Sub-Saharan Africa：from crisis to growth：a long-term perspective study [R]. Washington D C：World Bank.

[208] ZWEIG D，1997. Freeing China's farmers：rural restructuring in the reform era [M]. New York：Routledge.